# 常德『鼓书』的历史传统与现实激扬

主　编　吴文科
副主编　袁学明

文化藝術出版社
Culture and Art Publishing House

常德"鼓书"传承发展学术研讨会现场(董大汗摄)

领导、专家与展演艺人合影

占洋和谭惠芳合演孝鼓《西瓜的秘密》

刘静和郭方忠合演对鼓《东施效颦》

颜昌春表演渔鼓《娘教女》

吴清华和熊波涛合演孝鼓《整酒也烦恼》

现场观众的表情

领导与专家观看演出

罗先明、肖国芳和杨胜清合演三棒鼓《刘海砍樵新唱》

邵丹表演孝鼓《传承》

覃朝达、覃远明、刘楚红和胡建国合演薅草鼓《郎是包谷梗》

田金华和陈元华合演孝鼓《边三梭卖器官》

张成辉表演说鼓《打狗风波》

刘昌会表演渔鼓《武松大闹观音堂》

王松和刘静合演孝鼓《查家底》

张辉和李芳合演孝鼓《姜女情》

沈佰军和陈克华合演对鼓《男人和女人》

在北京大学演出后合影

在中国音乐学院演出后合影

在中国艺术研究院演出结束后演员谢幕

# 目 录

**前言：宣示鼓书价值　传扬常德经验** ……………… 编　者 1

用学术理论引领曲艺发展传承 ……………………… 吕品田 1
常德"鼓书"的深厚传统与独特价值 ………………… 吴文科 3
借助学术智慧　传扬常德"鼓书" ………………… 孟庆善 5
发挥政府主导作用　传承发展常德"鼓书" ………… 陈　华 7

**祝贺与希望**
　　——在"常德'鼓书'传承发展研讨会"上的发言 … 罗　扬 9
追寻我们的"精神家园"
　　——观"常德'鼓书'进京学术观摩展演"随想 …… 薛宝琨 11
对常德"鼓书"传承发展的一些思考与建议
　　——在"常德'鼓书'传承发展研讨会"上的发言 … 刘兰芳 14
常德"鼓书"应当重视应当发展 ……………………… 朱光斗 17
试谈常德"鼓书"得以有效传承的原因 ……………… 田连元 20

中国"鼓书"文化的桃花源
　　——常德"鼓书"的精彩及其启示 …………………向云驹 23
常德"鼓书":历史传统与现实激扬 ………………………吴文科 30
"樊梨花模式"的加强版 ……………………………………陈泳超 34
作为仪式民歌和作为说唱艺术的孝歌 ……………………陈连山 37
常德"鼓书"艺术的现状与发展
　　——看常德"鼓书"后的一些思考 ………………………倪钟之 43
常德"鼓书"传承发展正当时 ………………………………姚振声 53
自觉、自信、自强
　　——常德"'鼓书'大王擂台赛"给我们的启示 …………蔡源莉 57
湖南武松亦英雄
　　——渔鼓《武松大闹观音堂》观后 ………………………常祥霖 63
常德"鼓书"说"四有" ………………………………………张蕴和 68
独特的"说"唱音乐
　　——常德"鼓书"演出观后 ………………………………陈　爽 78
面对原有生活状态的改变，我们怎样说唱？
　　——观看湖南常德地区"鼓书"表演随感 ………………田　莉 80
常德"鼓书"的乡土浓情与曲艺味儿
　　——兼议"鼓书"类曲种的传承与创新 …………………蒋慧明 84
从常德地区孝鼓和薅草锣鼓的当下发展
　　看"非遗"保护的多样性 …………………………………高　苹 88
乡土艺术的现实情怀与生存焦虑
　　——常德"鼓书"展演观后 ………………………………徐　刚 94
常德"鼓书":讲述老百姓自己的故事 ……………………艾　晔 98
何止孝鼓需"传承"
　　——琐谈常德"鼓书"的传承与发展 ……………………张　颖 101

洞庭湖畔听鼓声

  ——浅谈常德孝鼓艺术中"鼓"的伴奏运用 ……… 庞　迪 107

期待更多《传承》　呼唤更多"打鼓匠"

  ——孝鼓《传承》简评 ………………………… 楼一宸 110

由传统而来　到现实中去

  ——由"湘北大鼓"而想到的 ………………… 李佩珏 115

常德"'鼓书'大王擂台赛"的来龙去脉与启示 …… 袁学明 118

对常德地区"鼓书"音乐的调查与研究 …………… 雷正和 122

常德"鼓书"为何长盛不衰 …………………………… 陈文双 141

浅析渔鼓《武松大闹观音堂》的声腔

  特色 ……………………………………… 刘　尉　刘智高 145

浅谈"三棒鼓"对常德文化的特殊传承 …… 周星林　谢春凯 150

试论湖南渔鼓的起源及其他 ………………………… 徐泽鹏 157

湘北地区孝鼓兴旺的思考 ………………… 邓琳雅　邓贵午 162

腔无新与旧　容情自然佳

  ——浅谈孝鼓《查家底》的唱腔特色 ………… 李小平 166

浅谈常德"鼓书"的民俗特色 ………………………… 雷元淦 170

对常德"鼓书"当代传承的一些体会与建议 ……… 李金楚 176

我的孝鼓艺术成长之路 ……………………………… 肖　伍 179

[附录一] 湖南省常德市"'鼓书'大王擂台赛"纪略

  专题片　解说词 ………………… 徐泽鹏执笔　吴文科审订 182

[附录二] 常德"鼓书"进京学术观摩展演　节目单 ……… 187

[附录三] 常德"鼓书"进京学术观摩展演　节目曲本 …… 189

 （孝鼓）整酒也烦恼 ………………… 卞德模　肖守国 189

 （渔鼓）武松大闹观音堂 ……………………… 刘昌会改编 195

（对鼓）东施效颦 …………………… 郭方忠 202

（孝鼓）西瓜的秘密 …………… 金行文　肖守国 206

（三棒鼓）刘海砍樵新唱 ………… 罗先明　高绍红编词 212

（孝鼓）传承 ……………………………… 邵　丹 217

（渔鼓）娘教女 ………………… 卞德模　颜昌春编词 223

（孝鼓）姜女情 …………………………… 万家煌 227

（对鼓）男人和女人 ……………… 沈佰军　陈克华 231

（孝鼓）边三梭卖器官 …………………… 晏友森 235

（说鼓）打狗风波 ………………………… 张成辉 240

（孝鼓）查家底 …………………………… 王　芳 245

（薅草锣鼓）郎是包谷梗 ………………………… 250

[附录四]常德"鼓书"进京学术观摩展演及研讨活动
宣传报道　索引 ……………………………… 252

[附录五]常德"鼓书"进京学术观摩展演及研讨活动
深度报道选录 ………………………………… 254

大鼓声声响神州 ……………………《常德日报》254

常德鼓书"鼓动"京城 ………………《常德日报》259

常德鼓书何以登上大雅之堂 …………《湖南日报》261

昔日"打鼓匠"今日成了"大明星"
　　——记湖南常德"鼓书"的振兴之路 ……《中国文化报》265

# 前言：宣示鼓书价值　传扬常德经验

常德是湖南著名的曲艺之乡，除了拥有已被国务院公布为国家级非物质文化遗产的丝弦，孝鼓、渔鼓、对鼓、说鼓、三棒鼓、地花鼓、薅草鼓、番邦鼓、跳三鼓、围鼓10种"击鼓说书"的"鼓书"形式更是流布广泛，影响深远，为广大民众所喜闻乐见。进入21世纪以来，常德市持续举办的"常德市'鼓书'大王擂台赛"，使各种"鼓书"创演不断繁荣发展，不仅大大提高了民间"鼓书"艺人的社会地位，调动了他们在丰富群众文化生活中的积极性，而且找到了传承发展曲艺类非物质文化遗产的有效形式，同时实现了群众文化活动公益性与市场性的有机结合，成为当地曲艺文化的重要品牌与靓丽风景，得到全国文化界的热情赞誉和学术界的热切关注。

为了总结和交流常德"鼓书"传承发展的经验，展示和传扬常德"鼓书"的独特艺术风采，倡导和弘扬"学术服务社会，理论联系实际"的曲艺研究学风，促进和推动曲艺传承及创作表演的持续健康发展，让常德"鼓书"传承发展的有益经验嘉惠学苑艺林，使常德"鼓书"创作表演的良好发展势头更加健康强劲，2013年10月26—28日，由中国艺术研究院曲艺研究所、湖南省文化厅、中共湖南省常德市委和常德市人民政府主办，中国艺术研究院研究生院、中国说唱文艺学会、中国俗文学学会、北京大学中文系、中国音乐学院音乐学系及图书馆协办，湖南省群众艺术馆、湖南省非物质文化遗产保护中心、中共常德市委宣传部、常德市文化广电新闻出版局承办，常德市文化馆和常德市非物质文化遗产保护中心具体实施的常德"鼓书"进京学术观摩展演及研讨活动在北京隆重举行。中国艺术研究院院长、中国非物质文化遗产保护中心主任王文章发来了贺信。中国文联荣誉委员、中国曲艺家协会名誉主席罗扬，中国文联副主席、中国曲艺家协会名誉主席刘兰芳，文化部非物质文化遗产司副司长马盛德，中宣部文艺局艺术处处长汪泽，中国艺术研究院副院长兼研究生院院长吕品田，中国艺术研究院曲艺研究所所长、中国曲艺家协会副主席吴文科，中国艺术研究院曲艺研究所副所长田莉，湖南省文化厅副厅长孟庆善，湖南省文化厅社会文化处（非物质文化遗产处）副处长谭必四，湖南省群众艺术馆馆长周志勇，湖南省曲艺家协会副主席卢克宁，常德市人民政府副市长陈华，中共常德市委宣传部副部长张志平，常德市文广新局局长黄修林、副局长王子平，以及来自北京、天津、湖南、福建、山东等地的学术界和曲艺界专家、学者、艺术家与观摩代表向云驹、朱光斗、田连元、倪钟之、陈泳超、陈连山、姚振声、常祥霖、蔡源莉、种玉杰、唐凌、沙蕙、张蕴和、李玉、刘冰、陈爽、张亚昕、蒋慧明、杨菲、杨娇、刘凤来、纪文杰、陈晓岚、方园园、高苹、徐刚、周高、邓中林、袁学明、龚丹霞、罗继南、雷正和、雷元淦、周星林、李金楚、李小平、涂露霞、陈文双、徐泽鹏、邓贵午、肖伍、刘明奇、梁杜亮、张扬，包括进京参加观摩展演的常德市所属武陵区、鼎城区、澧县、临澧县、汉寿县、桃源县、石门县、津市市两区一市六县的有关领导吴勇、杨冬英、黄文勇、谌晓辉、陈晴、任卫华、于娟、李凌云、叶小英、邓琳雅及"鼓书"艺人占洋、谭惠芳、刘昌会、刘静、郭方忠、王松、吴清华、熊波涛、邵丹、颜昌春、罗先明、肖国芳、杨胜清、张成辉、田金华、陈元华、覃朝达、覃远明、刘楚红、胡建国、张辉、李芳、沈佰军、陈克华、向绪庆、夏绍军等100余人出席了展演及研讨活动。中国曲艺家协会顾问、南开大学教授、曲艺理论家薛宝琨和常德学者刘尉、刘智高因事未能与会，但都发来了书面发言。陈华、吕品田、孟庆善先后致辞，田莉宣读贺信，吴文科代表各主办方主持了整个观摩展演及研讨活动。

王文章在贺信中指出："曲艺是十分重要的艺术文化形式，'鼓书'更是其中历史悠久和传统深厚的有机组成部分。包括孝鼓、渔鼓、说鼓、对鼓、三棒鼓、地花鼓、薅草鼓、番邦鼓、跳三鼓、围鼓等等在内'击鼓说书'的'鼓书'形式，在常德的流布非常广泛且影响深远。通过深切关注和深入研讨此类曲艺形式，展示和传扬其独特的艺术风采，总结和探讨其有益的传承经验，不仅是嘉惠学苑艺林的好事，也是推动其在当下科学传承与健康发展的善事，值得赞赏和肯定！"

为期三天的系列展演及研讨活动由"跨入学术殿堂·常德'鼓书'进京学术观摩展演"、"纳入学术视野·常德'鼓书'传承发展学术研讨会"、"走进北京大学·中国传统艺术北大行——常德'鼓书'表演"和"登上大学讲堂·常德'鼓书'会——讲座示范演出"四个单元组成。孝鼓《整酒也烦恼》、《西瓜的秘密》、《传承》、《姜女情》、《边三梭卖器官》、《查家底》，渔鼓《武松大闹观音堂》、《娘教女》，说鼓《打狗风波》，对鼓《东施效颦》、《男人和女人》，三棒鼓《刘海砍樵新唱》，薅草鼓《郎是包谷梗》6个曲种的13个传统及新编节目参演，40多位专家学者和艺术家与会宣读论文或作即席发言。

为展示本次活动的学术成果，保存观摩展演的相关资料，藉以延展交流绩效，积累文献史料，特将学术研讨的发言稿、观摩展演的节目单、节目曲本以及新闻报道的社会反响等汇集出版，以飨各界同好。

# 用学术理论引领曲艺发展传承

*中国艺术研究院副院长兼研究生院院长　吕品田*

由中国艺术研究院曲艺研究所联合湖南省文化厅和中共湖南省常德市委、常德市人民政府共同主办的常德"鼓书"进京学术观摩展演及研讨活动是一件非常富有意义的事情。尤其是学术观摩展演所集中展示的6个曲艺品种13个以"击鼓说书"为形式特点的"鼓书"节目，让我们深切感受到了源自远古的"鼓书"魅力，亲眼见证了常德市在传承发展"鼓书"艺术和有效激扬民间传统方面的优秀成果。为我们深入探讨常德"鼓书"传承保护的有益经验，总结交流常德"鼓书"繁荣发展的有效做法，提供了十分集中的思考素材和非常直观的观察路径，也为此次的学术研讨活动提供了更加切实的思想支点。而从"常德'鼓书'传承发展学术研讨会"上专家学者和艺术家们的交流发言来看，其所激发和传递出来的真知灼见，对于引领包括常德"鼓书"在内的曲艺创演繁荣与曲艺类非物质文化遗产的保护，意义尤为重大。

如所周知，常德是湖南著名的曲艺之乡，各种"鼓书"形式在这里流布广泛且影响深远。近年来，常德市持续举办的"常德市'鼓书'大王擂台赛"，使各种"鼓书"创演得以繁荣发展，也可说使这类曲艺说书形式的传承保护工作走在了全国的前列。此次常德"鼓书"进京学术观摩展演及研讨活动的成功举办，包括邀请部分省市参加观摩交流的热心做法，已然达到了总结和交流常德"鼓书"的传承发展经验，展示和传扬常德"鼓书"的独特艺术风采，倡导和弘扬"学术服务社会，理论联系实际"的曲艺研究学风，促进和推动曲艺传承与创作表演的持续健康发展，从而让常德的有益经验成为其他地方参考借鉴的初衷与目的。

中国艺术研究院曲艺研究所作为我国曲艺研究的"国家队"，担负着为传承发展曲艺文化提供学术服务和智力支持的责任与使命。成立27年来，先后组织编写出版了《说唱艺术简史》、《中国曲艺史》、《中国曲艺通论》、《中国曲艺通史》和《中国曲艺概论》等一系列具有学科奠基意义的重要著作，部分研究人员还长期参与并具体承担了国家重大科研项目《中国曲艺志》的编纂组织与学术审定工作，为曲艺的学术研究和艺术繁荣作出了积极而重要的贡献。近年来，随着中国艺术研究院艺术科研、艺术教育、艺术创作"三足鼎立"总体发展格局的形成，该所在继续深化学术研究的同时，一些高级研究人员也招收培养硕士和博士研究生，成为目前全国唯一招收"曲艺学"研究生的科研与教学机构。该所相继主持或参与主办的一系列旨在科学推进曲艺传承与发展的学术性活动，包括2007年举办的"全国传统曲艺保护与发展学术研讨会"，2009年举办的"浙江曲艺传承保护学术观摩展演及研讨活动"，2011年举办的"中国曲艺名师高徒学术观摩展演"和"中国曲艺传承论坛"，2012年举办的"湖南非物质文化遗产（曲艺类）项目传承研讨班"，等等，都收到了良好的效果。此次活动的举办，同样是为传承发展地方曲艺提供智力支持和学术服务，也是该所理论联系实际一贯学风和学术服务社会工作宗旨的重要体现，值得继续坚持，不断拓展。

# 常德"鼓书"的深厚传统与独特价值

中国艺术研究院曲艺研究所所长、中国曲艺家协会副主席　吴文科

以击鼓伴奏、说唱相间为表演特点的"鼓书"形式是中国曲艺中说书一类的重要组成部分,与弹词和琴书等同属说唱相间表演的说书形式一道,共同构成了擅长表现凡人俗事的"小书"类型;较之徒口讲说表演的评书评话等类"大书"和韵诵表演的快书快板书等类"快书",有着自身鲜明的形式特点与审美价值。

从1957年在四川成都天回镇东汉墓葬出土的著名陶质蹲式"说书俑"(又称"击鼓俑"或"说唱俑"),到后来在四川郫县出土的一批东汉陶质站式"说书俑",再到1979年在江苏扬州邗江的西汉墓葬中出土的两件木质"说书俑",无不表明"击鼓说书"的"鼓书"表演传统在我国已有2000年以上的历史。而且这种文物发掘的不同处所也表明"鼓书"形式在中国的分布十分广泛,早在汉代,即在四川和江苏都有流传。而据隋唐以来的曲艺"信史"所载,这类以鼓为主伴奏、说唱相间表演的"鼓书"形式,不仅源远流长,而且传统深厚。只不过在刚刚过去的百余年间,诸如华北和中原地区广泛流行且比较发达的山东大鼓、西河大鼓与河南坠子等典范的"鼓书"形式,由于种种原因,在进入京津等大城市的发展流变中,节目形态主要演化和变异为抒情短段式的"唱曲"类型,即"鼓

曲"形式，原本"击鼓说书"的表演传统基本上趋于式微。

所幸的是，地处洞庭湖西岸、武陵山深处的沅江和澧水流域，这种以鼓为主伴奏、说唱相间表演的"鼓书"艺术传统，依然有着十分丰厚的遗存和较为繁盛的发展。一个非常显见的标志，就是不仅拥有孝鼓、渔鼓、说鼓、对鼓、围鼓、三棒鼓、地花鼓、薅草鼓、番邦鼓、跳三鼓等10个"鼓书"品种，而且拥有十分深厚和广泛的社会群众基础。那里的人们不仅将这些"鼓书"形式作为他们喜闻乐见的娱乐生活依托和思想心灵慰藉，当作他们主要的精神文化食粮，而且在婚丧嫁娶的红白喜事期间，仍然作为欢庆祝贺的手段、祭祀神灵的仪轨、表达情感的工具和悼念亡灵的凭借，使曲艺艺术的娱乐、教化、认识以及民俗、禳谢、礼仪等多重审美价值与实用功能都得以承传和延展。这种在全国其他地方非常鲜见的文化遗存景观及其功能价值体现，使得常德地区的"鼓书"文化，庶几具有了曲艺文化"活化石"的重要价值与可贵意义。

正是由于如此，我们对于常德"鼓书"的学术文化关注和传承发展关切，便具有了特殊的作用与意义。特别是在"全球化"和"现代化"的时代背景下，面对世界范围为着维护人类文化的多样性而广泛开展的非物质文化遗产保护工作，更加需要理论的引领与学术的支撑。而像常德市在过去近10年间持续开展的"常德'鼓书'大王擂台赛"等活动，因地制宜，因势利导，对于激扬传统"鼓书"的传承保护与现代发展，无疑起到了"四两拨千斤"的重要作用，同样值得总结和推广。尤其面对一个时期以来许多曲艺创演普遍存在的"戏剧化"、"歌舞化"和"杂耍化"等偏颇倾向，通过举办常德"鼓书"进京学术观摩展演及研讨活动，使这些流布于山野乡间的草根传统纳入学术视野、跨入学术殿堂、走进大学校园、登上高校讲台，并在肯定和传扬其成绩的同时也提出相应的警醒，鼓励他们有效的创演经营实践，坚定他们正确的传承发展道路，以此彰显"鼓书"遗存的文化自豪，确立"鼓书"传统的文化自尊，培育"鼓书"传承的理论自觉，培养"鼓书"发展的艺术自信，警示"鼓书"创新的文化自重，激发"鼓书"繁荣的行业自强，即是我们的美好愿望与良好初衷。

# 借助学术智慧　传扬常德"鼓书"

湖南省文化厅副厅长　孟庆善

　　参与组织和举办常德"鼓书"进京学术观摩展演及研讨活动，对于湖南省文化厅来说，是一项义不容辞的义务和责任。中国艺术研究院曲艺研究所、常德市委市政府以及中国说唱文艺学学会、中国俗文学学会和北京大学中文系、中国音乐学院音乐学系与图书馆等相关的协办、承办及实施单位为此付出的艰苦努力，尤其值得我们敬重。观看了三场非常成功的系列展演，聆听了与会专家学者和艺术家们高水平的研讨发言，使我和湖南来的同志获益匪浅。许多专家提出的新颖、深刻又富于创见的观点，让我们深受启发，对于我们继续做好包括常德"鼓书"在内的曲艺乃至其他非物质文化遗产的传承保护和繁荣发展工作，都有重要的指导作用，达到了开展此项系列活动的目的。

　　对我本人而言，参加此次活动，收获尤其良多。有些专家学者在发言中对我们能够全程参加本次活动，仔细听取专家意见给予肯定。除了工作职责所在，实不相瞒，我对曲艺也是非常喜欢，情有独钟，很乐意也很有幸参与策划和组织这次活动，来推动常德"鼓书"的健康持续发展。我认为曲艺是中华民族漫长历史中形成的独具魅力，甚至可以说独具魔力的艺术形式。我大学是学中文的，从学生时代到现在，国内外的名著读了不少，但曲艺对我的影响最深。我最早接触曲艺大概是在五六岁还没上学的时候。当时快过年了，母亲正在辛勤地准备过年的饮食，门口突然来了位湖北沙市的女孩，手拿一个小碟子，敲击演唱，身边还带着讨饭的口袋。她即兴发挥，动情叙唱，夸赞我的母亲如何勤劳贤惠，我母亲很害羞，不好意思听下去，赶紧从家里拿出一些东西给她，打发她继续卖唱。长大后参加工作不久，非常喜欢诸如山东快书《奇袭白虎团》等曲艺节目。自此一直爱好曲艺。此次看了常德"鼓书"的精彩展演，听了专家学者的研讨发言，更觉这类非物质文化遗产价值独特，异常珍贵，值得我们投注更大的心血去加以呵护。研讨会上的许多意见和建议，包括出台相关政策，扶持爱护"鼓书"艺人，建设扩大演出场所，保障"鼓书"的演出服务等，我们一定会尽力推动落实。

中国艺术研究院曲艺研究所与我们湖南省文化厅有着良好的合作关系。在去年联合举办"湖南非物质文化遗产（曲艺类）项目传承研讨班"后，今年又成功举办了此次常德"鼓书"进京学术观摩展演及研讨活动。在参与专家学者的研讨交流过程中，我和吴文科所长达成了一个共识，那就是，既然常德的"鼓书"形式种类如此繁多，流布如此集中，传承如此深广，价值如此独特，何不响应国家有关的政策号召，就在此地设立一个"湖南武陵'鼓书'文化生态保护区"，将此次研讨会上有关统筹兼顾即综合立体地传承发展常德"鼓书"的学术智慧，转化为我们的实际行动呢？我相信我们的这个认识具有相应充分的客观条件与基础，也有组织实施的极大可能，只要我们坚持实事求是的思想方法，继续按照有关的方针政策不懈努力，就一定会在包括常德"鼓书"在内的曲艺文化的传承发展中作出我们更大的贡献！

# 发挥政府主导作用　传承发展常德"鼓书"

常德市人民政府副市长　陈　华

常德"鼓书"学术观摩展演及传承发展学术研讨活动能在北京隆重举行，既是对我市的文化建设工作尤其是曲艺创演工作和非物质文化遗产保护工作的充分肯定，更是对我们做好今后工作的极大鞭策和鼓舞。借此机会，我们对长期以来关心支持常德市文化事业发展的各级领导和各位专家表示衷心的感谢！

"桃花源里的城市"常德位于湖南省的西北部，东临洞庭，北连荆襄。辖两区六县一市五个管理区，总人口630万，先后获得了"全国文明城市"、"国家卫生城市"、"国家园林城市"、"中国优秀旅游城市"、"中国魅力城市"、"国际花园城市"等荣誉称号。

常德历史文化悠久，是中国农耕文化、中华道德文化和湘楚文化的重要发祥地，也是湖南著名的曲艺之乡，除了拥有被国务院首批公布为国家级非物质文化遗产的"常德丝弦"外，还拥有孝鼓、渔鼓、说鼓、对鼓、三棒鼓、地花鼓、薅草鼓、番邦鼓、跳三鼓、围鼓等"击鼓说书"的"鼓书"形式，并且流布广泛，影响深远。

常德"鼓书"的表演形式十分简便，但艺术的魅力却独特卓然。它说唱相间叙述表演，击鼓伴奏为主要特点；唱词多为七字句式，唱腔与方言叙述有机结合；语言风趣生动，板眼丝丝入扣；高兴处神采飞扬，痛切处悲腔催泪，调侃间幽默滑稽；灵动异常，神采盎然。常德"鼓书"的群众基础非常深厚，从2006年开始，我市连续八年举办了"常德市'鼓书大王'擂台赛"，连续两年举办了常德市群众文艺演出"百团大赛"，各地的"鼓书"艺人竞相登台，交流献艺，甚至出现了万人空巷的参与盛况。刚刚闭幕的第十届中国艺术节也传来喜讯，我市选送的4个节目均获全国"群星奖"，其中就有2个是"鼓书"节目。这从一个侧面说明，"鼓书"既是常德最为丰厚的曲艺文化资源，也是我们十分重要的艺术文化品牌，值得我们投入更大的努力去加以继承和发扬！

近年来，常德市响应中央号召，高度重视文化建设，大力实施"文化强市"战略，把包括曲艺在内的非物质文化遗产及其保护工作，作为建设文化强市的重要内容，加大投入，深入挖掘，精心组织，用心保护。常德"鼓书"中的绝大多数品种，已是湖南省级非物质文化遗产保护项目。为了更好地保护、传承和发展好这些非物质文化遗产形式，我们先后举办"鼓书"说唱培训班12期，共培训"鼓书"艺人900多人次。目前，全市经常开展职业性演出的"鼓书"艺人已经发展到1000多人，自发组成的演出队伍发展到100多支，每年演出数千场。从艺人员也逐步年轻化，"90后"的"鼓书"艺人大批涌现。这些赛事和培训，不仅大大提高了民间"鼓书"艺人的社会地位，调动了他们在丰富群众文化生活中的积极性，同时也探索出了我市传承发展民间曲艺的有效途径。

我们明白，常德市在"鼓书"艺术的创作表演和传承保护方面虽然取得了一些成效，但与全国做得更好的兄弟省市相比还有一定差距。我们将以此次展演和研讨为契机，认真学习并积极吸纳各位领导和专家学者的宝贵意见，继续发挥政府的自身职能与主导作用，推动我市"鼓书"艺术的传承保护与繁荣发展不断迈上新的台阶。

# 祝贺与希望

## ——在"常德'鼓书'传承发展研讨会"上的发言

### 罗 扬

应邀参加"常德'鼓书'传承发展研讨会",非常高兴。

常德市一个中外驰名的好地方,常德曲艺也久负盛名。我在上世纪50年代到湖南了解曲艺工作情况时,湖南省群众艺术馆馆长周汉平同志就向我介绍过常德曲艺的发展历史和现状,并着重介绍了新中国成立后发掘、整理传统曲目和创作、改变新曲目等方面取得的成绩。1958年在北京举行全国第一届曲艺汇演和中国曲艺工作者第一次代表大会期间,我有幸观赏了常德丝弦等节目,认识了著名曲艺家舒三和等同志,使我对常德曲艺增加了不少了解,留下很好的印象。此后举行的全国性曲艺观摩演出活动,常德曲艺受到人们的欢迎和好评。大型志书《中国曲艺志》编纂工作启动后,《中国曲艺志·湖南卷》主编赵洪滔等同志又详细介绍了常德曲艺的发展情况。经审稿会议讨论,认为常德曲艺历史悠久,丰富多彩,具有鲜明的艺术特色和广泛的群众基础,称得起是"曲艺之乡"。尤其令人高兴的是,常德曲艺被国务院公布为国家级非物质文化遗产,这将极大地激发曲艺工作者的积极性和创造性,促进曲艺的发展和繁荣,为更好地满足人民的精神文化需求,发展社会主义文化,作出更大的贡献。现在,湖南省文化厅和中共常德市委、市政府率常德曲艺工作者进京演出，并与中国艺术研究院曲艺研究所联合举办常德鼓书传承发展座谈会，也一定会扩大常德曲艺的影响，产生积极的推动作用。我衷心祝贺这次活动圆满成功！

作为长期从事曲艺工作的一个老兵，我对常德曲艺的未来满怀希望和信心。借此机会，也想谈几点希望：

一是希望继续深入进行传统曲艺的发掘、收集、记录和整理工作，特别是中长篇曲（书）目的记录、整理工作。我想，趁着有些老同志健在，记忆力还好，收集、记录、整理工作越抓紧越好，否则有些东西就可能失传。已经记录、整理过的东西，如需要再整理、加工，使之长期流传，更能适应广大听众特别是青年听众的需要，也是越抓紧越好。

二是希望创作、改编和演出更多的思想性、艺术性、观赏性相统一的精品佳作。随着时代的发展、社会的进步以及文化市场的激烈竞争，人们对曲艺质量的要求越来越高，只有质量高的作品才能赢得群众，长久流传。这也是曲艺发展的必由之路。就近些年曲艺创作、演出状况来看，创作滞后，能够流传的高质量的新节目还是太少了，如不抓紧在创作上下工夫，势必影响曲艺的发展和繁荣。不知常德的情况如何？

三是希望继续培养和造就更多的优秀人才，尤其是创作、研究方面的专业人才。全国各地缺乏创作、研究专业人才的现象相当普遍，迫切需要改变；业余创作者、研究者也需要帮助。希望湖南省和常德市在这方面多做工作，提供一些好的做法和经验。

四是希望继续加强领导。湖南省和常德市已经做了许多富有成效的工作，这次组织常德曲艺进京演出和研究活动，就是又一次有力证明。希望把你们取得的成绩和经验加以总结，并通过各种方式加以交流、宣传和推广。

我就谈这些，都是"老生常谈"，聊表心意而已。不妥之处，请同志们指正。

（作者为 中国文联荣誉委员、中国曲艺家协会名誉主席、

中国说唱文艺学会名誉会长）

# 追寻我们的"精神家园"

## ——观"常德'鼓书'进京学术观摩展演"随想

薛宝琨

当我们阔步前行憧憬着现代化"中国梦"的同时,我们是否想到:曾经被我们遗忘、淡化的民间传统文化,恰是中华文化精神的根基。在那里有许多"老规矩老理儿"需要重新唤醒,依靠它们的濡染浸润,"和谐社会"才能从根本上得以实现。

在保护"非物质文化遗产"的进行过程中,中国艺术研究院曲艺研究所联合有关方面开展的"常德'鼓书'进京学术观摩展演"及"常德'鼓书'传承发展研讨会"活动,给了我们生动的启示。虽然没有轰轰烈烈的局面,没有享誉全国的名优,没有大轰大嗡的宣示,但那古朴原生的种种"鼓书"形式,那真挚动情的表演,那自由灵动的台风,尤其是那阔别多年言不由衷、曾经总是以"配合政治"为荣的口号宣传,被充满浓郁生活气息的艺术真实、丰满血肉的艺术形象、爱憎分明的艺术评判,以及谐谑风趣的艺术语言取代。不仅使我们感到曲艺艺术的振兴当从生活的底部开始,而且使我们明确:传统文化的精神,至今依然在民间群落、社会根部熠熠生辉。而这是无可比拟的文化价值。

现在还有谁把"良心"二字铭刻于心并话不离唇?但那可是我们民族民间人

民生命的宗旨、信心和动力。而他却在绵延积久的岁月，无踪无影、无声无息地从现实中淡出了。"良心"可就是爱心、善心、孝心、慈悲心——与生俱来的"恻隐之心"，即是"仁、义、礼、智、信"，孔子"以仁为本"的儒家思想的出发点。而这次"展演"我们却同时全方位地看到了他们，听到了他们真实的故事。除去那几乎为现代青年陌生的《刘海砍樵新唱》、《姜女情》等神话或传说段落，更有现实生动的《娘教女》、《边三梭卖器官》、《打狗风波》、《查家底》等紧贴现实令人震撼的新篇。它们与当下那些所谓"娱乐化时代"的感官宣泄、性欲满足、仅为哈哈一笑的所谓"流行曲艺"大相径庭，别异其趣；它们是心灵的颤抖、感情的极致、命运的祈祷、人生的颂歌。每一篇作品都具有"双重结构"——在动人的形象结构背后，是潜在的诗意和哲理结构。是人生的叹惋，是悲剧与喜剧的交织。那孝鼓《边三梭卖器官》给人的深思和联想，那入木三分的深入底里，那挚爱的变形，是现实主义写作的典范，是任何"主流"臆想所不能企及的。孝鼓《查家底》亦复如是。"家底"里隐藏的不是现实的财产而是精神的财富。是唯"草民"而莫属的神圣擎天柱。而《刘海砍樵新唱》的清纯高洁难道不是如今买卖婚姻、权势婚姻、蝇营狗苟各式各样"苟合"的一种绝妙讥刺吗？孝鼓《姜女情》的传说故事，在世俗世界早已被灌涤失色了，只有那个孤零零的姜女庙还守候在长城边，但孝鼓能够重提此情充满虔诚不也是一种郑重的呼唤与提醒吗？这才是真正的爱情，它使现今流行的花天酒地、金银财宝"卖阔婚姻"黯然失色。

"仁"讲的是爱。"义"强调的是理，是正义和原则，"义者仁之路也"。是实现"仁"的道路和主张。看看《西瓜的秘密》背后世俗流行的"潜规则"，听听那《整酒也烦恼》的苦恼和尴尬，在一切都可以被权或钱取代时空里，我们能不后背发凉毛骨悚然吗！"礼"讲的是让，是谦逊和推辞，而不是你争我抢、你死我活。而在曾经的"阶级斗争"里，谁让谁谁无理、谁让谁谁吃亏。那段说鼓《打狗风波》形象地阐释了义理关系，是调试当下人情冷暖人心不古的有效良方。进攻不一定是"勇"，退让也不一定就是"弱"。中国的老话在这次展演中重现，不是由上而下的"贯彻"，而是由内而外的涌动，说明传统文化精神依然植根在古朴的乡民内心。于是，"智"也就不是小聪明、抖机灵，而是辨别是非的大智慧，它贯穿在所有节目中间。在对鼓《男人和女人》、渔鼓《武松大闹观音堂》、薅草鼓《郎是包谷梗》、渔鼓《娘教女》、对鼓《东施效颦》等节目里，一切世情事理都是非分明，"有理走遍天下，无理寸步难行"。

是的，传统文化精神的复归，不可能在一朝一夕间顷刻实现，但却是一时一刻也不可忘记或忽略的历史使命。而其间随着非物质文化遗产保护工作的深入进行，随着"草根"曲艺演出由散漫无序到文化部门的有意引导和其在民众间持久的耳濡目染，随着文化自觉在文化反省中醒悟，华夏文化精神终将振奋并加速我们实现美好的"中国梦"。

（作者为中国曲艺家协会顾问、南开大学教授）

# 对常德"鼓书"传承发展的一些思考与建议

## —— 在"常德'鼓书'传承发展研讨会"上的发言

### 刘兰芳

我今天参加"常德'鼓书'传承发展研讨会"非常高兴！上午看了学术观摩展演非常振奋，因为我在说评书之前是东北大鼓演员，唱了20多年，既说长篇书目，也兼唱短段，对"鼓书"情有独钟。

黄河两岸和北方地区的"鼓书"，曲种也很多，除了东北大鼓以外不同地域都有不同风格的大鼓，像什么乐亭大鼓、木板大鼓、西河大鼓、湖北大鼓，等等。从清朝到新中国成立以后都颇受群众欢迎，近年来，随着大众性多元文化发展的强烈冲击，生存现状遇到了困难，举步维艰。专业剧团解散，后备人才不足，民间艺人减少，演出曲目贫乏，市场萎缩，这成了普遍现象。我自己也感到很困惑。没想到在湖南的常德地区，传统鼓书还在良好传承，蓬勃发展，实在让人欣慰！

前几天，我在济南参加中国"十艺节"群星奖的评审工作，观摩到了常德"鼓书"的两个"孝鼓"节目《传承》和《整酒也烦恼》。演员质朴，唱腔优美，感情真实，引吭高歌激动人心，低声吟唱感人肺腑，受到观众的热烈欢迎，我自己也流下了感动的眼泪，这使我看到了鼓书的希望。我又从此次活动的资料文件中看到常德是湖南著名的曲艺之乡，除了拥有已被国务院公布为国家级非物质文化遗产的丝弦，渔鼓、说鼓、对鼓、孝鼓、三棒鼓、地花鼓、薅草锣鼓、番邦鼓、跳三鼓、围鼓等"击鼓说书"的"鼓书"形式，更是广泛，影响深远，为广大民众所喜闻乐见。近10年来，常德市持续举办的"常德'鼓书'大王擂台赛"，更将各种"鼓书"创演推向活跃和繁荣，不仅大大提高了民间"鼓书"艺人的社会地位，调动了他们在丰富群众文化生活中的积极作用，而且找到了传承发展曲艺类非物质文化遗产的一种有效形式，同时实现了群众文化活动公益性和市场性的有机结合，成为当地曲艺文化的重要品牌与靓丽风景，得到全国文化界的热情赞誉和曲艺界的热切关注。

常德"鼓书"的繁荣发展引起了我的思考，它所以受欢迎，我想有以下几个原因：

其一，是常德鼓书历史悠久，植根于民间，有着深厚的群众基础，它紧紧贴近人民群众生活，又反映人民群众生活，为人民群众所喜闻乐见，适合当地群众的口味，适者生存。

其二，是常德鼓书形式简洁，方便灵活，一人一鼓，两支鼓棒，台上台下，房前屋后，田间地头都能演唱，方便群众。

第三，常德"鼓书"用方言说唱，具有浓郁的乡土气息。经过几代人的不懈努力，不断地丰富、加工、提炼而形成了现在这种演出形式。可以说在全国曲艺园地中有着一定的位置。唱词朴实，唱腔优美，曲调丰富，吐字清晰，通俗易懂，雅俗共赏，老少咸宜，寓教于乐，发人深省。

第四，常德"鼓书"继承传统，勇于创新，紧跟时代。如传统节目三棒鼓《刘海砍樵新唱》和孝鼓《姜女情》都进行了加工改编，赋予了新思想，运用了新语言，令人耳目一新。现代题材的孝鼓《整酒也烦恼》批评了靠办喜宴，收礼钱，巧立名目的不正之风，给家庭生活带来巨大的压力，指出发财不能靠收礼的道理。特别是在旧社会，办丧事演唱的《孝鼓》，经过改革之后有鲜明的曲艺特征。如《传承》用第一人称表现打鼓人传唱"鼓书"的意志和决心。让常德"鼓书"代代相传永流芳。

第五，常德"鼓书"形式多样，风格各异。根据不同内容采用不同的形式，有动有静、有文有武、有蹦有跳、有说有唱、有悲有欢、有评有叙，努力做到刻画人物，抒发感情，引人入胜。

第六，领导重视，把常德"鼓书"的宣传和保护纳入重点项目。关心引导、宣传组织，作者、导演、演员，方方面面都下了工夫。如"常德'鼓书'大王擂台赛"，坚持了近10年，有赛事才有人参加，有人参加才有发展，有发展才能多出人才。目前，常德"鼓书"增加了不少新人新面孔，吸收了不少新生力量，增添了新鲜血液。常言说"火车跑得快，全靠车头带"。领导重视是关键，能适应当前的发展需要，有战略眼光，重视"鼓书"就是重视文化，就是重视政治和经济等等的统筹与全面发展。目前国外都看好中国的文化、中国的旅游。关于常德"鼓书"的发展繁荣，常德领导和文化部门已经做了大量工作，并有了可行的规划，常德"鼓书"的前景一定会越来越好。

下面我想说几句建议的话。

首先，要挖掘保护优秀传统剧目。对节目要精雕细琢、打造精品，加大宣传力度。

其次，回报社会，服务人民，在传承演出中体现自身价值。同时要走出去，请进来，学习兄弟曲种的艺术经验，进一步丰富常德"鼓书"的艺术内涵和表现手段，使之更精彩、更动人、更耐人寻味。正所谓"井淘三遍水更甜，扎根沃土花更香"，常德"鼓书"具有曲艺轻骑兵的特色，不需要大舞台、大背景，也不需要豪华繁杂的布景灯光，它来自民族民间，扎根人民群众沃土。我希望常德"鼓书"这朵鲜花在中华大地上生根发芽，茁壮成长，百花盛开，姹紫嫣红，飘香千里。为实现中华民族伟大复兴的中国梦作出积极的贡献！

（作者为中国文联副主席、中国曲艺家协会名誉主席、北京评书表演艺术家）

# 常德"鼓书"应当重视应当发展

朱光斗

有幸看了湖南常德的击鼓说书的"鼓书"节目，感受颇深，这是一次美好的艺术享受。从事曲艺工作60多年，第一次看到这些曲艺形式，深感自己有些孤陋寡闻了，幸好几个"击鼓说书"的光盘给我补了这一堂生动美好的课。

看了光盘上的一些节目给我留下了以下印象。

## 一、地方特色鲜明，乡土气息浓郁

我国的曲艺形式都带有地方性，或叫地域特色。有人说相声就没有，地不分南北，人不分老幼，都喜欢相声。其实相声也有地方性，出自京津地区，因为它讲的是普通话，加上它的喜剧风格，所以流传甚广。

常德的鼓书节目具有湖南常德的地方特色，这并不妨碍它为外地人所接受，我觉得它现在说的是湖南"官话"，而不是常德的"土话"，北方人都能听得懂。如果全都说普通话，就失去了特色，本地人听着不习惯，外地人听着也别扭。就像有的曲艺工作者尝试着用普通话唱评弹一样，结果以失败而告终。

常德鼓书的地方特色和乡土气息正是它的独特之处，好就好在这里，美也美在这里，这也恰恰是我所喜欢的地方。

## 二、演唱形式多样，生动活泼灵活

常德鼓书的演唱形式多种多样，有单口的、对口的、群口的，有男女演员的独唱、对唱、三人唱，像三棒鼓要鼓槌的，可谓和杂技艺术的结合，看着好看。

演唱形式是依据作品的内容而定的，需要人少就人少，需要人多就人多，非常灵活。

## 三、演员感情充沛，注重情感交流

看过的节目有孝鼓《西瓜的秘密》、渔鼓《武松大闹观音堂》，前者是女演员，后者是男演员，他们表演都很到位，尤其是眼神、手势运用自如，形象也都不错。

这里特别应当提到的是他们非常注重和观众的感情交流，这正是曲艺演员的特点。

再就是演员的唱功之外，鼓上的功夫也很见长，鼓槌子在他们手里运用自如，增强了可视性。

好的方面还有许多，这里就不一一赘述了。同时，有些不一定成熟的想法，也想说一说。

一是有点"原生态"的感觉。比如有演唱、无伴奏。当然，这是历史形成的。而从长远发展的角度看，能就这样下去吗？艺术手段还是要丰富一些好。

二是提高创作水平，要用好的作品带动形式的发展。这里我说一个我接触常德丝弦的事，上世纪80年代全军搞过一次曲艺调演，我作为艺术指导，帮助他们搞过一个节目叫《追针》。这原来是段湖北渔鼓，说部队野营拉练期间住在农村老乡家里，有个战士感冒了睡在大娘的热炕头上，大娘见他的衣服破了，帮他补衣服。这天突然紧急集合，战士穿上衣服走了，大娘回家一看，衣服穿走了，大娘突然想到，针还别在衣服上哪，战士要擦汗，肯定会被针划着脸，不行,我得去把针拔下来。大娘追到村外,见战士已进入出发地,正在地下趴着,准备冲锋,大娘说:等等!走上前去,把别在衣服上的针取了下来,说了一句"孩子,冲吧!这我就放心了"。人都说针尖儿大点事,写不成文艺作品,《追针》就是针尖儿大点的事,不是写成了吗,关键在于典型性。

演出形式上,湖北渔鼓《追针》是一男一女表演,稍嫌单调。记得当时的演出队还有个节目,就是常德丝弦《湘江夜渡》,10个女演员表演,充满活力。在演出形式上,我们借鉴采用了这类形式,使舞台一下子活起来,非常受欢迎。当然,这只是个别的例子。

意见很不成熟,欢迎批评指正!

(作者为中国曲艺家协会顾问、快板艺术家)

# 试谈常德"鼓书"得以有效传承的原因

田连元

任何一种传承不衰的艺术形式，必有两个基本元素，一是要有社会效果，二是要有群众基础。没有社会效果，等于没有灵魂，亦即没有了时代感应力，便丧失了存在的价值；没有群众基础等于没有了生存的载体，亦即没有了立足的舞台。

常德"鼓书"两者兼备，它是一种有生命力的艺术。

看了常德"鼓书"的演出，给了我一种独特、新颖、惊叹的感觉，从它们的表演形式上，使我联想到东汉时期的"击鼓说书俑"。我不知道它们之间有无传承关系，但从现在常德"鼓书"的表演过程中，会使我联想到东汉时期那击鼓说书艺人生动的面部表情，手举鼓槌，翘首抬足的精神风貌……

常德"鼓书"有着多种的表演形式，树分多枝，终归一体，形成一种系列的表现程式。一只书鼓，两支鼓槌，便是它的全部道具，尽管它有时也有唢呐伴奏，那只是气氛的烘托和简单的旋律陪衬，其主要道具还是那只击打娴熟、节奏变化无穷、在叙事的过程中起着省人、注目作用的书鼓。其"三棒鼓"的形式更是以杂技表演的特色为其内容增添了光彩。

在当今文艺形式百花齐放，文艺舞台声、光、电、效变幻无穷，给观众的感观刺激超过理性思考的时代，常德"鼓书"灯光布景不显特色，音响服装保持传统，凭什么还能博得观众的喜欢、大家的认同呢？我想大概有三点值得我们注意。

第一点是地域方言的亲切感使它独领风骚。中国的地域方言形成了不同的地域风格和不同的人群个性，眷恋"乡音"成了人们思念故土的一种情感，常德"鼓书"的湖南湘韵便成了一种情感融汇剂，使家乡人喜闻乐见，成为了观众基础。有了这一方基础便可以扩大、外衍，形成气势，犹如东北人之对"二人转"，河南人之对"豫剧"，陕西人之对"秦腔"，山东人之对"吕剧"，绍兴人之对"莲花落"……

第二点便是它的传统的、简约的、质朴的表现手段。这种手段最宜为广大群众所接受。当然，传统不是守旧，简约不是简陋，质朴更不是粗糙，我们从演员击鼓的变幻节奏，表演的细腻传神，甚而有的达到了出神入化、自由王国的境界的状态便可知道，观众一看就知，一听就懂，心犀相通，喜闻乐见。比之那"诗"做到"朦胧"，"画"画到"空灵"，自许高深，别人不懂，不知要强胜多少。

第三点是他们的创作精神，表述现实生活，讲述身边故事。任何一种艺术形式，缺少创作，就没了灵魂，而创作脱离了生活，便没有了真实。他们所表演的几个段子，都真实地反映了现实生活，这与他们长期植根于群众当中，始终有取之不尽、用之不竭的丰富素材有直接关系。孝鼓《整酒也烦恼》、《边三梭卖器官》揭露了当前社会存在的不良现象，说鼓《打狗风波》讲述了中国传统道德"知恩不忘"的思想在现代人心中的具体表现，《传承》讲述了人生价值观念。……这些作品时而使观众开怀大笑，时而使观众潜然泪下，艺术魅力感人至深。

诚然，事无尽善，艺无尽美，个人觉得那三棒鼓的技巧如果与讲述内容能有机结合会更显示出它存在的必要，不像现在纯技艺的展示，反而会使观众分神；唢呐的伴奏如果能根据讲述内容对其现有旋律有所丰富和创新，岂不更为完美？

总之，看了一场好"鼓书"，得到很好的艺术享受，受到不少启发，乱发一通议论，胡说一些观点，总的还是希望常德"鼓书"在传承和发展中，越来越好！

(作者为辽宁省曲艺家协会名誉主席、评书表演艺术家)

# 中国"鼓书"文化的桃花源

## ——常德"鼓书"的精彩及其启示

向云驹

1957年,在四川省成都市天回镇天回山墓出土了一件高53厘米的东汉陶塑说书俑。这件后人称为坐式说书俑的陶塑,塑造了一位生动、活泼、传神、幽默的说书人形象,他身材短胖,上身裸露,两肩上耸,大腹如鼓。左手环抱小鼓,右手握鼓槌直伸前臂;左脚赤足曲蹲,右脚赤足前踢高翘,眉飞色舞,神采飞扬,张嘴嘻笑,一副夸张表演、精彩说书正至绝妙之际的模样。这尊造型夸张,人物神态逼真传神,艺术手法极富想象力与感染力的陶塑作品,是中国雕塑艺术史上的不朽杰作,也是中国艺术史的巅峰造型,既显示了2000余年前中国雕塑艺术的高超技艺,也真实展现了中国曲艺表演在2000余年前就达到了登峰造极的艺术水平。

这个陶俑曲艺人就是我国古代的鼓书艺人。这个说书俑或准确说是鼓书俑造像和形象从此成为中国曲艺的艺术象征和艺术代言人。事实上,中国"鼓书"也称得上是中国曲艺最具经典性、象征性和代表性的曲种。

1963年,四川郫县再次出土东汉立式说书俑。这个高66.5厘米的泥质红陶俑,赤裸上身和双足,缩颈扭腰,左手捏鼓,右手握槌,似正敲鼓,双眼眯歪,大嘴龇咧,一脸滑稽,圆肚前撅,臀部后翘,表情丰富,姿态幽默,表演生动,体态夸张,十分突出地表现出鼓书艺人的精彩演出。这件立式表演鼓书艺人俑和前述坐式表演鼓书艺人俑,珠联璧合,相映成辉,双峰并峙,把鼓书表演的精彩瞬间永远地定格为中国艺术的里程碑和纪念碑,使中国曲艺彪炳千秋。

时光荏苒,数千年弹指一挥间。在流传了几千年后,中国大地上的曲艺品种成千上万,多姿多彩,百花争艳。"鼓书"以它丰富的品种、独特的样式、广泛的分布,成为中国曲艺的一枝不败的奇葩和一个古老的传奇。

湖南常德就是我国"鼓书"文化版图上的一个标志性的文化地理,也是中国"鼓书"和中国曲艺的一处神奇的"世外桃源"(相传常德正是陶渊明所记桃花源之所在)。

## 一、"鼓书"文化的时空奇观:共时性空间里的历时性历史

当这些不同的"鼓书"同台竞技、同台共演时,我们便"坐地日行八万里,听鼓遥看一千年"。

常德,地处湖南北部,是巴楚文化和湖湘文化的枢纽性地域。它既东接洞庭,交通东西南北,又西接湘鄂渝黔多民族散居聚居的武陵山区,既开放,又封闭;既时尚,又古老。常德"鼓书"不仅具有广泛的群众基础,而且品种样式多姿多彩。流行在常德的"鼓书"有渔鼓、孝鼓、对鼓、说鼓、围鼓、三棒鼓、地花鼓、薅草锣鼓、跳三鼓,等等。这些鼓书形式,有些是仅见于少数民族地区和某些封闭山区的,如跳三(丧)鼓、薅草锣鼓;有些是全国通行的鼓书形式,如渔鼓(道情)、说鼓等;有些是局部流传的鼓书,如三棒鼓、围鼓等。从东汉说书俑算起,鼓书的历史已经有2000余年了。如今全国各地各种曲艺中,"鼓书"是最常见的形式,也是最经典的形式,而且是分布最广的曲艺样式。比如,全国各地的"鼓书"大多以地方命名,有乐亭大鼓、湖北大鼓、河南鼓儿词、河南坠子、河洛大鼓、湖北道情、湖北渔鼓、晋北道情、晋南道情、晋西道情、京东大鼓、陕北道情、陕南渔鼓、走马锣鼓、安徽大鼓、安康道情、西河大鼓、东北

大鼓、木板大鼓、山东渔鼓，等等。这些"鼓书"的共性是都以击鼓说书即说唱相间为表演特征，但在伴奏的形式上，或有增加，或有变异；在曲牌、曲调上则多以地方音乐和方言为主，形成它们各自的根本不同；在内容编创上则有传统经典或全国性故事传说，更多的则是地方性故事和自创内容。根据各地方志记载，以上这些地方的"鼓书"，大多是在明末清初以来才兴盛起来，普遍性地在"鼓书"前加上地名，传叫为某地大鼓（渔鼓、道情），以清中叶以后较为普遍。这就是说，各地"鼓书"的地方特色、地方名称、地方风格，是很晚近才形成的。

常德"鼓书"的多样性在于它们在当今时代的时空里，还共存着既古老又晚起的各种"鼓书"形式，立体地、活态地、生动地保存着"鼓书"发展的活史。当这些不同的"鼓书"同台竞技、同台共演时，我们便"坐地日行八万里，听鼓遥看一千年"。在常德"鼓书"群里，薅草锣鼓是比较古老的样式。这种流行于土家族地区的锣鼓说唱是一种劳动伴奏，它的原生态样式，是人们在挖土耕作劳动中为协调集体劳动节奏、进度和鼓舞劳动热情、干劲的劳动伴唱。这是脱胎于鲁迅先生所说的"杭育杭育"之歌而来的。在西藏高原，藏族男女在集体夯实新建屋顶时边跳边劳动的"打阿嘎"，类同于此，是劳动和歌舞的完全一体化的样式。所以说，薅草锣鼓的文化起源是十分悠久而古老的，它的文化形式是历经漫长历史而传承下来的，是十分珍贵的文化遗存，也是鼓书曲艺早期的形态和原始的雏形。

常德跳三鼓，又称跳丧鼓，或者说是在跳丧鼓的基础上发展演变，更加世俗化、娱乐化、表演化和曲艺化而来的结果。跳丧鼓的原生态样式更多地分布在湖北山区土家族文化中，是丧葬文化中"认祖归宗"的一种仪式性演示和表演。说唱内容最初是以民族迁徙、英雄史诗、神圣起源等为主，一方面指引亡灵，一方面教育氏族活人，鼓声是神圣、庄严、隆重的音响和与先祖沟通、交流的神器。跳丧鼓在土家族中流行、保存，与这个民族经历过重大的、漫长的、艰辛的迁徙有密切关系。常德跳丧鼓一方面继续广泛运用于丧葬活动之中，一方面又娱乐化、世俗化，演变为鼓书的一种样式，折射出鼓书发展史上的一段独特历程。这种风习还是楚地巫风甚炽的写照。王逸《楚辞章句》说："昔楚国南郢之邑，沅、湘之间，其俗信鬼而好祠，其祠必作歌、乐、鼓、舞以乐诸神。"如今的楚南各地，还遗存着丧鼓、夜歌子、打夜鼓、孝堂歌、丧孝歌、丧事歌、坐夜歌等名称各异但大同小异的民间民俗或说唱表演。

常德地区"鼓书"中的三棒鼓、渔鼓、说鼓、对鼓、孝鼓是更加曲艺化、表演化、艺术化、娱乐化、专业化的"鼓书"形式。其中，三棒鼓强化和加入了杂技杂耍元素，有汉代"百戏"的影子，是"鼓书"发展的一个另类走向，也形成了后世许多曲艺形式掺杂杂耍、绝技表演的传统；渔鼓、说鼓的自立门户为说书的兴起奠定了形式基础；对鼓表演也让我们发现了相声的前史，以及戏曲小戏的萌芽。中国曲艺由于中国文化发展的从未间断使它一方面呈现出由低级到高级形态的不断"进化"，不断演化成新的更专业、更艺术、更精致的艺术品种或曲艺样式，另一方面在每一个发展阶段都有一些个别的、独特的样式坚持着自己的本性和原生性但又独立自主地自我发展与完善，从而构成了中国曲艺的复杂性和丰富性。跨界、跨越式发展和独立自主发展并不存在孰优孰劣或前低后高后来居上的价值判断与取舍，正如西方学者所言，你尽管叫荷马好了，他的名字叫莎士比亚。独立自主发展的也不等于从不吸收其他艺术营养，相反是一直在学习、借鉴后生后起的艺术之优长。这些艺术发展规律或艺术特点在常德这几种"鼓书"的现代形态中都有鲜明的表现。

常德"鼓书"集群现象构成了中国"鼓书"文化的神奇景观，具有重要的文化价值和研究价值，也应成为常德文化的独特标志，值得珍视、保护和弘扬。

## 二、"鼓书"创作表演在与时俱进中保持旺盛生命力

常德"鼓书"发展形成了环环相扣的创作链和良性的文化生态：一度创作很给力，二度创作有实力，观众观赏冒热力。

置身于现代化、信息化时代，面对着强势的电影、电视剧、戏曲、歌舞等现代综合艺术的竞争，面临着电视机、电脑、手机、互联网等新兴媒体对传统娱乐、传统文化、传统生活的改造和挤压，处于弱势弱小地位的"鼓书"艺术如何生存

与发展，遭遇到空前的生存危机和命运挑战。尽管危机四伏，地域性文化仍然有它们的生存空间和生存理由，因为人类的本质和本性中这几个最基本的元素是不可抛弃和更改的：①人类是文化的存在，文化是有传统和传承的，除了大规模迁徙外，特定的人群一定是生活在自己特定地理环境和文化时空里的。传统文化是人们地域生存中永远不可割裂的精神脐带。②文化多样性是人类精神丰富性的不竭的源泉和资源，独特的文化样式、文化创造、文化精神一定是人类永可宝贵的文化遗产和文化财富。③人类永远需要描写和表达自己独特的生活情感、身边的人事和自我命运中的喜怒哀乐。他者的、普通的、共通的人类命运和情感永远不能取代自我的个性、特殊性、地方性的历史、现在和未来。④人类对文化永远存在着在场、对话、面对面、交流、参与、互动的需求、追求和天性。人类是群居的动物，群居需要彼此的在场。所以，那存活存在于电视机、电影银幕、电脑、手机中的虚拟世界或虚拟文化，是单向度的文化存在，是不可交流、不可互动、不可参与、不可对话的文化，是静观的、机械的、物质的、物体的、载体的文化，只能是文化的一种补充式存在，永远不可取代在场的、现场的、可参与的、可触摸的、可交流的、可互动的文化样式与文化生活。

这就是常德"鼓书"如此生动活泼、生机勃勃地存活于常德人民文化生活中的哲学奥秘。正是基于这一哲学根由，常德"鼓书"的创作表演在艺术上也做出了不懈努力，紧紧跟随时代，深深扎根人民，赢得了观众，也拥有了自己生存发展的土壤和空间。这种努力主要表现在三个方面。

一是及时编创现实题材作品，说身边人，讲身边事，议民风民俗，讽不良现象。孝鼓《整酒也烦恼》介入生活，破解生活难题，把一个人人都烦、人人都摆不脱的人情怪圈和生活陋俗讽刺得淋漓尽致，引导人们走出生活的迷宫，说出了人人想说想做又不能说不能做的心里话，起到了参与、介入、干预、引导生活的作用。这必然让这个作品拥有热心的观众。《边三梭卖器官》、《查家底》、《西瓜的秘密》、《打狗风波》等都是这类作品中的佳作，并且涉及生活的方方面面。

二是对人们耳熟能详的传统书目、传统题材进行与时俱进的新编新创，使老作品焕发出时代新机，增添时代气息和现实趣味。如三棒鼓《刘海砍樵新唱》，就把一个家喻户晓的老题材翻出了新意，融汇了现代爱情观、现代语言、新鲜事物、时髦风尚，让观众喜出望外，其喜剧和幽默使观众开怀大笑、开心无比。

三是对传统书目精益求精，表演更出彩、更精致、更有魅力。对传统的继承，一方面是不断翻新，一方面就是不断精致化、精彩化。《东施效颦》、《武松大闹观音堂》、《姜女情》这些作品都显示了常德当代鼓书艺术的艺术造诣和艺术努力与追求。民间艺人们的精湛表演使传统书目魅力无穷，重放光彩，使观众听了亲切，获得温馨的审美愉悦。

从此次常德进京表演的一批"鼓书"佳作看，常德"鼓书"除有一批优秀的民间"鼓书"艺人和爱好者外，也有一支实力不菲的写作创作队伍，后者为常德鼓书的发展作出了重要的贡献，他们的存在，也使常德"鼓书"发展形成了环环相扣的创作链和良性的文化生态：一度创作很给力，二度创作有实力，观众观赏冒热力。

## 三、政府搭台、民间竞赛的体制机制创新

各行各业都可以参与和参赛，男女老幼无不乐在其中，常德"鼓书"热情地拥抱着当下火热的生活，它也将因此拥有光明的未来。

近些年来，常德市委、市政府，特别是常德市文化馆等地方文化工作者，连年组织举办"'鼓书'大王擂台赛"，使"鼓书"发展步入一个前所未有的发展轨道中来，获得了充满生机与活力的体制保障，从过去的自发、无序、民间的发展方式进入了创新性的发展平台。

"'鼓书'大王擂台赛"既适应人民群众的文化期盼和生活传统，又符合具有竞争性的"鼓书"自身发展规律，因而，不仅得到广大民众的参与和拥戴，也得到了广大"鼓书"艺人和爱好者的积极响应和参与，人民政府对文化功能的设置和文化目标的追求也从中获益和实现。其突出的效果在常德"鼓书"文化中表现为五个方面。

一是实现了对"鼓书"创作与发展的引领和引导的作用。通过大赛，实现对

"鼓书"文化移风易俗的引导。过去普遍存在的低俗、脏口、粗俗表演逐渐得到净化，"鼓书"正在向文明的境界提升，也对大众的趣味发生着深远的影响。这顺应了时代的发展，符合社会进步的总要求。

二是促进了创作，推出了一大批优秀的"鼓书"人才和作品。我们所见这一批民间表演者邵丹、谢宾锋、刘静、王松、田金华、陈元华、吴清华、熊波涛、刘昌会、张成辉、占洋、颜菊华等都是从大赛中脱颖而出的优秀民间表演者。除前述那些优秀书目外，还出现了创演《传承》、《男人和女人》这样一些具有思想性、哲理性高度的创作作品，显示出常德"鼓书"发展的民间智慧和哲学品质。

三是大赛巩固了原有的"鼓书"市场，又丰富和培育了更广大深厚的群众基础和市场范围，为"鼓书"的民间发展提供了更雄厚的市场保证。在市场的作用下，"鼓书"艺术的职业化、专业化趋势得到强化，艺人的经济收入和社会地位都得到有效提升。

四是大赛有效地促进了"鼓书"作为非物质文化遗产的保护与传承。传统书目精致化、旧创新编时代化、现实题材生活化这样一条三管齐下、多措并举的大赛激励机制，使常德"鼓书"文化在保护、传承、继承、创新各个方面都齐头并进，是"非遗"保护的典范和样板。

五是大赛极大地丰富和满足了本地人民群众的文化生活需求。每次大赛都是公益性的，因而是人民群众的文化节日和"鼓书"盛会，他们参与，他们品评，他们围观，他们欣赏。这些"鼓书"是为他们而搬演，他们在大赛中获得了极大的精神享受和愉悦。各行各业都可以参与和参赛，男女老幼无不乐在其中，常德"鼓书"热情地拥抱着当下火热的生活，它也将因此而拥有光明的未来。

（作者为中国艺术报社社长、文化学者）

# 常德"鼓书"：历史传统与现实激扬

吴文科

以"击鼓说书"为表演特征的"鼓书"形式，是说书类曲艺的重要组成部分。与徒口讲说表演的各种评书评话式"大书"和韵诵表演的山东快书与快板书等"快书"不同，这类以鼓伴奏的说书表演，与弹词和琴书等说唱相间表演的说书类型一样，属于擅长表现家长里短和儿女情长内容的"小书"。相比较为繁盛的苏州弹词和山东苏北等地的各种琴书，"鼓书"在现代社会的生存与发展，曾经一度普遍式微。即便是曾经广泛流传在华北城乡的山东大鼓和西河大鼓等形式典范的"鼓书"形式，也由于种种原因，在近一个世纪以来的发展流变中，艺术的性状与功能已逐渐背弃了说唱相间表演的传统样式，转向了只唱短段的唱曲表演，成了所谓的"鼓曲"。

可喜的是，随着时间的推移和社会文化环境的调整，这类在许多地方长期沉寂或走向变异的"鼓书"形式，却在湖南常德的灵山秀水之间得以完整地保留，并出现了强劲复苏和有力重振的良好势头！其中一个非常主要的表征，就是藉着近年来常德"'鼓书'大王擂台赛"的连续举办，所撬动和激发出来的当地人们对于传统"鼓书"艺术的热爱钟情与自觉传承。这个基于沅江和澧水流域地方政府文化主管部门组织开展的"鼓书"艺人竞赛交流活动，由于立足当地特有的曲艺文化资源，切合当地民众的娱乐审美习惯，呼应了国际社会有关文化多样性发展的科学理念，也落实了国家开展非物质文化遗产传承保护的工作要求，蹚出了一条政府主导、社会参与，因地制宜、因势利导，群众喜爱、艺人实惠，效果良好、市场火爆的良性"鼓书"发展之路。特别是其坚持以竞赛交流为手段、以自我激扬为目的、以自编自演为特色、以突出本土风格为追求的活动宗旨，迥然有别于其他的赛事与交流，体现出自身独有的文化品格。不仅大大提高了"鼓书"艺人的社会地位，切实调动起他们在丰富群众文化生活中的积极性；而且找到了传承发展曲艺类非物质文化遗产的一种有效形式；同时实现了群众文化活动公益性和市场性的有机结合，成为当地曲艺文化的重要品牌与靓丽风景，得到了文化界的普遍赞誉和曲艺界的热切关注。

常德是湖南著名的曲艺之乡，除了拥有已被国务院公布为国家级非物质文化遗产的丝弦，孝鼓、渔鼓、对鼓、说鼓、围鼓、三棒鼓、地花鼓、薅草鼓、番邦鼓和跳三鼓等"击鼓说书"的"鼓书"形式，更是流布广泛，影响深远，为广大民众所喜闻乐见。这种沿着沅江和澧水集中流布且品类繁多的"鼓书"留存图景，虽在国内十分罕见，但却有着自身独特的历史传统与深厚的文化渊源。一方面，位于洞庭湖西岸的沅江和澧水流域，是孕育并延传楚文化的特异之地。仅以原名"鼓盆歌"而又拥有"丧堂歌"、"孝歌"、"夜歌子"、"丧鼓"、"九槌鼓"和"挽歌"等别名的孝鼓为例，其文化渊源即可上溯到战国时期，根植于当地百姓"好礼"、"尚巫"的文化传统。古时的当地人在丧葬期间为着防虫驱兽和熬夜守灵而怀念讲述死者的生前功绩与哭灵悼亡及答谢抒情等活动，是此种"鼓书"形式得以脱胎形成的主要因缘。我们对于孝鼓等"鼓书"形式的价值认知，因而便不能只是停留在其作为表演艺术范畴的曲艺本身。其所蕴含的历史文化信息，对于哲学、历史学、社会学、民俗学、民族学、心理学、语言学、修辞学等的研究，都有着非常重要的参考价值。以哲学和思想史的研究为例，过去一讲到庄子的"出世"思想、"无为"主张与"超然"姿态，有人即以其妻子亡故却"鼓盆而歌"为例加以印证。似乎"出世"和"无为"就是无情无义和没心没肺，没有起码的人伦情怀，不讲基本的世间事理。这种认识上的牵强附会，源于学术视野的相对狭窄和文化知识的较为单薄。现存孝歌即"鼓盆歌"等的传统曲本所透露出来的信息让我们知道，由于"楚人尚巫"，人死之后有着殡葬期间守夜唱孝歌的悼亡习俗，主家出于礼节，往往要陪同前来吊唁的宾客反复演唱丧歌。像"鼓盆歌"的传统曲本《蝴蝶梦》里有关"庄周来在灵前下，烧香把纸化；扑一个盆子当鼓打，唱歌陪丧家"的唱词，即从民俗学角度有力地解答了有关庄子丧妻而不哭反唱的学术误解与历史谜题。或谓采用艺术的文本去印证历史的存在，没有实在的原始材料来得硬气，但其作为重要佐证的价值与意义，不该受到忽略。正因如此，常德地区的土家族将孝歌称为本民族艺术的"活化石"，便不是没有道理的随意比附。事实也是如此，孝歌即"鼓盆歌"的唱腔曲调如【奠酒】、【劝亡】和【北调】、【南腔】包括穿插在有些中长篇节目中联缀使用的【悲苦调】、【鸳鸯调】和【马门调】等曲牌，从其名称本身，即可透视出这种文化上的渊源关系。

此外，蕴藏在这些"鼓书"形式之中的艺术文化内涵，也极为丰富和珍贵。如具有鲜明杂技因素的三棒鼓表演，不仅在小鼓之外还有小锣伴奏，辅助"说唱"叙述的抛刀丢鼓花样，更是十分繁多和精彩。常用的即有美女梳头、苏秦背剑、野鹿衔花、双凤朝阳、双龙出洞、犀牛望月、太公钓鱼、喜鹊衔柴、海底摸沙、黄狗钻裆、古树盘根、雪花盖顶、跑马射箭、鲤鱼漂滩、金线吊葫芦、老鼠翻屋梁、冲天炮、砍四门、打铁、纺纱、退纱等20余种。抛刀丢棒而外，还有舞花棍、耍连棒、玩火把等技巧穿插其间。这使"唱"、"耍"结合和以"耍"助"唱"成为这种"鼓书"表演的独特魅力！它如渔鼓的沉郁曲折，说鼓的风趣幽默，对鼓的往来智慧，三棒鼓的惊险刺激，地花鼓的生动活泼，番邦鼓的委婉曲折，薅草鼓的率真热烈，跳三鼓的大开大合，打围鼓的轻松欢乐，以及孝鼓的悲壮凄切，极尽悲欢离合，演来引人入胜。演出方式也十分灵活多样：或一人，或二人，或多人；或铺陈，或问答，或轮递。表演者一人一鼓，听众可成千上万；台上激情飞扬，台下掌声雷动；情随声动，理随意兴，乡土气息浓郁，地方特色鲜明。这就使得常德地区的"鼓书"形式，成为说书类曲艺的宝贵遗存，对于丰富当地百姓的精神文化生活，滋育当地人们的思想心灵，有着十分重要的作用。

以前为了谋生，艺人们往往在曲本中为迎合部分群众的不良癖好，不同程度地掺杂进一些粗陋低俗的内容。通过"'鼓书'大王擂台赛"的举办和引导，如今的表演内容大多健康向上接地气，反映的都是容易引起当地群众情感共鸣的老百姓身边发生的事情：家长里短，苦辣酸甜；喜怒哀乐、悲欢离合，听来可叹、可信、可乐、可亲，真正做到了寓教于乐、引领世风。

　　常德"'鼓书'大王擂台赛"的连续成功举办，也大大提高了民间艺人的社会地位，使过去走乡串户不大被人看得起的"击鼓说书"艺人，成为登上大雅之堂的"草根明星"。历届赛事产生出的邵丹、谢宾锋、刘静、王松、田金华、陈元华、吴清华、熊波涛、刘昌会、张成辉、占洋、颜菊华等一批"鼓书大王"，在当地声名鹊起，演出一场收入上万的也大有人在。最为可喜的是，通过连续几届的"'鼓书'大王擂台赛"，还推动涌现出一大批"70后"、"80后"甚至"90后"的"鼓书"编演新人。他们的脱颖而出，不仅改变了传统曲艺后继乏人的当下窘态，而且在丰富当地群众文化生活、推动本土"鼓书"艺术发展的同时，也为曲艺类非物质文化遗产的传承保护工作，带来了实质性的突破，取得了良好的效果。

　　可以相信，通过如此这般的现实激扬，常德的"鼓书"艺术必将迎来更加辉煌和灿烂的美好明天。

# "樊梨花模式"的加强版

陈泳超

讨论常德"鼓书"的发展问题，一个十分重要的方面，就是必须关注其表现内容。恰好李金楚先生整理赠送的一个曲本内部打印资料，即《澧州大鼓传统唱本》给了我思考相关问题的契机。

捧读《澧州大鼓传统唱本》，我为这一充满"草根"风貌的民间曲艺形式所深深打动，其中精彩的片段层出不穷，语言更是直白爽劲，生活气息浓郁，经常让人拍案叫绝，甚至产生一种想要现场观摩的强烈冲动，当然目前来说这只能是一个美好愿望，无论如何，我必须向这些民间艺人以及记录者表示由衷的敬意。

"澧州大鼓"亦即"孝鼓"或者说"鼓盆歌"，跟许多曲艺形式一样，具有很强的传承性和模式化特征。从这个记录本中我就直观感觉到，多处飘荡着樊梨花的影子。这不光是说它们大多以唐太宗时代作为历史背景，也不光是它们总是让男主人公具有非凡的、轻而易举的桃花运，乃至于女主人公常常表演着花痴般的"倒求婚"，我更关注的是它们的女性主要人物，都带有明显的为了丈夫而弑父的逆伦色彩，这在特别讲究伦理道德的传统文化中，显得特别引人注目。

以该记录本中最完整的长篇《五女戏唐》为例，所谓五女，即指大闹京城的吴月英、吴凤英姐妹，以及跟吴凤英一起成为李怀玉妻妾的张美容、胡玉莲、白玉娥,这五个女子都有程度不等的"助夫弑父"特征。

吴氏姐妹从小被许配给了李氏兄弟,但后来李家败落,二公子李怀玉(本书一号男主角)来到吴家求助,遭到嫌贫爱富的岳父谋害,可巧被吴氏姐妹知晓,她们杀死了被父亲派来谋杀的奴仆,放走李怀玉,自己后来也女扮男装投到李家婆婆那里去了。而李怀玉的哥哥李怀珠又来寻找二弟,鲁莽地杀死了包括吴家公子(即吴氏姐妹的胞弟)在内的吴门100余口,造成灭门的惊天惨案。虽然吴氏姐妹没有弑父,但杀害亲兄弟也是弑父的弱化形态;尽管不是她俩亲自动手,却是其丈夫所为,故此脱不了干系。

张美容是因为梦中姻缘要配李怀玉,后来李怀玉来张家要饭,被张美容之父张贤好心收留,认为义子。张美容却一心想嫁给李怀玉,对父亲收李怀玉为义子极不满意,终于"逼奸"了李怀玉。张贤以为是李怀玉居心不良,暗叫仆人胡整谋杀他。胡整不舍,非但放了他,还将自己的女儿胡玉莲许配于他。后来张贤带家丁杀来,张美容和胡玉莲合力抵敌,张美容还亲手打伤了父亲,害得父亲羞惭自刎,母亲也含泪上吊,张美容算是间接的弑父(及母)。

这中间胡玉莲似乎没有弑父情节,但该书中有一桥段,胡玉莲本来责怪父亲救李怀玉纯属多事,但一听说父亲要将他嫁给李怀玉这个"美郎君",顿时喜不自胜。此时张贤带人打来,她立马对父亲表态:"您可自个多照应,我只保得相公命。"书中说道:"可怜老胡整,不知好伤心,养女儿,费千辛,关键时候鬼弹琴,她只招和二举人,却看老爹我的冷(冷落老爹)。"最后他只好躲在锅灶下,但还是被来人发现,差点送了性命,这可算是弑父的最弱化形态。

白玉娥是最为典型的弑父形象。当李怀玉带着张美容、胡玉莲来到白术镇上时,遇到了恶棍白善龙及其两个恶霸儿子白雪、白云,他们想杀人抢女,正在危急关头,白善龙的女儿,白雪、白云的亲妹妹白玉娥却少女怀春,一眼就看上了李怀玉,她在获得李怀玉的允婚之后,立时躲在暗处放袖箭,杀死了两个哥哥,最后又射杀了先后赶来的父亲和母亲。她亲手杀死父母兄弟,可说是"助夫弑父"登峰造极的形态了。

这样的"助夫弑父"模式,在古代白话小说和戏曲这些通俗文艺之中,最广为人知的莫过于樊梨花。但在叙述樊梨花故事的最重要文本《说唐三传》中，关于这段情节，作者特别强调她是"无心弑父，有意杀兄"。她是在父亲要杀她时无奈拔剑抵挡，其父皮靴一滑正好跌在剑锋上而殒命的，它努力撇清着樊梨花的弑父之罪。后来两位哥哥要来杀她，她只好杀了两位哥哥，嫁给了薛丁山并携母亲投唐去了。她的作为遭到了丈夫薛丁山的极度憎恶，多次要休弃她，以致她含羞忍辱、心灰意冷得一度决意出家为尼，可见她还是背负了很重的道德谴责。

但在《五女偷唐》里面，这些"助夫弑父"的五位女子尽管开始也有些自责和不安，但很快都被角色自己或说书人给轻易开脱了。虽然书里为她们都安排了某种听起来较为正当的理由，比如白玉娥的父兄都是恶人、吴氏姐妹的父亲欺贫势利之类，但像张贤、胡整这样的善人也占半数，其共同的理由，或许只剩下女性角色为本身姻缘的现实考虑了，至多为这些一见倾心式的"倒求婚"贴上一点命定的说法。可是，樊梨花的姻缘不也是命定的吗？况且樊梨花的弑父，多少还带有边疆蛮野归化大唐的正面价值，这比五女的任何开脱理由都有力得多。何以五女完全不需要为自己的逆伦行为背负道义上的罪孽呢？该唱本的最后甚至还直接表彰道："养儿要学李怀玉，养女要学吴凤英。"

事实上，单从这个记录本来说，这样的"助夫弑父"模式并不限于这一节目，别的节目里还有，比如《白马驼（应为"驮"）尸》里男主角李少卿被强人兄弟陶龙、陶虎抓住要杀时，又是陶氏兄弟的胞妹陶三春和陶四春合力打败兄长并一起嫁给了李少卿，当然这是弱化形态。

所以我认为，《澧州大鼓传统唱本》里"助夫弑父"的"樊梨花模式"，较之樊梨花本身，在数量上、严重性上以及说书人的态度上，都有了更加夸张的表现，是"樊梨花模式"的加强版，不知道其他澧州大鼓唱本是否还有类似情况。我们应该如何看待这一现象？我想，不能光从书面记录的文本来妄加评论，或许从说书人与听书人的实际互动中去寻找解释，才是更加适当的办法。

（作者为北京大学中文系教授）

# 作为仪式民歌和作为说唱艺术的孝歌

陈连山

孝歌，或称孝鼓、丧鼓、丧歌、丧堂歌等，是一种广泛流行于我国中南部地区的一种丧葬仪式民歌。根据现有民俗学报告，在湖北西部、重庆东部、湖南大部、贵州大部、广西北部均有流传。另外，在陕西南部以及陕甘交界的太白山区也有小范围流传。涉及的民族包括汉族、土家族、苗族、布依族、瑶族，等等。不过，孝歌最集中的地区是湖北西部和湖南。这两个地区的孝歌习俗其来有自，在明清两代地方志中相关记录达39条[1]，明显多于其他省区。目前的相关调查报告也多集中在这两个省区。另外，陕甘交界太白山区的孝歌并非本地固有，其周边地区完全没有这种习俗，应该是外地移民带去的。[2]

一般而言，孝歌都是业余的，因为在很多地方歌手唱孝歌都是免费的。近年来，在湖北一些地区才开始收费。但是，湖南常德的孝鼓现在已经部分地成为专业或半专业的民间曲艺。孝歌从民歌到曲艺是一个巨大变化，其中原因何在？作为民歌的孝歌和作为曲艺的孝歌它们各自的内部规定性何在？孝歌作为

---

[1] 见丁世良、赵放主编《中国地方志民俗资料汇编·中南卷》，书目文献出版社1990年版。

[2] 彭金山在《太白孝歌再考》（载《西北民族研究》1998年第1期）中转引他人考证说，当地孝歌是四川和陕南人带来的。但我认为它跟湖北西北部山区孝歌的演唱程序和歌词内容几乎完全一致，不能排除由湖北移民带入的可能。

曲艺形式未来前景如何？要解答这些问题，需要结合田野调查资料进行研究。

## 一、作为民间丧葬仪式民歌的孝歌

我从2002年开始在鄂西北山区的丹江口市、房县和秭归县做了10次调查，其中包括15次的葬礼，都演唱了孝歌。以下我根据自己的调查以及其他民俗学调查报告，对孝歌演唱活动的基本形式做一个概括。

所谓孝歌，是指在长辈去世后守灵时唱的歌[①]，属于仪式民歌。每当有老人去世，丧家会邀请歌手在傍晚时刻前来"坐夜"——即唱孝歌，意思是表达晚辈对死者的孝心。如果不唱孝歌，会被人指责不孝。未结婚生子的年轻人死亡，不举行这个活动。

孝歌都是夜晚唱，孝歌至少一整夜，有财力者，每个守灵的夜晚都唱。为什么白天不唱呢？因为这歌在原则上是唱给"新亡人"听的。而"新亡人"已死，只能晚上听。这在孝歌正式开始演唱的第一首歌《起歌头》（有些地区叫《开歌路》、《开歌场》）中表现得很鲜明。在十堰地区，《起歌头》是在丧家门外第一个三岔路口开始演唱，退一步唱一句。歌词内容是邀请各方歌手前来为死者唱歌，并祈请天地诸神前来观看娱乐，以便将亡魂带回天堂。同时，孝子走一步烧一张黄表纸，表示引路。到了灵堂，歌手将引魂幡交给孝子，靠在棺材上，表示亡魂已经从外边召回棺材了。随后的歌词是为"新亡人"敬酒三杯。然后演唱恭维孝子等内容。这些显然都是针对"新亡人"而唱的。天亮之前，孝歌暂停。等天黑之后再唱。出殡之前，孝歌提前唱《还阳歌》，将众神送走。随即将锣鼓扔在地，表示不再发生死亡事件。棺材抬出房门后，十堰地区的歌手还会打鼓敲锣伴奏，直至送到墓地，但是其间不唱任何歌曲。这些更进一步证实：孝歌主题是为陪伴"新亡人"而唱的。当日出之后，亡魂随着神灵离去、棺材出门而出了门，歌手就不再唱了。

---

[①] 它不同于挽歌。挽歌是在出殡时唱的，而各地的孝歌全是在出殡之前就结束了。参见广西师范大学2008年姜南硕士论文《桂北地区孝歌习俗变迁研究》第17页。

孝歌的演唱方式，各地差别巨大；但是边打鼓、边唱歌是所有孝歌共同的特征。各地孝歌的演唱方式大致可以分成三大类型：1. 转丧。2. 跳丧。3. 坐丧。所谓转丧，以湖北十堰地区为代表。两位歌手，打鼓者在前，打锣者随后，二人围绕棺材转圈，边走边轮流唱歌（也可加入道白，十堰地区叫"说板"）。如果有三个歌手，第三人手持铙钹。所谓跳丧，就是歌手们在灵堂中一边跳舞，一边打鼓，唱孝歌。湖北恩施地区土家族孝歌是跳丧的代表。所谓坐丧，即歌手围坐在棺材周围打鼓唱孝歌，既不跳舞，也不绕行，只有唱。坐丧在广西北部和湖南较常见。常德地区的孝歌，歌手们都在灵堂外，把鼓放在桌子上，边打边唱。与坐丧比较接近。

孝歌的曲调很丰富。在十堰地区，民众把各种曲调分为两大类：阴调和阳调。平时在家里只能唱阳调歌曲，在灵堂之上，或野外，则阴调、阳调均可。百姓们一般都有这个忌讳。以至于我们调查阴调都得到野外，或者丧葬仪式上。

孝歌包含一种独特的诗歌形式，叫"三起头"，也叫"三句头四句尾"。即每段歌词分前后两部分。前半为三句，后半四句以上。这是专属于阴歌的诗体。

孝歌歌手平时都是普通农民，并非专业。唱歌和演奏乐器一般都是自学的，十堰地区叫"瞟学"。个别人拜歌师傅学，但是没有拜师仪式。师徒关系也很松散，徒弟只是在节日去看望师傅而已。在丧葬仪式中，除了专门请来的歌手外，其他人都可以随时加入唱孝歌。因此，孝歌实际上是很大众化的民歌艺术。

综上所述，孝歌原本是民间丧葬仪式的组成部分，歌手也是非专业的普通大众。

## 二、孝歌歌手的社会地位

孝歌歌手在丧葬仪式上并非只唱孝歌。在完成了主要仪式歌曲之外，也唱普通的娱乐性民歌。例如情歌、吹牛皮歌和叙事长诗等。有时候，歌手之间为了竞赛水平，还会即兴编唱互相刁难、互相攻击的《翻田埂》。我在武当山区丧礼上听过歌手唱《放屁歌》，嘲笑懒婆娘贪吃而放屁。所以，丧葬仪式上经常笑声一片。主人不参与唱歌,但是对于大家的说笑没有任何不悦,因为孝歌是把亡人当活人一样陪伴他过夜的。事实上,这些正好缓解了父母去世带来的悲哀。歌手们认为自己唱孝歌是"积阴德"的事,的确是有根据的。丧家对于请来的歌手很恭敬。有些地区,孝子要跪迎歌手,一般都把歌手安排在上席就餐。

不过,孝歌虽然发挥着重要的社会功能,但是,日常生活中孝歌歌手的社会地位却不高。正如邵丹创作演唱的常德孝鼓《传承》中所说,大家把他们称作"打鼓匠",跟"讨米的"乞丐是同行。这和人们在丧礼上对待歌手的态度相互矛盾。为什么一个重要的文化活动主体,却遭人歧视?一个原因是人们忌讳死亡,孝歌歌手为死者唱歌,自然在平时就遭人歧视。另外一个原因是古代知识分子一直反对孝歌演唱。不少地方志在记录了孝歌习俗后,都明确地反对。理由是孝歌演唱中存在很多娱乐性内容,有悖于儒家礼教。例如光绪元年刻本《宁远县志》云:"或昏夜邻里聚集,敲钵高歌,谓之'闹丧',尤为非礼。"① 民国十二年刻本《慈利县志》云:"又有打丧鼓、接孝亲二恶习,则公与礼教挑战。前之一,人死棺敛讫,集众打鼓说书,彻宵达旦,名曰'伴丧'。"②

现代知识分子也多以封建迷信视之,"文革"期间曾经禁止孝歌演唱。③

随着现代化过程对于农村社会与文化生活的冲击,孝歌的地位进一步下降了。当然,近年来在十堰地区由于引进了商业意识,孝歌演唱开始收费,标准从最初的每人每夜20元,现在提高到50~100元,相当于当地普通人工一天的收入。于是,开始有三十左右的中年人学习并参加孝歌演唱。即便如此,歌手们依然普遍渴望提高他们的社会地位。所以,当孝歌成为非物质文化遗产时,孝歌歌手是十分欢迎的,大家都争当非物质文化遗产传承人。

这是好事。但是,当孝歌成为非物质文化遗产的时候,各种表演都是脱离

---

① 丁世良、赵放主编:《中国地方志民俗资料汇编·中南卷》,书目文献出版社1990年版,第585页。
② 丁世良、赵放主编:《中国地方志民俗资料汇编·中南卷》,书目文献出版社1990年版,第669页。
③ 知识分子反对民间丧葬习俗,说明中国文化内部存在着精英文化与民俗文化的对立。

了孝歌原来的演唱环境，在民歌比赛场地或艺术场馆来表演。演唱的内容完全脱离了丧葬仪式，只用了孝歌中那些娱乐性内容。这还是不是孝歌，或者说要不要称为"孝歌"是存在疑问的。

## 三、作为说唱艺术的孝歌（或孝鼓）

传统丧葬仪式上的孝歌原本就包含有很多娱乐性内容。尤其是其中那些竞赛性质的对歌和长篇叙事作品。武当山区曾经流行很多民间长诗，主要都是在丧事上表演的，例如《龙三姐拜寿》、《武松打店》、《刘全进瓜》等。典型的长篇孝歌，内容是历史传说；诗体采用"三起头"；曲调以阳调为主，穿插阴调。在十堰地区的房县，偶尔还有全用"说板"的情况。锣鼓打一阵，歌手讲一句故事。例如《三女婿拜寿》之类的笑话。这些作品的演唱只要脱离丧葬仪式，很容易转变为纯粹的说唱艺术。

在十堰山区，传统的集体野外劳动就是另一个民歌演唱的自然场合。劳动组织者会选择几个歌手专门唱歌，其他人边干活边听。由于是野外，阴调阳调都可以唱。那些原本作为孝歌的作品自然也可以出现。不过，主要伴奏乐器会变化，不再用丧鼓，改用一大一小合在一起的"双鼓"。这种演唱叫"阳锣鼓"。这就更加接近说唱艺术了。可惜，现代农业机械的引入使得集体劳动基本消失，相关的民歌演唱也很少见了。

最重要的是，无论阴锣鼓、阳锣鼓，过去都没有得到社会的重视，没有登上舞台成为正式说唱艺术的机会。随着政府和知识界保护非物质文化遗产活动的开展，过去被批判为封建迷信的孝歌现在成为非物质文化遗产，甚至成为地方文化名片。邵丹创作演唱的孝鼓《传承》中唱道："人民的政府人民的党，也很重视打鼓匠。中国曲艺家协会，爸爸的名字也在场。省曲协、市记者，常把您爸爸来采访。"反映的正是近年来的情况。政府与知识分子的新立场和孝歌歌手渴望得到社会承认的心态一拍即合。

常德地区古代就有唱孝歌的习俗。清代嘉庆八年《常德府志》："亲邻醵金置酒，或击鼓踏歌，谓之'伴夜'。"①但此志云："迩来踏歌之风已息。"显然不能全面反映常德地区的民间习俗。

常德的民间说唱形式孝鼓，也叫丧歌、丧堂歌、鼓盆歌、挽歌、夜歌子、九槌子，显然是从民间孝歌发展而来的一种民间说唱艺术。

本来这种说唱艺术已经式微，在政府扶持下重新获得发展，这当然是好事。

不过，我国五六十年代也曾扶持改造过一些民间艺术，以提高其文化地位。但是，最终还是失败了。原因主要在于当时政府扶持的时候同时加以改造，使之为政府服务，导致脱离群众。

我看了现在的新孝鼓作品，它们在形式上继承了传统孝歌，但是内容上明显增加了主旋律因素，特别是《西瓜的秘密》，本来以为是批判官员受贿的，结果却是民众误解了官员。仿佛社会风气的败坏是民众误解造成的，这显然不符合当前的社会现实。连最近的中纪委文件都承认，当前腐败的大规模流行尚未得到根本遏制。孝鼓的这些新内容，当然表现了民间艺人善于适应政府要求的能力，不过，既然民间艺术最终是为民众服务的，如果脱离现实，恐怕会再次丧失自己的观众，前途堪忧。

保护民间艺术的前提，不是让民间艺术为政治服务，而是尊重民众文化权利。这是当前保护非物质文化遗产和上世纪五六十年代重视民间艺术最大的不同。如果我们不能充分认识这一点，就可能重蹈当年的覆辙。

（作者为北京大学中文系教授）

---

① 丁世良、赵放主编：《中国地方志民俗资料汇编·中南卷》，书目文献出版社1990年版，第650页。

# 常德"鼓书"艺术的现状与发展

## —— 看常德"鼓书"后的一些思考

倪钟之

最近,被中国艺术研究院曲艺研究所命名为"曲艺创研教学基地"的常德市,是湖南省曲艺发展比较好的地区,在全省具有代表性,这里研究常德市(包括附近地区)曲艺的发展,对全省(甚至全国)都具有参考意义。最近中国艺术研究院曲艺研究所为了深入探讨全国曲艺的发展,寄来了常德市"'鼓书'大王擂台赛"的有关光盘,约我写篇文章,同年10月26日常德市鼓书进京演出,我又应邀赴京观摩,使我能有一次学习的机会,能对湖南曲艺有更多的了解,我是十分感谢的。

## 一、我对湖南曲艺的认识

湖南自古以来被称为"蛮夷"之地,虽然自汉代末期,东吴政权有所开发,但到唐宋仍是流放罪犯、贬谪官员之地,使一些文人到达湖南。如杜甫、王昌龄、刘禹锡、欧阳修、柳宗元、范仲淹等,多是遭贬至此,也有的是避难。至明代却有所发展,朱元璋第八子朱梓在洪武三年被封为潭王,辖长沙一带。虽然至二十三年撤封,仅20年,但从此便与中原地区有了交往。也有些商人到达湖南。明代湖南已有戏曲流传,至明代中后期已有昆弋两腔盛行,可在徐渭的《南词叙录》中见到记载,到清初曾一度繁荣,清代又有湘剧、祁剧、辰河戏,并形成常德汉剧等这些剧种的早期形态出现;按照这样的推测,应该说有许多今日称为"曲艺"的艺术形式在那里也有流传,但过去记载甚少,至清初在有些地方志或文人笔记中始见记录,据我们现在所知:自清末至民国期间已有多种曲艺形式在湖南流行,我认为在全国范围相比来看,以其中的丝弦、"鼓书"、道情较为著名,可称为湖南三大曲种,都形成自身的系列,可称湖南曲艺的代表。虽然长沙弹词也是很著名的,并出现过舒三和那样著名的艺术家;但从发展来看,它是从道情演变而成,从大的范围可列入道情系统的派生。虽然在今日相声、快板、快书等也很受广大群众欢迎,但属于外省传入的曲艺形式,不是湖南本地的曲种。

湖南的丝弦即是各地的小曲,在曲种分类中为独立的门类,在各地都有类似的曲种,有的称小曲,有的称清音,有的称时调,湖南则称丝弦,是因为以丝弦乐器伴奏而得名。湖南的丝弦早在明代已见记载,入清以后在湖南各地都有不同的发展。本来是文人雅士消遣自娱的形式,早期的丝弦是以单曲反复体为主,多是抒情描景的内容。在清代中期湖南已出现以此为业者。有的走街串巷演唱,有的在茶馆坐堂献艺。在这些专业艺人出现以后,便出现了板腔体和曲牌体的不同艺术形式,可以表现更丰富的内容,在湖南各地流行。其中以常德地区发展最著名,其他还有长沙、邵阳、武冈、浏阳……不同的支派。新中国成立后常德的丝弦在党政领导的关怀下,出现许多新曲目,受到广大群众的欢迎。其中的《扫盲运动到了乡》,在1958年参加第一届全国曲艺会演中打出了"常德丝弦"之名。在"文革"中,又有以"常德丝弦"为名演唱的《唱唱咱们的老山坡》在中央人民广播电台播出,使常德丝弦在全国人民中留下深刻的印象。其实,常德丝弦只是湖南丝弦的一个分支。当然,常德丝弦在湖南丝弦中较有代表性,也称"老丝弦"。其他地方的丝弦似乎都受其影响,有所流变,但仍是丝弦系统。

湖南的"鼓书"是可以自成系列的"鼓书"群,种类甚多,与全国许多地区的"鼓书"相比,它都不用丝弦乐器伴奏,而以击鼓说唱为特点,可能与当地流行的弋阳腔和民间花会有关。是湖南普遍流行的艺术形式。这是本文主要论述的对象，下面还要专门详谈，此处就不多说了。

道情本是道教歌曲演变而成，在全国各地都有流行，有的称道情，有的称渔鼓，在湖南多称渔鼓。以衡阳渔鼓最为著名，其他也有常德、邵阳、郴州及湘西等不同的分支，对其他曲种也有很多的影响，除长沙弹词是在道情的基础上形成外，还有长沙大鼓，也是吸收部分道情的曲调发展而成。在湖南演唱渔鼓的艺人虽然有不同的分支，但都是怀抱渔鼓，手打木板及铙钹一人独自演唱，在各处行艺者更是普遍。

其他还有少数民族曲种，其中以侗族的嘎锦（汉译为"琵琶歌"）、土家族受汉族"闹花灯"习俗影响而形成的薅草锣鼓较为著名。薅草锣鼓也可列入常德"鼓书"系列之中，但在这次所发的光盘及演出中有土家族的《郎是包谷梗》这个节目，则更似根据民歌改编，不具备"鼓书"的特点，却不能列入"鼓书"系列。

## 二、湖南"鼓书"的特点

湖南"鼓书"有自己的发展历史，形成自己的特点，不同于其他地方的"鼓书"群。虽然与湖北"鼓书"有部分相似，但也有很多的差异，是在湖南地区形成，与当地的民俗活动有着直接的传承和演变关系，具有浓郁的地方色彩。

1. 从形成与发展看：湖南"鼓书"在源流上虽有不同的差别，但其发展中却有形成的主干，呈现自己的特点。它是以农田秧歌发展为节日的"花鼓"为最早的源头，结合民间流行的"丧鼓"作参照，从而形成不同的多种形式，可构成自身的系列。"花鼓"全国各地都有，"丧鼓"则是两湖地区性独有的民间说唱艺术。是在民间"跳丧鼓"习俗的基础上形成。在当地，居民人家死了老人，其家属与亲朋有围绕死人尸体（或其棺）击鼓唱歌的习俗，本身是一种悼念仪式，称为"跳丧鼓"，也称"鼓盆歌"。此时家属与亲朋彻夜不眠，所唱之歌，有死者的生平及业绩（后来逐渐减少），而更多的则是讲述民间传说或小说、戏曲故事，其中就包括了有为守夜者消闲解闷的作用。据说此习起源于战国时的庄周，因为在《庄子·至乐篇》中有"庄子妻死，惠子吊之，庄子则方箕踞鼓盆而歌"的记载。丧鼓是否与此有关，在今天可以保存此说，虽然其中可能有附会成分，但民间传说向来如此。其中仍有需要深究之处，在民间类似的情况很多，类似的传说在许多曲种中也有，如数来宝始于八仙中的李铁拐，其他地方"鼓书"始于周文王或唐明皇等。再从先秦哲学著作《庄子》看，我国历代在各地均有流传，尤其是庄周的家乡今河南（一说今安徽）都没有这样的习俗，只有在湖南和湖北流行，这可能是与此两地流传有"跳丧鼓"的习俗有关，便会与其联系起来也是可能的。此说虽然不能作信史，但可作艺术史的参考吧！

在湖北的"鼓书"群中，除丧鼓系列外，著名的湖北大鼓是受河南"打鼓说书"的影响，不只是击鼓，而有丝弦乐器伴奏，与北方流传的大鼓形式相似，并非都与丧鼓有关。

2. 从"鼓书"的种类看：目前流行在湖南的"鼓书"来源及形成的特点，大致可分为三个系列。

（1）花鼓系列：此系列由民间节日活动中的"打花鼓"发展而成，对其他"鼓书"有很大的影响。实际是从农田劳动中产生的秧歌，在节日活动中作为"打花鼓"、"闹花灯"（也可称为"花鼓灯"）的民间歌舞，一般说来都是"一树多枝"，即是歌舞、说唱、小戏等不同艺术形态并存。在湖南以花鼓形式中存在的有薅草锣鼓、地花鼓、说鼓、对鼓及三棒鼓等，就是这种"多枝"的表现，从中构成花鼓系列。由于此系列的各种艺术形式起源于农田秧歌，后来发展成为节日民间花会的项目，因此所用之鼓均以大鼓（即不同规格的堂鼓）为伴奏，其唱词以诵念为主，很少有委婉缠绵的曲调，也没有丝弦乐器伴奏，这也是湖南花鼓系列的一个特征，可能都与节日花会在广场或街头演出有关。

这里还要专门提及的是"三棒鼓"，李家瑞先生在1935年著有《打花鼓》一文，其中说："大江南北有一种打花鼓，是用三根鼓棒轮流高抛，同时又参互的打鼓，这就是唐宋时代的三杖鼓，也就是明清时代的三棒鼓。"[①] 然后引用大量

---

① 见王秋桂编《李家瑞先生通俗文学论文集》，台湾学生书局1982年版，第111页。

历史文献，讲述了它的历史渊源，表明它是很古老的艺术形式，但在今天各地的此种技艺均无流传，只有在两湖地区还有保存，这也应该引起我们的关注。

据介绍，在湖南还有"围鼓"的演唱形式。"围鼓"在川滇也有流传。汪曾祺先生在《泡茶馆》一文中在谈到昆明的茶馆时说："这种大茶馆有时唱围鼓。围鼓即由演员或票友清唱……唱围鼓的演员、票友好像是不取报酬的。只是一群有同好的闲人聚拢来唱着玩，但茶馆却可借来招揽顾客。"① 湖南的"围鼓坐唱亦称围鼓堂子。凡人家结婚、生子、建房、死人均可请人围鼓坐唱。围鼓坐唱是一种演唱方式，唱的内容比较复杂：有清唱戏曲的，有临丧唱丧堂歌的，还有丝弦班社也是围鼓坐唱的。参加的人业余、半职业、专业人员都有"②。

（2）丧鼓系列：这也是湖南"鼓书"中的一支主流，源于民间办丧活动中的"鼓盆歌"。其名称有丧鼓（谐音又称"跳三鼓"）、孝歌、挽歌、坐鼓、跳鼓、丧堂鼓、夜歌子等，形成湖南的"鼓书"系列。作为大鼓的演唱形式，与其他地方相比，为什么又没有丝弦伴奏呢？一者是因为它源于哀悼礼仪，不便动丝弦乐器，而击鼓致哀则是我国的传统；一是受当地流行花鼓的影响，花鼓是广场的演出形式，从而形成这种只说不唱的特点。至今在民间办丧活动中仍有存在，从中演变出的曲艺形式有丧鼓、孝鼓等，在湖南是最流行的曲艺形式。

（3）渔鼓系列：渔鼓虽是道情系统，但在湖南却与"鼓书"有着许多的联系：不但在道情的基础上形成长沙弹词、长沙大鼓等具有湖南特色的艺术形式。在今天演唱渔鼓者，经常与"鼓书"联合演出。只是在演唱中不敲大鼓，而打渔鼓而已。也是很相近的艺术形式，在今日的常德"鼓书"系统的活动中也包括了渔鼓系列，如常德"'鼓书'大王擂台赛"即是如此。

3. 与当地民俗相结合：在湖南的"鼓书"表演有部分是从当地的民俗演变而成，在两湖的"鼓书"中，有的是源于丧葬习俗，形成自己的特点，具有自己的内容。如湖北在这种"哭丧鼓"中出现的《黑暗传》，也可以说是曲艺中的史诗（当然，对其是否是史诗，是否是曲艺，还有不同的看法，可以继续研究）。在

---

① 汪曾祺：《老学闲抄》，陕西人民出版社1993年版，第44页。
② 见《中国曲艺志·湖南卷·综述》，新华出版社1992年版，第8页。

湖南是否也有这种情况，在丧鼓的演唱中有否专用的曲目？还是需要深入调查的。"说鼓"是在民间花会——划龙的基础上形成的，也是一种民俗现象。既是民间花会中的一个项目，在今天又成为舞台表演的曲艺节目，从一人边击鼓边演唱，发展为另加一人吹唢呐伴奏，又从中发展为两人对唱，称为"对鼓"，正是由于这种在民间花会的基础上发展起来，因此，它不同于一般鼓曲，增加丝弦乐器伴奏，而始终是以敲击大鼓吹唢呐为伴奏，可能是更能适应广场、街头活动吧！也能说明民俗的传承性。

4. 传统技艺的承袭：从我们今天所发的光盘中能见到的这些节目，都表现了湖南"鼓书"的传统技艺，如说与表衔接得那样自然和谐，说唱中那种流畅自如；在击鼓中保持的鼓槌子运用技巧，如敲击间奏时双手击鼓，需要两手各持一槌；说表时又需要腾出一手作表演，而两槌合一，并于一手，同样能当单槌使用，使用得又是那样纯熟；而且每个人运用的技法似乎完全相同，这就不是某个人的特有专长，却能说明这种表演形式是湖南"鼓书"本身的传统技巧，在这些节目中都能得到了充分的展示。

## 三、新中国成立后的发展和今天的变化

新中国成立以后，曲艺作为当代文学艺术中的一个门类，在各级党政组织的支持和关怀下，得到很大的发展，整理了一批传统曲目，创作一批新曲目，培养了一批新人，对其艺术形式进行种种改革，使其更能适应今天观众的普遍要求。有些与当地民俗相结合的曲种，其中包括有些是"潜曲艺"的形式（即本身具有一定的曲艺因素，但在当时还是潜在成分，经过曲艺工作者的努力使其曲艺成分上升，成为新的曲种），在舞台上也受到广大群众的欢迎，湖南的"丧鼓"系列的演变过程即是如此。

近30年来在改革开放精神的指引下，各级政府执行党的文艺政策，对民间各种艺术形式（包括民俗活动）政策的放宽，取消了各种限制，使其沿着自身的活动方式进行，就使某些与民俗有关联的曲艺形式也得到相应的发展。

对传统曲目的改编却存在着不同的意见，作为曲艺家要考虑今天观众的欣赏情趣、审美意识的需要（特别是在各种民俗活动中所形成的曲目），不经过较大的改造，难以适应今天观众的欣赏，而有些民俗学家却要求尽量保持原有的形态，对有些改动较大时，便认为有伪造民俗之嫌。对这个问题，我认为应该具体分析。曲艺家多是从实用价值出发，考虑如何为今日的观众所接受，民俗学家多是从研究着眼，变革多了便有伤原型，不能表现其发展过程。在今天保留的传统曲目中，有些曲目改变了原来的表现内容，从观赏角度看，对原作确实有所提高。如二人转《杨八姐游春》、苏州弹词片段《老地保》等。当然，新中国成立后在各种不同时期，受到某些极"左"思潮的影响，为突出阶级性，表现劳动人民的作为，不歌颂统治阶级，将有些不必改动的情节改动了，使其失去原有典型意义的事是有的。民俗学家要求保持作品的原貌，虽是从研究的角度出发，其目的也是为发展新文艺作参考，两者在共同的目标下是可以统一的。

湖南省常德市，自2006年开始举办的"'鼓书'大王擂台赛"，至今已经举办了8届，每届都出现一些好的或较好的节目，涌现一批批的新人，推动了"鼓书"艺术的发展。如在这次所发的"常德鼓书精选"光盘中，就录制了包括孝鼓、说鼓、对鼓、薅草鼓、三棒鼓及渔鼓的13个曲目。大致可分为三类：①创作曲目，有《西瓜的秘密》、《传承》、《整酒也烦恼》、《打狗风波》、《边三梭卖器官》、《查家底》、《男人和女人》；②传统曲目有《武松大闹观音堂》、《娘教女》、《姜女情》、《刘海砍樵》及土家族的《郎是包谷梗》等，也都似传统节目（不知是否如此）；③新编历史题材有《东施效颦》（《刘海砍樵》虽名为"新唱"，但更似传统节目的整理或改写）。第一类节目都是表现了今天的现实生活，其中《西瓜的秘密》和《传承》都是比较好的节目。前者表现了廉政之风，后者是打鼓匠自身的回忆，所讲述的事实也很有典型意义，具有很强的说服力和感染力。其他节目也都是反映生活中的具体事件，如表现邻里关系的《打狗风波》，表现在艰苦的生活中努力奋斗的《查家底》，也是很感动人的；还有表现生活中的不良现象，如整酒、赌博等。这些生活现象被"鼓书"作者从日常生活中挖掘出来，因为他们都生活在基层，表现了"鼓书"人的洞察能力，是很有社会意义的，是很应该提倡的。当然，有的作品语言还不够精练，需要进一步提高。第二类传统曲目，由于每个人的师承不同，生活经历不同，虽然故事情节大致相同，每个人的演出本也不一样，更有些是经过整理的，也产生了许多差异，但都是经过艺人多年演唱，世代相传，其内容比较精致。如渔鼓的两位演唱者可能是当地的老艺术家，演唱都很熟练自如，是有很高的艺术造诣的。从光盘看到的表演者也有许多是年轻人，可能是属于选学或新排练的节目，也能达到较高的演唱水平，这是很难得的。第三类新编历史题材，只有《东施效颦》一段，虽然内容比较简单，但也能具有"新编"的意义，演唱水平也是较高的。这些节目在群众中演出是会受到群众欢迎的。

## 四、在发展与研究中存在的问题

通过观看这次所发的光盘，首先感到常德市"'鼓书'大王擂台赛"确实出现了一些好的或比较好的节目。这些节目都能成为今日舞台上的现代曲艺形式，这是曲艺工作者努力的结果，从节目内容到表演形式观察，都摆脱了原来的存在环境，变为今日舞台化的表演节目，这样就可以今天对曲艺节目的评论标准衡量其优劣，可以仁者见仁，智者见智，发表不同的看法，对今天曲艺的发展是有利的。

但是，从更广阔、更大范围的民间文化内容考察，其他意义却看不到了，原来在民俗活动中出现的某些说书唱曲现象，虽然有的近似迷信（或者说起源于迷信），但在长期的流传中，已经逐渐发生了变异，变为民俗学家所说的"俗信"。如"丧鼓"今天变为舞台演出的"孝鼓"，但在民间办丧活动中还有流传，而且发展为办寿，甚至办喜事中也有应变的形式，在今天说应该还是有其存在的价值。它是某些艺术形式发生、发展的土壤，更是联系群众的生活习惯，据说在今天的现实生活中仍有存在，老百姓在今天办丧、办寿等活动中更能联系群众的心声。我在温州看过温州鼓词在群众喜庆活动中，群众那种欢迎的场面。

演唱者与观众是联系在一起的，不是你表演我观看的那种舞台演出形式所能看到的。我认为今后在发展这样的民间艺术活动中，应该保持两种演出方式，既有舞台表演的形式，也还应该保存民间原生态的存在方式，两者并存对丰富民众生活更为有利。而且两者还会自行相互补充，如在办丧仪式中也会演唱改革后的新节目，舞台上演唱的曲艺形式还可以在民间办丧活动中吸收新发现的有用东西。这也是民间艺术发展的自然规律。我觉得在这次所发的光盘《湖南省常德市"'鼓书'大王擂台赛"》中，只反映了一面，而忽略了另一面。当然，此盘名为"擂台赛纪略"，不反映擂台赛以外的情况是允许的。但是，以研究常德地区的"鼓书"系列来讲是不应该忽略的。

这个问题在各地曲艺界都有类似的现象，如北京在解放初期为彻底改变旧舞台面貌，向新的艺术形式学习，在唱曲类节目的表演中，取消了原有的"开场白"及"过口白"，演员上台直接演唱节目，只求演出的"纯净"，却使曲艺演员与观众交流的语言没有了（当然，有些是属于向观众乞求的话是应该取消的，但有些是属于介绍节目内容或曲牌形式，有利于观众欣赏的话也被取消了，一直沿袭至今）。当年参加这种改革工作的主要负责人之一的沈彭年先生，晚年有所反思，认为当年采取"一刀切"的做法是不应该的。当然，沈先生也并非主张完全恢复原来的样子，而是说原来的演出形式可以作为一种方式存在，在演出形式上可以保持不同的风格。北京的这种改革在当时对各地的影响很大，似乎全国曲艺演出都是如此。今天观赏常德"鼓书"表演的节目，似乎也存在这样的问题，是值得探索的问题之一吧！

另外，从"非遗"保护的角度来说，在保护中不但要保护曲种本身的传承，而对曲种活动习俗也应是列为需要保护的内容。当然，随着时代的进步，有些环境也会发生种种变化，习俗也要发生变化，但这种变化总是在原来形式上变革，带有某种原来的痕迹，体现其原有的传统，如果连这种传统的痕迹也没有了，那就变成了另一种形式，不能成为"非遗"项目，便不能列入保护范围。当然，我们今天说常德"鼓书"系列中的许多项目还是有其传承性的，可以列入"非遗"保护项目，就是因为它还有民间的"丧鼓"等形式存在，这点是不可忽略的。就是过若干年以后，这种"丧鼓"等形式在民间的生活中完全消失了，在谈到"非遗"项目时也还要寻求其原有的形式，在今天既然还有存在的情况下，为什么要将其忽略了呢？

（作者为中国北方曲艺学校研究员）

# 常德"鼓书"传承发展正当时

姚振声

北京的金秋十月,天高气爽,景色宜人。我有幸参加了"常德'鼓书'传承发展研讨会"及"学术观摩演出"。这是由中国艺术研究院曲艺研究所和湖南省文化厅,中共常德市委、市人民政府鼎力主办的。我是个"老北京",最喜欢听的是单弦、京韵大鼓、北京琴书、梅花大鼓等北方曲种。而对南方鼓曲种类知之甚少,尤其是常德"鼓书"更是"擀面杖吹火——一窍不通"。这次有机会聆听和观摩常德"鼓书"艺术家们的表演,使我大开眼界并产生了浓厚的兴趣。

常德是一座桃花源里的城市,头枕武陵余脉,怀抱洞庭水乡,是孕育文明、荟萃人文的福地佳壤,享誉全国的常德丝弦就诞生在这里,并被国务院公布为国家级非物质文化遗产。除此之外,尚有"击鼓说书"的渔鼓、对鼓、说鼓、跳三鼓、三棒鼓、地花鼓、番邦鼓、围鼓、薅草锣鼓等不一而足,种类繁多,令人眼花缭乱。"击鼓说书"深受当地老百姓的喜爱与传唱,善卷教化,使得这里民风淳朴,很早以前劳动人民就以"鼓书"形式表达自己的心声。比如湖南渔鼓就形成于常德地区,据说公元前223年赋体文学的开山祖师宋玉就被楚襄王放逐到常德临澧县城东十里的宋玉村,宋玉去世后,其门弟子就地取竹击节而歌,遂有"渔鼓"的雏形。随着时代的推进,渔鼓在常德地区流传广泛,节目繁多,长中短篇俱全,说唱兼有,以唱为主,小鼓、简板和小钹配以伴奏,唱腔为板腔体，有平板、数板、散板等不同板式，节奏和谐，悦耳好听。又如"周公治其礼，孔子治诗书，庄子治其打丧鼓"的说法至今还在艺人中流传，"丧鼓"又名"孝鼓"、"夜歌子"、"九槌鼓"等等，在土家族中有"活化石"之称。唱腔曲调较杂，既有"奠酒"、"劝王"和"北调"、"南腔"之分，也有中长篇插入"悲苦调"、"鸳鸯调"和说"马门调"等联缀曲牌，一般是一人自击堂鼓，伴奏说唱，也有一人唱多人帮腔的演出形式。众多类型的"鼓书"一直流传至今，特别是近10多年来，常德市持续举办了8届常德市"'鼓书'大王擂台赛"，将各种类型"鼓书"的创演推向更加活跃和新的高潮，大大丰富了群众的文化生活，成为当地曲艺文化的重要品牌与靓丽风景。

　　通过研讨和观摩给我最突出的感觉是，这一古老的曲种在今天应时应景焕发出了崭新的艺术青春。它虽然是民族民间艺术海洋的一股小溪流，但作为一种历史文化沉淀，同样反映着我们民族生存与发展的历史，思想道德观念乃至民风民俗的形成。无论是内容上还是形式上，在今天都更加新颖和率真，剔除了那些糟粕的东西，注入了新鲜的血液，给人以鼓舞与激励。说唱中既有对时代风情的礼赞，又有对人生哲理的思悟；既有对历史经典的讴歌，又有对现实腐败现象的鞭挞；既有对美好未来的追求，又有对青少年成长的关注。力透纸背，几乎每一曲唱词，都充满着创演者的激情与爱慕，显示出一种诗人的禀赋："寂然凝虑，思接千载；悄然动容，视通万里；吟咏之间，吐纳珠玉之声；眉睫之前，卷舒风云之色。"（刘勰《文心雕龙》）擂台赛表演的作品贴近生活、贴近时代、贴近群众，是生活的真实写照，却又不是生活的翻版和照搬，而是融入创演者的艺术技巧和审美观念，既源于生活又高于生活，是经过创演者的深思熟虑提炼加工而成的。像孝鼓《西瓜的秘密》、《传承》、《整酒也烦恼》、《边三梭卖器官》、《查家底》等都说的是老百姓身边的事，然而，创演者巧运灵思把它们浓缩在一段鼓书中，有人物、有情节、有故事，一波三折，叹为观止。擂台赛鼓书既注重实效又突出热点，能够将当前人们所关注的问题和事件以时尚的眼光，通过艺术处理，即审美的评判，及时、准确、全方位、多视角地反映出来，让观众听得痛快，看得淋漓，带给人们的是"与时俱进"的审美愉悦。

"情随声动，理随意兴"。擂台赛的鼓书都是有感而发。创演者塑造的艺术形象大都充溢着饱含着丰富、独特的感情色彩和人格魅力。像土家族的薅草锣鼓《郎是包谷梗》、渔鼓《娘教女》、孝鼓《姜女情》都可称作是以情感人的佳作。

> 郎是包谷梗，
> 姐是饭豆藤，
> 缠上又缠下，
> 缠掉郎的魂，
> 金打的戒箍儿银丝缠。
> 郎是包谷梗，
> 口问情姐，
> 姐是饭豆藤，
> 缠几年缠掉郎的魂，
> 葛藤上树缠到老。
> ……

这是薅草锣鼓《郎是包谷梗》中的一段唱词，文词优美，散韵结合，饱含深情，比喻形象，情姐情郎真挚爱情的倾诉溢于言表，感人肺腑，正如罗丹所说："艺术就是感情。"

在曲艺中鼓曲还不太景气的今天，常德坚持举行"'鼓书'大王擂台赛"给我们做出了有益的尝试，令人深思、给人启迪。

首先，擂台赛拓宽了"鼓书"的传播方式和欣赏方式，使地区民族民间艺术得到弘扬，展示出常德"鼓书"的优势，促进了"鼓书"创演人员加强自身思想和艺术修养的自觉性。同时老百姓的欣赏需求得到满足，既扩大了"鼓书"观众的层面，也增强了"鼓书"艺术的竞争力。

其次，8届擂台赛已成为普及传统曲艺艺术，培养"鼓书"观众，尤其是青少年观众的大课堂。一个时期以来，人们对文化娱乐的消费意识仍呈现出一种多元化的态势之中，不少青少年对民族民间艺术反应冷漠。但是，随着社会现代化进程的加快，通过大力开展公共文化活动，因势利导，使青少年的文化消费热点逐渐回归到对传统的民族民间艺术的热情上来。擂台赛以轰动的效应，加速推动了这个发展趋势变为现实的速度。"鼓书"的精彩表演适应了当代青少年的欣赏口味，使他们在欢快声中得到了美的享受和潜移默化的教育，从而对鼓书艺术刮目相看。擂台赛的演出形式起到了其他传播形式所不可替代的作用。

另外，通过擂台赛的演出，不难看出政府领导及创演人员勇于创新的精神。鼓书如果仍以旧有的形式出现或"换汤不换药"、"旧瓶装新酒"必然会受到人们的摒弃。然而他们却"师古而迈古"，以新的理念，为使传统鼓书重获生机开辟出了新的通道和空间，打造新的创新模式，让鼓书既具有鲜明的文化形象又具有曲艺特色和名牌效应。比如对待传统"鼓书"《武松大闹观音堂》、《东施效颦》、《姜女情》、《刘海砍樵新唱》等创演者就采取了审慎严谨态度，深化改革和加工，"删繁就简三秋树，领异标新二月花"，让它既保持传统"鼓书"的原汁原味又能适应今天观众的审美需求，出现了词曲新、格调新、风格新的全新作品。

再有，通过擂台赛的表演，形成了展示常德"鼓书"的一个窗口，营造出一种独特的文化氛围和形象，增强了对人们的吸引力、辐射力和创新发展的驱动力，使常德"鼓书"成为人们欣赏艺术不可或缺的一个组成部分。同时，为人才济济群星灿烂的常德"鼓书"艺人提供了一个相当广阔的施展才华的艺术天地，在这里涌现出了像邵丹、吴清华、刘静、石水秀、刘昌会、占洋等一大批"70后"、"80后"、"90后"的"'鼓书'大王"。为了使常德"鼓书"发扬光大，薪火相传，他们还去各地和高等院校进行示范演出和授课。北京也曾搞过多次曲艺大赛，如"天桥杯鼓曲比赛"、"快板沙龙擂台赛"、"北京市青少年曲艺大赛"等也取得了一些骄人的成绩，培养出一批喜爱曲艺的青少年观众和一些杰出的曲艺人才，如李菁、王玥波、陈娜娜、付嫱，等等。然而，比较起来常德"'鼓书'大王擂台赛"来更值得我们借鉴。让我们共同努力，为鼓曲的传承、发展开辟出一条新路来。

（作者为北京工商大学教授）

# 自觉、自信、自强

## ——常德"'鼓书'大王擂台赛"给我们的启示

蔡源莉

对常德"击鼓说书"曲种的认识,是在20个世纪80年代编《中国曲艺志·湖南卷》时,随该卷主编赵洪滔先生到常德参加编辑工作会期间,看到几位老艺人的演唱,几近原始,以后再没有机会看到这些曲种的演出。将近30年又有机会看到这些曲艺形式,但这次是在舞台上的表演,感触颇深。依然是对鼓、孝鼓、说鼓、渔鼓、薅草鼓、三棒鼓等,但面貌一新。比如孝鼓,它已不仅仅是"丧家殡夕,通宵围坐,张金击鼓,设饮呼唱","人死,棺敛讫,集众打鼓说书,彻夜达旦"的跳丧击鼓演唱,而是作为群众喜闻乐见的文化艺术形式登上了大雅之堂。更使人欣慰的是舞台上表演的各种鼓书形式虽有创新,但演员自己击鼓无管弦伴奏的说唱形式没变。清新淳朴的舞台,没有大制作的背景,没有绚丽的灯光,没有伴舞,只有演员激情投入的打鼓说唱,台下观众成百上千,喜怒哀乐融入演员说唱的曲情中。这就是击鼓说书的魅力,荆楚文化审美理念的遗风。面对全球化和现代化的冲击,常德地区上至文化领导官员,下至曲艺艺术的从艺人员,不受外来文化的影响,依然秉承祖先的传统,弘扬本土文化,满足当地百姓对文化娱乐的需求。在政府主导下,常德市10年来持续举办了常德市"'鼓书'大王擂台赛",这是文化自觉、自信、自强的体现。

## 一、保护本土文化的自觉

进入21世纪以来,保护人类非物质文化遗产,保护文化的多样性和可持续发展,与保护环境、保护生物多样性一样,逐渐成为国际社会,同时也成为中国社会普遍关注的热点。

文化是由物质文化和非物质文化两部分构成的。什么是非物质文化,它包括哪些文化形态?2005年国务院下达的《关于加强文化遗产保护工作的通知》作了阐明:"非物质文化遗产是指各种以非物质形态存在的与群众生活密切相关、世代相承的传统文化表现形式,包括口头传统、传统表演艺术、民俗活动和礼仪与节庆、有关自然界和宇宙的民间传统知识和实践、传统手工艺技能等,以及与上述传统文化表现形式相关的文化空间。"曲艺就是其中所指的口头传承的传统表演形式,它是在民间以一定群体口传心授、代代相传、绵延不绝的文化。温家宝同志在就任总理期间曾用"文脉"和"文象"来指称我们的非物质文化遗产,我们现在所做的非物质文化遗产保护工作,正是在保护和传承我们中华民族的"文脉"、"根脉",保护和传承我们的民族精神。对非物质文化遗产的保护可以采取多种方式。"鼓书"是常德地区老百姓所喜闻乐见的曲艺形式,尽管外面世界的文化娱乐缤纷多彩,但当地老百姓就好这一口,就像他们生活中离不开辣椒一样。无论是婚丧嫁娶或是生子旺财,都要请"鼓书"艺人演唱,是自古以来形成的一种民风民俗。为了推动"鼓书"艺术的发展,常德市地方政府便把"击鼓说书"的各曲种通过打擂台的方式继承保留下来,让它们的"根脉"不断,让"击鼓说书"在创造和享受这种曲艺文化的老百姓中间得到继续传承和发展延续。它折射出文化领导人对保护本土文化的自觉。可见我们正在做的"非遗"保护工作已经在上至领导官员,下至普通百姓中有了一定的认识和影响,这是提高全民"文化自觉"的起点。可以设想,一个没有或缺乏"文化自觉"的民族是可悲的。

## 二、传承本土文化的自信

在我国,现代化、信息化、城镇化、市场化的急速步伐,无时无刻不在影响和改变着人们的生活方式,摧毁着代代相传的非物质文化遗产,传统曲艺形式的生存与发展面临诸多的困难和挑战。在此情况下，为弘扬、传承本土特有的鼓书艺术，由政府主导、社会参与的常德市"'鼓书'大王擂台赛"应运而生，它激扬着民间艺人（民众）的自觉与自信。从展演的节目中我们看到了每一个从艺人员对自己所从事艺术的执着和自信。

传统击鼓说书表演的孝鼓原称丧鼓，又称孝歌、鼓盆歌、跳丧鼓等称。据《中国曲艺志·湖南卷》记载：常德地区的艺人在演唱丧鼓时，有独特的、固定的击鼓方法，称"九槌鼓"。其来历有三说：常德市艺人刘梦香（生卒年不详）说，是从请东、南、西、北、中五神，加上门神、家神、灶王爷、城隍土地九神而得名；桃园艺人文子春（1933— ）说：是因为起唱前必用鼓槌敲九板；常德艺人戴望本（1931— ）、聂银根（生年不详）说：是因起唱前必先敲九下鼓边，因而得名。孝鼓流布于湖南全省各地。《蛮书》有"初丧击鼓以道哀，其歌必号，其众必跳"的文字记载，它记述了沅澧二水有"跳丧击鼓"的风俗，此民风延续至今。它在丧堂的演唱程序是：起鼓 — 请歌郎 — 奠酒、劝亡 — 说书 — 送歌郎。其中说书是丧鼓的"正书"部分，说唱中长篇曲目。"正书"是演唱程序中可以独立出来演唱的部分，也是孝鼓艺人后来在丧事演唱之外的行艺手段，在展演中我们看到的许多孝鼓节目即是。传统的孝鼓演唱通常为一人自击堂鼓自唱，或一领众和的坐唱或站唱。唱腔音乐比较丰富，主要源于山歌和地方小调，因流布地域不同而各有特色。此次我们欣赏到的6个孝鼓曲目，除邵丹唱的《传承》为一人自击堂鼓演唱外，余均为双人自击堂鼓演唱。可以看出演员二人各饰脚本中的人物，但又不是戏剧概念的人物，演唱中两人互相交流，时进时出不失曲艺跳进跳出的表演手段。如《西瓜的秘密》中的表姐和表弟；《整酒也烦恼》中的陈大本和满文珍，等等。这种处理可视作在传统基础上的发展，增强说书的气氛，效果蛮好，无可厚非。

说鼓也是流行于沅澧二水的曲种。它的形成据《中国曲艺志·湖南卷》记述：它约形成于清顺治年间。当时，澧水一带的居民为祭悼屈原，举行水上龙舟竞渡，岸上则击鼓助威，掌鼓者击一大堂鼓，称旱鼓。道光年间，澧州一失意秀才苏金福，将一人表演的旱鼓改为两人表演，定名说鼓。有艺谚云："说鼓说鼓，以说为主，锣鼓一响，唢呐呜呜。"是很受群众欢迎的曲种，一直流传至今。传统说鼓由上、下手两人表演，上手为主唱者兼击鼓，下手为副手，吹唢呐伴奏。说鼓的演唱程序一般是：先吹奏【闹台曲】，然后由主唱者念定场诗（韵白）接讲故事（散白），念完一段后，唱最后两句（或一句），唢呐接吹过门，如此循环反复，直至一个故事说唱完。说鼓的唱腔及唢呐曲牌源于澧县、津市等地的地方小调、田歌及船工号子。20世纪70年代中期，石门的贾国辉等对说鼓进行了改革，将散白改为韵白，将两句唱腔改为说白后接唱半句唱腔演唱故事，收到良好的效果。张成辉表演的《打狗风波》不用唢呐伴奏，由一人自击堂鼓说唱。在念"遇事宽让便是贤，大度和善怨气散，一曲乡邻和谐歌，七句老母奏主弦"四句定场诗后起唱，唱腔曲调平直亲切，字随音走，曲随腔行，述说故事字字清楚。韵白的唱故事重于散白的说故事，其唱腔很有特点，尤其是尾腔虚词"哼、啊、哦"下行的收音给人留下深刻的印象。张成辉的演唱不用唢呐伴奏烘托气氛依然能征服观众，靠的是什么？靠的是他说唱技艺的精湛，靠的是一种自信，一种对曲艺表演艺术的自信。

对鼓是在说鼓基础上衍变而成。一般是在秋收之后或婚嫁的热闹场合演出。通常是二人站立对击大鼓或四人分两组相对击鼓，唢呐为之伴奏。《男人和女人》基本保留了这种传统的表演形式。

薅草鼓，又称薅草锣鼓、开山锣鼓、挖山歌等，土家族地区称其为"锣鼓哈"，主要流行于湘西等广大山区。史上有一些关于薅草鼓的记载。如清乾隆刊本《桑植县志》记有："土人以刀耕火种，掘地耘草，鸣锣以娱乐者。"清同治刊本《龙山县志》记有："夏日耘苗数家人在一起，彼此轮转，以次而周，往往数日为曹，中以二人击鼓鸣金，迭相歌唱，其余耘者进退作息，皆视二人为节，闻歌欢跃，劳而忘疲，其功较倍。"可见，这是在田间野外进行群体劳动时，为调节疲劳鼓舞士气的演唱。其形式为一领众和，所用击节乐器有堂鼓、大锣和钹。演唱有一定程序，即歌头—说书（整本大书）—歌唱（唱情歌）。此习俗在中华人民共和国成立后，湖南广大山区仍流行，并且在文化部门的扶植下得到发展，使其从田野走上舞台演唱。此次展演的《郎是包谷梗》是该曲种的代表性曲目，应是属情歌一类。生活气息浓郁，清新活泼，把田间的歌唱搬演于舞台，没有过多的修饰，地道的本土草根文化。欣赏过后我在想，薅草鼓如若搬演于舞台，能否将其演唱中的跳跃动作加以舞蹈化的修饰，加强其艺术性则会更添几分美感。应该强调一下，我这里所说的舞蹈化并非是加伴舞或群舞，而是指演唱者本身。

三棒鼓于明清之际由安徽、湖北等地的逃荒艺人传入，他们以唱凤阳花鼓、三棒鼓等技艺性强的曲种卖唱行乞。有乾隆本旧志记："大庸所，——有弄蛇者、演猴狗剧者、花鼓者、莲花闹者,其奏技以为乞钱",其中之花鼓即三棒鼓。这些艺人进入湘西后,逐渐用当地方言演唱,在龙山县土家族地区传播的三棒鼓便是用土家语演唱。该曲种传统的表演形式有多种,技艺性强,抛刀舞棒就有30多种。因为是乞讨行艺,所以演唱内容多是"见子打子"(即兴演唱)。中华人民共和国成立后,三棒鼓被认定为一种文艺形式参加地方文艺汇演上了舞台。《刘海砍樵新唱》取传统的三人式表演,一人抛棒,可谓技艺高超;两人主唱,男抛棒、女舞扇。传统只有抛耍刀棒,没有舞扇,这是因女性表演使然,给人以美感,舞台效果极好。三棒鼓的唱腔音乐源于民间歌舞,基本是一个曲调反复演唱,因为要配合抛棒,故唱腔节奏平稳,没有过多的起伏和跳跃,如果作品较长的话,在舞台上则略显平淡,会给人一种乏味感。如何解决?我认为应该在舞台表演的设计上下工夫。既然它是技艺性强的曲种,能否作一些舞台调度,给舞扇、抛棒演唱设计一些舞步在台上转起来,以增加舞台气氛。

从展演的6个曲种13个节目看,没有夸张的化妆,没有华丽的服装,没有满台转的伴舞,只有一人、二人或四人(其中两人为伴奏)非常自信地站在舞台上击打堂鼓说唱。这就是一个曲艺演员对自己演唱艺术的自信,这种精神值得提倡。

展演曲目有:为达目的"有钱能使鬼推磨"的《西瓜的秘密》,倡导反腐倡廉;《整酒也烦恼》中的唱词:"陈大本、满大珍改水、改厕、改厨三改重点工程落成,请村主任热烈致辞,妇女主任首先如厕。"幽默诙谐;《姜女情》如泣如诉的唱腔悲悲切切感人至深,这些曲目大都是反映社情民意、家长里短以及身边所发生的事情,多是本地群众所见所闻,听起来备感亲切。所有曲种均用家乡的方言语音说唱,唱词朴实无华,腔调乡土气息浓郁,鲜明的地方特色代表的是乡音,传播的是"根脉"。表演、音乐在为新内容服务的过程中,坚持了在传统说唱形式基础上的创新,听起来绝对是传统的;但是因为歌唱的内容、所用语言都充满了现代气息,在传统的艺术形式里我们也感受到今天时代的音调,因此它是传统与现代的融合。

## 三、发展本土文化的自强

文化自强就是本民族文化的强盛,即本土文化的强盛,这种强盛的前提是发展本民族文化的自觉与自信。常德市"'鼓书'大王擂台赛"可以看成是一种文化自强的表现，它是由政府主导、社会参与的大型群众文化活动，它不仅丰富了百姓的文化生活，而且使人们在享受说书艺术时从中获益。擂台赛10年来方兴未艾，它弘扬了本土特有的传统文化，推动了击鼓说书艺术的传承与创新，它使过去不登大雅之堂的民间曲艺艺术及其艺人登上舞台，争当鼓王。我们欣喜地看到了沅澧二水的"鼓书"艺术代代相传，绵延不断，它们在传承中发展，在发展中传承，进入了良性发展的轨道，这就是非物质文化遗产保护工作所要达到的目的。

（作者为中国艺术研究院曲艺研究所研究员）

# 湖南武松亦英雄

## ——渔鼓《武松大闹观音堂》观后

*常祥霖*

由刘昌会整理并演出的湖南渔鼓《武松大闹观音堂》不仅是湖南曲艺的代表性曲目，在全国曲艺舞台上也堪称别有风味，独树一帜。

在大家的记忆里，武松是山东好汉，武松的故事发生在山东、河北地域。这里的人们把武松当成除暴安良、侠肝义胆的英雄，武松的名字就是正义的代名词。武松的故事发生在山东，但是武松的精神却是神州大地无所不在。其中曲艺的传播功不可没。

在曲艺领域，武松的曲目如汗牛充栋，不可胜数。最具代表性的就是尽人皆知的长篇山东快书《武松传》，但是山东快书《武松传》又有刘同武口述全本《武松传》，高元钧演出本《武松传》，还有杨立德的《武松传》，故事相似，演出各有千秋。在长江三角区不但有苏州弹词的《武松》，代表性名家是杨振言、杨振雄；而且也有扬州评话的《武松传》，代表性艺术家是王少堂、王筱堂、王丽堂一家三代。除此之外，湖北评书、杭州评话、贵州评词，都有过《武松传》的长篇书目。至于歌颂武松英雄事迹的短段就更多了。其中影响较大的是李润杰先生的快板书《武松打店》。按照曲艺的一般规律，不同地区、不同语言演出的《武松传》，都是把故事的事件、矛盾、人物与当地风土民情相结合，融入那里的民俗文化，使之生根开花，长期保留，慢慢演变成独具特色的形式。在融入和改造过程中，势必根据不同地域文化要求对人物的性格语言进行幅度不同的加工。比如武松的形象在山东快书里是豪爽大气，无所顾忌，带有几分鲁莽和痞气；在扬州评话那里，武松是一位充满仁义道德，有礼貌、有节操的人；在吴侬软语的苏州弹词那里，却被赋予了类似京剧舞台上英俊潇洒的武生性格，有勇有谋，说话彬彬有礼。因此武松在曲艺的舞台上，因曲种不同，会出现很多情节的不同，人物性格的不同。无论怎么改造，武松的故事元素，有时候可以被看作如"积木"块儿一样，依照各自的蓝图搭建出五彩缤纷的样式。在这里，武松的故事很多已经脱离了小说《水浒传》，更具有民间流传的特色。比如《武松大闹东岳庙》、《闹南监》等小说《水浒传》里就根本没有。恰恰是这段《大闹东岳庙》让说唱艺人演得荡气回肠，演出了豪情，演出了一幕语言艺术的风情画卷。

十里不同风，百里不同俗。我们不能要求曲艺故事里的人物千篇一律。争奇斗艳才有百花齐放的春天。

由刘昌会整理并演出的湖南渔鼓《武松大闹观音堂》、从时间、空间、事件、人物、矛盾等方面和山东快书《大闹东岳庙》如出一辙。不过因时因地有了几处改动。

第一，故事发生的改动。

一个是"东岳庙"。一个是"观音堂"。山东快书是北方曲种，必须着眼北方特色，武松大闹东岳庙。在北方，"东岳庙"几乎到处都有，大多是"农贸市场"与各类人等的集散地，万众瞩目之地，利益纷争之地。而湖南民间村落的"观音堂"形同北方的"东岳庙"，一样是热闹之地，主要的是当地人听起来"观音堂"更熟悉、更亲切。

第二，事件缘由的改动。

山东快书《东岳庙》里，武大介绍情况是"道听途说"，武松愤愤不平而起意报仇。在《观音堂》里武大是在家养伤，不但生意受损，还被恶霸打伤，受到了委屈，武松不但耳听，而且目睹了哥哥的惨状。激怒的原因更直接、更生动。

第三，事件人物数量的变化。

《东岳庙》有5个恶霸，《观音堂》有10个恶霸。5个显得势力不猛，加一倍恶势力似乎更猛，从一个方面衬托武松的武艺高强。

第四，恶霸的名称不一样。

这不仅是因为演出的需要，还是地域方言习惯的需要。如，在《东岳庙》里：

老大金枪叫李贵，

老二花刀叫李刚，

老三外号铁笊篱，

老四的外号不漏汤，

那个小五儿，

生就的半拉鼻子一只眼，

人送外号瞎炮仗。

北方人的北方语言特色悠然而出。但是名字不一致，有的是实名，有的是绰号。因不一致而显得粗疏。

但在《观音堂》里：

十个弟兄称霸王，

大哥名叫坐山虎，

二哥又叫舍命王，

三哥名叫擎天柱，

四哥名叫铁金刚，

五哥名叫铜罗汉，

六哥叫做打不死，

七哥叫打死了又还阳，

八哥名叫穿山甲，

九哥名叫九头鸟，

十哥叫做驾海梁。

好处是名称一致，都是地痞流氓的特征，很明显。

当然，不能绝对地说哪个更好，只能说各自需要，体现特色。尤其曲艺，必须唱词得体，演出才能顺畅。

第五，挪移了包袱装碎石头，冒充金银的情节。

山东快书《东岳庙》没有这个情节，但是在快板书和山东快书《武松打店》里都有。《观音堂》挪移过来，无伤大雅，显示了结构故事的机智灵活。

如，在快板书《武松打店》里：

> 武松说：你们哥俩放下大褡套
> 捡点石头里边搁
> 董平说：二哥，俗话说远道无轻载
> 您要捡些石头蛋子干什么
> 武松说：那个娘们开黑店
> 图财害命作恶多
> 装石头是假充银子当硬货
> 她一见咱这个大褡套
> 准得乐得了不得
> 再又说半夜三更交起手
> 这就是没有把的好家伙
> 哎　对　这个董平捡薛霸搁
> 噼里啪啦地紧忙活
> 不大会装了半褡套
> 不够千斤也有八百多
> 武松他可一指大褡套
> 你们哥俩可谁扛着

而在《观音堂》里：

> 武松暗自一思量
> 灵机一动有主张
> 他捡了一些石头　瓦碴

磨得溜溜光

上好的皮子买几张

上写纹银三百两

这才提起包裹走进观音堂

在《武松打店》里边是对付开黑店的孙二娘的武器。这里挪过来使用，使得故事发展有根据、有伏笔。

第六，山东快书《东岳庙》里边没有赌场情节，但在湖南渔鼓《观音堂》是重要的规定情境。

这样的好处是，武松不是简单地复仇惩罚恶人，而是通过有力反击给予恶人惩罚。在这里武松也是打牌的高手，用自己的智慧和技巧赢了对手，故意设计让恶人主动出击先下手。这样的处理显然是把山东的武松湖南化了，这一化，武松不再是头脑简单的莽汉，而是善于斗争、有勇有谋的民间英雄。

武松的故事长期在民间流传，经过民间艺术家不断的补充修改，不断走向多侧面、多性格，就像那一句名言：台下"有多少观众，就有多少哈姆雷特"一样，武松也在传播中有多种多样的变异，但是不论山东也好，湖南也罢，都是怀着敬畏的心情和笔触，维持着武松正义、勇敢、善良的形象。湖南武松也沾染了湘江文化的灵气，不但勇武无双，还出落得优雅智慧。我欣赏这一个湖南性格的武松！

（作者为中华曲艺学会名誉会长、曲艺评论家）

# 常德"鼓书"说"四有"

张蕴和

虽然教学研究曲艺多年，对湖南和常德曲艺还是知之甚少，除了对说相声的大兵、奇志、常德丝弦有些印象，其他的几乎一无所知。最近，密集地观看了一些常德"鼓书"演唱视频，又对记录湖南省曲艺全貌的《中国曲艺志·湖南卷》反复研读，多少对湖南、常德的曲艺有了一些了解。因为接触晚而又浅，故对湘中说唱只能识其皮毛。但又因初识乍看，反觉无比新鲜清冽，那些整日萦绕在耳边眼前的北方曲艺已经让我有些昏昏欲睡了，反是这很少接触的三湘曲韵令我神智顿开。单以常德"鼓书"来论，这些形式多样、各有传承、洋溢着古风乡情的说唱艺术，至少有四层题目值得言说。

## 一、有价值

这里所说的常德"鼓书"，是指产生流传在常德境域内的渔鼓、说鼓、对鼓、孝鼓、三棒鼓、地花鼓、薅草锣鼓、番邦鼓、跳三鼓、围鼓等"击鼓说书"的曲艺形式。如果按照我国曲艺曲种分类划分，它们都属于鼓曲类。再往下分类，除了渔鼓属于琴书类鼓曲以外，其他都属于大鼓类曲种。所谓"鼓书"，是指篇幅中长的叙事类大鼓，如北方之西河大鼓、山东大鼓。这些曲种旧时也称"大鼓书"或"鼓书",但因其由农村进入城市以后,叙事类中长篇鼓书渐少,或叙事或抒情的短篇鼓曲增加,再称鼓"书"便名实不符了,因此,阔而大之,皆称"大鼓",将叙事、抒情、讲理之长、中、短篇统一纳入。因此,常德"鼓书"的名称应该是常德大鼓。不过与北方大鼓不同的是,常德大鼓不是单一曲种之名,而是集合鼓曲之名,以上是论理。考虑到曲艺地域性极强的特征,称常德"鼓书"已成习惯,不如沿用,只是别以为常德"鼓书"只有中长篇叙事,而且有叙事、抒情、讲理各有主导的短篇小段,且这部分越来越占主要位置,这是我国鼓曲发展走向的一般规律所致。

1. 艺术价值

常德"鼓书"可溯之源达于先秦汉唐之间,有些曲种的可证之史三四百年,如澧州大鼓、渔鼓、丧鼓等,大部分曲种也都形成于清代中晚期和民国初年。像我国其他地区的曲种一样,常德"鼓书"的艺术价值首先表现在它对我国民族民间精神的塑造上。常德"鼓书"传统作品的内容主要包括对历代王朝兴替中的传奇英雄、义士侠客、忠臣良相的颂扬,如《包公案》(渔鼓)、《七侠五义》(渔鼓)、《大明英烈传》(渔鼓)、《呼延庆征西》(渔鼓)、《陶澍访江南》(渔鼓)等;有对封建社会各阶层生活中善恶相报的警世劝善,如《济公传》(渔鼓)、《双合七星镜》(渔鼓)、《乌金记》(渔鼓)、《三姑记》(渔鼓)、《孟姜女寻夫》(地花鼓)、《借儿记》(华容番邦鼓)等;有对以家庭为重心的伦理美德的褒扬,如《王祥孝母》(三棒鼓)、《安安送米》(渔鼓)、《郭子仪上寿》(丧鼓)等;以及挑战封建秩序、大胆追求个人自由幸福的故事,如《梁山伯与祝英台》(说鼓)、《秋江》(丝弦)、《白蛇传》(渔鼓)等。①而在其新作品中,既包括战争年代对新中国建立立下卓越功勋的英雄人物的礼赞,如《贺龙入党》(地花鼓)、《小红军》(渔鼓)、《抢渡大渡河》(渔鼓)等;又有新中国建设时期涌现的各种英雄事迹和新人新风新气象,如《"活龙王"治水记》(渔鼓)、《师徒俩》(三棒鼓)、《打盐局》(渔鼓)、《聚宝盆》(渔鼓)等;更有改革开放以后巨大的社会进步与变迁,如《凤

---

① 参见《中国曲艺志·湖南卷》,新华出版社1992年版,第106~107页

谢龙》(说鼓)、《闹除夕》(渔鼓)、《西瓜的秘密》(孝鼓)、《打狗风波》(孝鼓)、《查家底》(孝鼓)等。常德"鼓书"的大部分作品的题材和思想倾向都是对我国占主流地位的民族民间精神的宣扬,而且通过各种艺术形象的成功塑造,把这种主流的民族民间精神塑造得深入人心。其次表现在民族民间精神塑造的民间视角上。作为民间艺术,常德"鼓书"几乎所有的内容和倾向都显示出明显的民间视角。这从上面提到的作品中都有突出的表现。所谓民间视角是指在常德"鼓书"中所选取的题材领域、题材内容和主题倾向都是以当地老百姓的认知、审美、道德评价过滤后的面目表现出来,而同官方倾向具有明显的区别。之所以如此,不仅是因为常德"鼓书"的绝大部分内容均来自民间神话传说、小说戏曲等在野领域,更是因为常德"鼓书"的创作与表演者几乎都是生活在社会底层的劳苦大众。这就决定了常德"鼓书"不仅热衷于表现老百姓的生活与劳动及其喜怒哀怨、理想情趣,而且即使在表现朝堂庙宇与历史重大事件中的中上层人物时,也同样用自己的视角加以重组、变形、民间化。这使得常德"鼓书"的内容显示出极强的亲民性与草根化特征。最后表现在民族民间精神塑造浓烈的地域乡土色彩上。常德"鼓书"之所以受到常德人民的喜爱,让外地人感到新鲜有趣,主要原因在于它有着浓烈的湖南常德地域色彩和浓郁的乡土风情。常德"鼓书"在发展中以本地方言和官话为基础,不断吸收本地的乡野小调、戏曲、皮影、宗教等音乐为我所用,不设畛域,灵活开放,因此造成常德"鼓书"的表现形式不仅丰富多样,而且处处洋溢着一听就懂、一看就熟的地域乡土色彩,几百年来,如此简单的艺术之所以流传至今,且仍受大众欢迎,这是一个非常重要的原因。

2. 教化价值

常德"鼓书"流传至今还取决于它具有突出的教化价值。这种教化价值首先表现在对忠孝价值的宣扬上。在湖南与常德的传统曲目中,艺人们长期热衷于表演"二案"(《施公案》、《彭公案》)、"三图"(《五美图》、《九美图》、《十美图》)、"四义"(《东周列国演义》、《封神演义》、《三国演义》、《隋唐演义》)、"五传"(《岳飞传》、《水浒传》、《济公传》、《杨家将传》、《薛家将传》),为什么?除了这些书目中具有动人的情节以外，一个最重要的原因是这些书目中的主要人物都具有令人震撼的忠孝表现。虽然历代统治者也高调提倡忠孝思想以为其统治服务，但是老百姓同样异常看重忠孝观念，因为他们认为忠孝观念是一个国家、社会、家族得以维系的主要支撑。虽然有时老百姓与历代统治者的忠孝观有重合之处，但区别之处是主要的与长期的。正是从这个意义上来说，常德"鼓书"有时看起来更像是由唐代宝卷遗留下来的善卷和宋代开始出现的道情，想必它在塑造人们的道德观念，维持正常的社会秩序中起着潜移默化的重要作用，否则就不能完全解释这样一种简单的艺术形式竟能流传几百年而不衰的原因。其次表现在对善恶相报的宣扬上。常德"鼓书"对善恶相报的宣扬在传统作品中非常着力，像渔鼓《双合七星镜》、《乌金记》和华容番邦鼓《借儿记》都有鲜明反映。即使是在当代作品中这种观念也同样随处可见，例如三棒鼓《刘海砍樵新唱》、孝鼓《边三梭卖器官》、说鼓《打狗风波》等。善恶相报虽然是一种正统宗教的观念，具有积极与消极的双重性意义。但在老百姓的心目中，善恶相报却具有一种积极性大于消极性的情感与理性相统一的世俗价值，它培育了人们弃恶向善和敬畏良善的民间心理。最后表现在劝勤俭惩贪懒的宣扬上。曲艺是一种民间艺术，而劳动人民又是艺术的主体。以艺术的方式表达勤俭致富、勤俭致福，而贪婪、懒惰致贫、致祸，就是常德鼓书具有又一种教化价值的必然逻辑。例如三句半《勤俭小唱》、孝鼓《整酒也烦恼》、孝鼓《查家底》等，以人们的亲身生活经历，显示了要想幸福必须靠自己的辛勤劳动，想通过歪门邪道是得不到真正的幸福的。常德说书所显示的教化价值虽然古今同一概念，但是内涵已经发生了巨大变化。然而不管如何变化，其中的教化价值一直存在。

3. 慰藉价值

所谓慰藉是指对精神需求的满足，或者对精神缺陷和痛苦的安抚、补足，使精神归于平静和满足。常德"鼓书"的慰藉价值首先表现在它浓郁的乡情乡音所形成的巨大吸引力。湘人多情，湘人以天下为家，而急剧变化的社会形态、社会生活、社会面貌、社会文化，使我们虽身居其中，但早已不知何处是自己的家园，特别是精神家园，特别是告别了童年、青年，走向中年、老年，乡音未改鬓毛衰的时候。当此之际,听一曲家乡"鼓书",品一道乡情大餐,那是何等的滋味!重回故里,找寻到精神的家园,怎会不令人们对常德"鼓书"生出如许依恋?其次表现在对祖先的崇拜与回顾纪念之中。像薅草锣鼓中大量的对天地自然和祖先劳动创造的颂赞,就是土家人祖先崇拜的表达。而孝鼓除在文化娱乐中表演以外,它最初更加合适的表演是在亲人离世后对其一生事迹的回顾与赞颂,是丧仪的一个组成部分,显然亦有纪念先人功能。而无论祖先崇拜还是纪念先人,或者其他曲种的迎神酬神、驱邪避凶,都对人们的精神慰藉具有明显的价值。

## 二、有根基

常德"鼓书"饱受湘楚文化浸染,得沅澧洞庭之灵气,兴三四百年而不衰,皆因为得天时地利人和,根基深厚所为。

1. 受众根基

常德"鼓书"兴起于草根民众之间,它最初的创造者皆是出于实用和娱乐目的,博采当地或周边地区已有之歌乐鼓舞,又融入民情民俗,再加上独自创造,遂在民间不断生发,蔚为壮观。常德地利,不仅在湖南省内位居要津,而且是湖南北接湖北、西接川黔的水路交通枢纽。再加上粮多鱼肥,物产丰饶,商业贸易十分发达,遂孕育了文化沃土,演艺业也随之发达起来。据载,明初,各地工商人士会馆林立,城镇人口众多。① 打渔鼓,唱道情,为渔民、市民日常娱乐项目。王船山《南岳采茶词》描写衡山采茶妇女:"沙弥新学唱皈依,板眼初清错字稀。贪听姨姨采茶曲,家鸡又逐野凫飞。"可见明代湘人对曲艺的喜爱程度。在清代,如乾隆时期《善化县志》载:"夜聚丧家,更尽时,一人鸣锣鼓唱'孝歌',号为闹丧。"道光《凤凰厅志》载:"丧礼……是夜乡人皆来坐夜,鸣金击鼓及丧堂歌,曰坐丧。"除此之外,像迎春开耕、庆生建房等各种活动中,无不

---

① 参见《中国曲艺志·湖南卷》,第5页

有这些围鼓坐唱的表演，观众如云。正是因为湖南民众非常喜爱曲艺表演，清末一些湘籍革命家在推翻清朝的革命动员中，竟然以曲艺的形式发动民众，效果胜过报章宣言。而作为湖南曲艺之乡的常德，民众更是曲艺艺术的支持者和喜爱者，光是常德地区举办的8届"鼓王擂台赛"，就聚集了数以万计的观众。虽然我们并不讳言年轻观众正在不断流失和减少，但也不能否认"鼓书"在常德有着广泛的群众基础的事实。

2. 创作根基

即使到今天，常德"鼓书"也不完全属于专业艺术范畴，而是专业与业余共生共长状态。常德"鼓书"自古就有职业化写作者和表演者。像生活于18世纪至19世纪中期的昌古头（1768—1842，地花鼓艺人）、苏金福（1779—1842，渔鼓艺人）等，他们都有自己的曲艺班社，不仅具有多种演艺才能，而且吸收姊妹艺术营养，对"鼓书"的唱词、音乐、表演进行改革和规范，他们创作的曲目和表演方式至今还是后人表演的范本。当然，更多的创作者还是那些非职业或半职业化的艺人。由于他们的创作并非完全娱人，也是为了自娱，因此他们的创造也许在艺术水准上并不突出，但是却给"鼓书"带来了鲜活的基因和生命力，使常德"鼓书"始终沿着民族民间的道路健康发展。而这批人的数量是难以计数的。新中国成立以后，鼓书创作虽然也开始走上标明创作者的路径，但是由于鼓书表演的群众性极强，很多创作者都没有留下他们的姓名。因此，我们今天所能看到的一些署名的创作者，仅仅是鼓书创作队伍的一小部分。

3. 市场根基

常德"鼓书"在明清和民国时期已经形成了一个演艺市场，而且供需双方队伍分明。但是随着新中国的建立，这个市场曾经消失了，而改换成了文化宣传阵地。近年来，随着文化体制机制的改革，这个市场正处于建设之中。由于新兴和外来艺术表演的突入，传统"鼓书"的生存和发展正受到严峻的挤压。但是在政府的有意扶持和艺人的努力突围下，这个市场正在发生可喜的变化。特别是在常德市政府的支持下，连续举办了8届"鼓书"大王擂台赛"，使得已经在艺术表演被边缘化的鼓书艺术重振雄风，艺人们因此所获得的声誉和收益开始明显上升，表明常德的"鼓书"需求有了明显的回升。这种势态如果能持续下去，必然会引起创作水平的提高，一个供需双方良性互动的局面正在形成。

4. 官方根基

新中国成立以后，湖南省和常德市历来对曲艺艺术的传承与发展非常重视，省政府专门制定的关于曲艺艺术健康发展的文件就有几十个。特别是在我国全面进入小康社会的建设中，文化的大发展大繁荣更是成为湖南省与常德市政府的重要工作目标。为此，常德市政府对曲艺艺术的发展给予了特别的重视。他们一方面将鼓书纳入非物质文化遗产序列，同时市政府坚持举办"'鼓书大王'擂台赛"，以此为抓手，以促进常德曲艺的全面发展。他们这种对"非遗"的活态传承以及将曲艺公益化与市场化相结合的方法，必将给常德曲艺的可持续发展打下更牢固的根基。

## 三、有传承

我们中国人有个思维定式，即看一个事物特别是文化事物是否有价值、有发展，一定要看它是否有传统。而且这个传统越是古老，今天的传承越是重要，越有发展的可能性。这种思维的好处是我们坚持文化发展的可能性和连续性，但坏处是我们的文化发展往往不是向前看，而是向后看，虽然我们嘴上说是向前发展。造成这种思维的关键环节是我们认为传统是过去的东西，而且是已经固化了的东西。但事实是传统根本就不是过去的东西，而是一个由过去开始形成，一直向着现在和未来发展的永远也不会定型固化的东西。以这种思维或观点来看常德"鼓书"，应该可以看到一些特别值得注意的传承之道。

1. 生而有意

常德"鼓书"是一个集合体，它之中的每个曲种的形成都有其自身的意义和价值。例如孝鼓，它最初是从当地的民俗和民间宗教观念生发出来的。一个人死了，要为他举办丧仪，丧仪过程严肃而悲伤。但浸染于巫风环境中的湘人就觉得仅仅如此还不能表达人们对亡人的礼敬态度，因此就像我们今天要为亡人诵读追悼词一样，他们也想把亡人一生的事迹、贡献、美德等种种行迹给大家讲说一遍，于是便有了孝鼓的雏形。讲完了，大家的心理得到了舒缓，丧仪再接着走下面的程序。正是这样一种心理和活动，才引得孝鼓为了把亡人的行迹讲说得更生动，更能感染人，最初他们想到了鼓这种随处可见的有效伴奏乐器。大家觉得这样做的效果很好，于是就开始在日常生活中进行自娱，内容也不必非得是亡人行迹，可以是其他的更有趣味和吸引力的内容，伴奏也不必非得一个鼓，可以再添点别的乐器，讲说也可以加上音乐变成唱说。而且既然大家都喜欢，也不必只在丧礼上表演，在其他的比如婚礼上是否也可以表演。一个人表演还欠生动，是否可以两个人表演。就这样，孝鼓一路走来，你说到底传统是什么？是一次非常成功的表演吗？当人们按照这个人的"传统"去表演时，又一个不同于"传统"的表演又出现了。人们又会按着后来出现的"传统"再去表演，一路发展下去，就成了我们今天看到的孝鼓。不仅孝鼓如此，跳三鼓、三棒鼓、地花鼓、薅草锣鼓等无不是这样。常德"鼓书"无论是自创还是模仿别的表演形式而来，没有一个曲种是从纯粹的审美观念而自发的，而是都有着实用与审美相混合的动机。

2. 长而兼收

正是因为常德"鼓书"的创立者和发展者从来也没有把传统看成固化的过去的艺术，所以历代的传承者都本着不断出新的态度，创造着今天的传统。例如，渔鼓在发展中通过吸收地方戏曲、皮影的唱腔而变得韵味悠扬，通过吸收历史演义小说、戏曲唱本而变得题材开阔。而三棒鼓不仅吸收其他艺术养分，还向杂技伸出触角。常德"鼓书"艺人虚心地向他们的前辈艺人学习，但从来也没有把眼光放在复制前辈艺人的表演上，而是眼光向前，创造出他们的新作品、新规范、新传统。为了达到这个目的，我们在他们的新作品中没有看到类似于戏曲或北方鼓曲的那种这也不能改、那也不能动的拘谨。看到的是一切为我所用，为今天所用的灵活与自信。

3. 逐时而居

我没有看过常德"鼓书"传统的表演方式，仅仅看到今天的表演。但是我从那些并不职业的演员身上，从那仅仅一只鼓的敲打上，感受到这种曲艺形式的古朴与质朴，我的感受远远超过我对诸如梅花大鼓那样完美大鼓的好感。因为梅花大鼓那样一种婉转得令人迷惑的不自然的声腔，只能让我联想到100年前的生活。但是在常德"鼓书"的咚咚鼓声中，我感受的却是今天的旋律，只是这旋律带着古代的韵致和遗响而已，别有一番味道。我套用牧民逐水草而居之意，以为常德"鼓书"的历代创造者们一直逐时代而居，因为他们认为传统是向前的，传统永远没有定型。

## 四、有前途

常德"鼓书"尽管已经有几百年的历史，但是它一点也不苍老。它甚至还没有走完自娱的阶段，仿佛还在自娱娱人之间走着向前的路。因此常德"鼓书"的职业化、专业化水平还不是很高，这同那些发展得更为完善的鼓曲艺术相比，还有着相当的差距。可是唯其如此，它们却有着很好的基因，又有着优秀的传承与发展理念，所以它的前途、发展空间远远超过了那些故步自封的鼓曲。

1. 乡情抵万金，月是故乡明

常德鼓书的前途在于它坚持艺术语言、艺术趣味、艺术风格的地域化和乡土化。不要以为艺术可以通过减少个性、扩大共性才能吸引更多观众。恰恰相反，艺术之所以被更多的人所接受，是因为它具有鲜明突出的个性，而这种个性又能从某一角度、某一层面反映出人的共性。在我看到的不多的十几个作品中，像孝鼓《西瓜的秘密》、孝鼓《整酒也烦恼》、薅草锣鼓《郎是包谷梗》，都极富感染力，而且新鲜无比。因为作品表现的是常德人的生活境遇、思想感情和语言趣味，欣赏过后，无论认识、思想、情感都有所获益。看到现场观众那种会心的笑容，由衷地感到常德"鼓书"一定要坚持自己的定力与个性，因为对于常德的广大观众来说，毕竟乡情抵万金，月是故乡明。

2. 女大十八变，好风凭借力

常德"鼓书"的前途在于它遇上民族民间文化正在恢复自信与自觉、文化正在走向大发展大繁荣的时代契机。这是几百年来我国人民梦寐以求的历史机遇，是我国人民艰苦奋斗加上聪明智慧建立了强大的物质基础以后获得的文化发展良机。而常德"鼓书"必须坚持眼睛向前的传承观，立足于湖南与常德丰厚的文化土壤之中，以常德人民群众的文化艺术需求和趣味为指向，敢于并善于吸收一切内容与形式的有效元素，形成自身的内在养分，不断创造出更多的新作品，培养出更多的"鼓王"、大腕，以提高"鼓书"对人民群众特别是青年观众的吸引力和回头率。正像一个美丽的姑娘一样，我们常说女大十八变，越变越好看。常德"鼓书"沿着现在的道路走下去，一定会像一个姑娘一样，越变越好看。

3. 政府作后盾，活态作"非遗"

我们之所以对常德"鼓书"的前景有着足够的信心，还因为常德市政府对常德"鼓书"的倾力扶持。这种扶持不仅是应该的，而且是正确的。因为眼下的常德"鼓书"还处于弱势状态，但是它对未来常德文化、湖南文化，乃至中国文化的建设具有重大意义和价值。常德"鼓书"不仅能为人们带来喜悦、轻松、娱乐，它还对常德人民的精神塑造、文化品格形成以及城市品位打造都具有不可或缺的价值，所以常德市政府支持常德"鼓书"的选项是正确的。通过日常公益性、商业性表演相结合，这个具有几百年历史的文化"非遗"得到了活态保护。这个底线确保了常德"鼓书"不会消亡，加上常德曲艺界、鼓书界同仁的共同努力，常德"鼓书"一定会有比历史上任何时期都更加辉煌灿烂的未来。

（作者为天津市艺术研究所所长、教授）

# 独特的"说"唱音乐

## ——常德"鼓书"演出观后

陈 爽

　　湖南常德的各种"鼓书"是湖南地区重要的非物质文化遗产，是中国传统说唱音乐重要的组成部分。其艺术形态不仅是湖南常德地区地方文学、语言的艺术化呈现，更彰显了中国说唱音乐的独特表达方式，是感受、学习、研究中国传统音乐的鲜活范例。

　　此次来京表演的曲种唱段有渔鼓、说鼓、三棒鼓、对鼓、孝鼓、薅草锣鼓等。我们非常高兴地看到，这些曲种的表演很好地植根于原有的说唱传统，没有人为地加入类"音乐"、类"舞蹈"化的改造。其故事情节来源于传统与民间的俚俗小事，唱腔平实，表演精彩，非常自信地展现出在常德地方方言的基础上行腔的说唱音乐特征。比如《整酒也烦恼》中朴实的语言性唱腔只在语言的基础上稍加夸张，但是这一稍稍的夸张就把故事中的诙谐感觉完全表达了出来，把语言与文字升华到艺术表现的层次，这一民间小事的讲述就呈现出艺术美感。再如《武松大闹观音堂》中演员的音色极富特点，是一种非常吸引人的"云遮月"的嗓音，从声音上就已经非常吸引观众了，再加上表演上的气势，使整个唱段的艺术形态跃然而出，"武段子"的个性鲜明，声音识别度非常之高。还有《打狗风波》中演员用音色、劲头上的变化来塑造人物，使这个平面的故事人物立体化，非常鲜活，把生活中的小事情唱出了为人处世的大道理，很好地呈现出艺术表演的教化功能。此外，孝鼓《传承》中的唱腔曲调极富特色，其中的拖腔淋漓尽致地表现了人物细腻的内心情感以及整个唱段的艺术风格，把打鼓匠的心路历程通过行腔艺术地呈现了出来。

常德"鼓书"虽然是"传统"说唱音乐，但是对于今天的更多在西方文化语境中成长的年轻人来讲，也许反倒是一种"新鲜"的视觉与听觉感受。他们不仅会在这样的表演中了解中国传统风俗习礼、历史民间故事，更大大地感受到中国传统音乐的表达方式与艺术魅力，感受到中国传统文化的艺术氛围。

较之以往大部分的文本式与"博物馆式"的传承与保护方式，常德"鼓书"这种"活态"传承方式为我们提供了一个非常好的探索方向，即在实际音乐生活中学习、保护和传承艺术品种。这种方式可以最大限度地保护艺术形式中的精神内核，最符合艺术发展规律，在流动中保护，在竞争中生存，只有这样，我国的非物质文化遗产中蕴含的中华民族特有的精神价值、思维方式、想象力和文化意识才能真正地流传下去，才能拥有生生不息的生命力和创造力。感谢常德地区文化部门为我们的中国传统艺术发展做出的勇敢探索与不懈努力，祝贺他们今天取得的优秀成绩，也祝愿他们在今后的艺术道路上走得更稳、更远！

（作者为中国音乐学院副教授，音乐学博士）

# 面对原有生活状态的改变,我们怎样说唱?
## ——观看湖南常德地区"鼓书"表演随感

田 莉

一

2013年10月下旬,来自湖南常德地区的26名"草根鼓书艺人"分别在中国艺术研究院、北京大学和中国音乐学院击鼓说书,表演了极具地方特色的渔鼓、孝鼓、对鼓、说鼓、三棒鼓、薅草锣鼓等6大类"鼓书",这是常德"鼓书"艺术的一次集中展示。

常德地区是湖南著名的曲艺之乡,说唱艺术的资源丰富,具有悠久的历史传承和鲜明的表演风格。这次进京表演的"鼓书",方言、打鼓、演唱,声声是乡音;沉郁、风趣、生动,事事含乡情。不论老书目,还是新书目,说书的打鼓匠在注重表现现实生活、注重传递教化作用的同时,渲染出来的就是淳厚的民间地域文化色彩。

几场演出都获得成功。其精彩显然不在于可否与通常看到的专业曲艺团体一比高低,不在于这些基本上属于个体演艺的艺人能自编自演,而是在常德的方言土语、家长里短在铿锵的锣鼓声中叙述着中国民众的传统精神生活和娱乐生活,让人感受到一种浓郁的乡土气息。

说书艺术在中国有着悠久的历史,千百年来,这是中国民众喜闻乐见的娱乐方式和日常精神生活方式之一。宋代诗人陆游有这样的一首诗:"斜阳古柳赵家庄，负鼓盲翁正作场。身后是非谁管得？满村听说蔡中郎。"看得出，其实在宋人的娱乐生活和精神文化生活中，就已经受说书的文化品格的影响和渗透。不同的地区，用不同音调的方言和音乐形式说书，不仅培育了中国民众的审美趣味和娱乐习惯，也让许多人的记忆把往日的生活和家乡的情愫与说书融汇在一起。与说书联系在一起的，是乡音乡情的亲切感，是对家乡抹不去的印象。

应该说，说书对中国文化和中国民众的日常生活具有重要意义。所以在观看常德"鼓书"进京表演时，一个让我常思考的问题又一次浮现出来，即原有的生活状态改变了，我们需要怎样说唱？

## 二

传统说唱的生长和生存的空间主要在乡村和城市。历史上像常德地区以及江浙地区、东北地区、京津地区，都有着曲艺生存与发展所需要的生活基础和民众基础。所以这些地方的方言、俗曲、人情孕育出新的曲种，地域化的说唱曲种又成为一个新的文化名片。

但是，随着中国现代化的进程，乡村已经进入当今的城镇化社会发展环节中。特别是当推进以人为核心的城镇化以来，建设城乡一体的社会结构，一方面大量壮年农民向城市聚集，另一方面留守于农村的老人孩子并不能继续维持千百年来乡村生活的固有格局和原有的家庭结构，农村土地开始纳入城市建设，农业人口正在向非农产业转移，农村的生活方式发生了巨大变化。至于城市，已经经历了生活结构的重大变革。来自五湖四海的人们，不仅让城市失去原有的地域化生活状态，而且让城市不再有个性。这是一个从城市到乡村都在改变生活方式的时期。

与此相关的结果，即传统说唱随着乡村城镇化越来越失去了生存、生长的土壤和空间。首先，许多人记忆中听说书的大槐树不存在了，许多人记忆中的家乡模糊了。从城市到乡村，日常生活已经不像从前那样需要说唱增彩，人们的娱乐不再像从前那样沉溺于说唱。多元的文化带来多样的选择，在中国传统娱乐方式之外还有各种各样的精彩。而且忙碌快速的生活节奏，让人们无暇安静地多坐一会儿。新的生活方式开始改造着传统的娱乐方式，似乎人们已经没有时间坐下来听说书了。

其次，长期没有在自己的家乡生活，许多人对乡音已经生疏，甚至年轻的一代已经听不懂属于自己家乡的方言，对乡音毫无感知。这一状态，对于赖以方言而产生的曲艺曲种来说简直是毁灭性的灾难。我们知道，语言是文化最基本的元素之一，曲艺有300多个曲种，那么多的曲种之所以不同，即在于采用不同的地方方言与地方音乐进行说唱，既有乡音更有乡情。方言方音促进了艺术与民众生活的内在联系，让曲艺成为中国民众日常生活中一种喜闻乐见的精神文化生活和娱乐生活。然而现在的问题是，连家乡方言都听不懂，怎么会喜欢听用家乡方言表演的说书呢？又怎么能用家乡方言传承曲艺艺术呢？值得注意的是，当一种方言消失时，往往也是以其方言来言说的曲种消亡之际。所以说，我们需要关注：当下我们的生活与千百年来的生活状态发生了巨大变化，地域性的艺术怎样保持原来的状态而且不断发展呢？

曲艺是中国传统的属于民间的通俗艺术，具有独特的文化性质和审美价值。当现代生活改变了人们的生活状态和生活态度，关注传统艺术的前途和命运就成为一种必要的现实。特别是，如果方言在民众的日常生活中不再重要，那么由方言支撑的曲艺表演艺术，离民众的日常精神文化生活就会越来越远。

中国现代化的发展，需要走乡村城镇化的道路，也必然改变着传统的生活方式。这是历史变革中更为深入社会基础结构的一种变化。属于民间的诸多文化，存在于这个社会基础结构中，曲艺要面对社会基础结构的变化，更要思考在乡村城镇化或者城市乡村化或者城市共性化过程中如何不被"化"掉，如何保持鲜明的文化独特性。在历史上，城市的发展带给曲艺新的生存和发展的空间，城市与曲艺的文化性质不应该只选择对立。

## 三

对于曲艺而言，不论生活怎样变化，不变的是要坚持说唱，坚守民间说唱的文化立场。

在这次进京说书的打鼓手表演中，我们看到常德"鼓书"源于现实生活，与生活现实有密切的联系，"鼓书"艺人贴近生活、贴近民众感受。比如孝鼓和薅草锣鼓的表演本是从生活中产生，保留了生活与生产的多种因素。比如从表演的书目孝鼓《整酒也烦恼》、《西瓜的秘密》、《传承》、《姜女情》、《边三梭卖器官》、《查家底》，渔鼓《武松大闹观音堂》、《娘教女》，说鼓《打狗风波》，对鼓

《东施效颦》、《男人和女人》，三棒鼓《刘海砍樵新唱》、薅草锣鼓《郎是包谷梗》可以看到，基本上以现实生活为题材，说身边人，讲身边事。特别是这些书目关注当今社会生活中人们的精神状态和生活状态，坚持让曲艺成为当代城市和乡村文化生活的一部分，这是一种非常值得肯定的曲艺创作自觉。

不仅如此，我们还可以看到，为了加强说书中的精神上的享受和抚慰意义，年轻的打鼓手自觉地在娱乐中提供更多的精神寄托和艺术享受。虽然一些书目故事缺乏艺术的精彩，但对于作为一种艺术探索也需要有所尝试。因为，在曲艺的创作中，如果缺少对艺术文化品质的把握，剩下的往往就是娱乐状态了。对于曲艺艺术的发展来说，民众失去了对曲艺文化品质的感受，那么娱乐本身就难以满足人们的艺术享受，也难以给人一份文化情怀的寄托。

其实，曲艺在娱乐中不乏一种民间性质的精神追求，它能很好地表达民众的生活感受。现在有很多曲种正在逐渐失去其在地理上、在历史文化上的特色，正在逐步减少对于民众心理的表达和精神状态的描述。也许更多的中国民众仍然喜欢从熟悉的说唱中领会中国文化的传统，在讲述老百姓自己的故事里，慢慢地感受心灵的愉悦。因此如果娱乐化、平庸化泛滥，必然使曲艺从民众的日常生活和精神生活中退出。

艺术需要求精。有的常德"鼓书"带有着明显的悲情色彩，固然与其原本的生活状态相关，但现在作为娱乐表演，怎样创作、怎样演唱，这是值得思考的问题。是保持悲情的风格，还是适应娱乐改变风格？我们如何将原有的悲情说唱适用于娱乐演唱？

在曲艺表演中，有说有唱，却又不止于说唱。千百年来曲艺影响着中国民众的日常生活，其实也塑造着中国社会的一种文化。尽管传统观念把说唱视为可观的小道末技，但从文化意义上来说，如果曲艺放弃了文化品质的把握，说故事的智慧就微不足道。曲艺中有诸多曲种说书讲故事，可以容纳丰富的文化信息，尤其是地域化鲜明的曲种，蕴含着极其丰富的地方文化与艺术内涵，可以成为一个融精神追求与物质生活为一体的民间文化宝藏。同时随着原有生活状态的不断变化，通过曲艺把握新生活中的精神需要，塑造新的精神文化，让文化塑造民众的精神气质。

（作者为中国艺术研究院曲艺研究所副所长、副研究员）

# 常德"鼓书"的乡土浓情与曲艺味儿

## ——兼议"鼓书"类曲种的传承与创新

蒋慧明

2013年10月,有幸欣赏了来自湖南常德的民间曲艺家们表演的一台题材鲜活、唱腔醇厚的"鼓书"节目。整台节目并无炫目的灯光和花哨的舞美,只有演员娴熟自如地击鼓吟唱,台风质朴,感情真挚,演员们说唱的都是老百姓身边的故事,带给观众的则是浓郁的乡情乡韵。

说到曲艺中的鼓曲类曲种,民间历来有周庄王"击鼓化民"的久远传说。虽是传说故事,却从不同侧面反映了至今仍深受人民群众喜爱的鼓曲艺术,从形式到内容皆与百姓的生活、情感息息相关,而且,它们的曲辞往往通俗易懂,却又蕴藏着丰富的艺术文化内涵。

常德"鼓书"的魅力即在于此。

常德"鼓书"的形式多样,由于时间所限,这台演出中仅展示了孝鼓、渔鼓、对鼓、薅草锣鼓和三棒鼓等数种形式,而在当地流布广泛、影响深远的其他"鼓书"形式尚有说鼓、地花鼓、番邦鼓、跳三鼓、围鼓等。特别是随着近10年来常德市"'鼓书'大王擂台赛"的持续举办,不仅令这类具有深厚的历史文化传统的曲艺品种,重新焕发了生机,同时作为传承和发展曲艺类非物质文化遗产的一种有效途径,亦起到了良好的推动作用。而那些活跃在四邻八乡的民间艺人们,更是通过连续几届的"鼓书大王擂台赛",一跃成为红遍乡里的"草根明星"，社会地位明显提高，这也使得他们传承民间曲艺的信心倍增，艺术上也就更加趋于自觉。

孝鼓《传承》（编演者：邵丹）是演出中最受欢迎的节目之一，其"自传式"的内容，加上演员的本色表演，令观众尤为感慨，印象深刻。这个节目日前还荣获了第十届中国艺术节"群星奖"曲艺门类的作品奖。作品以第一人称的手法，讲述了一位民间鼓书艺人曲折的心路历程，其中生活化的细节和口语化的唱词，很容易便引起了观众的强烈共鸣，而作品中所折射出的民间曲艺在当下现实社会中的境遇，同样亦引人深思。其他诸如《边三梭卖器官》、《整酒也烦恼》、《打狗风波》等节目，撷取的也都是百姓生活中的某个现象或事件，加以提炼和铺陈，生活气息格外浓郁，而其中的教育意义是与其艺术价值相辅相成的，所谓"寓教于乐"，正是这个道理。而像《姜女情》、《刘海砍樵新唱》、《武松大闹观音堂》等节目，则是在传统节目的基础上，被赋予了一定的新意，从而使作品既有一脉相传的历史人文价值，同时又有着易于现代观众欣赏和接受的时代气息。

尽管随着时代的发展，以及影视、网络媒体的大量介入，曲艺艺术更多地只在荧屏上、剧场里被展现，似乎正日渐远离民众的视野。事实上，这仅仅是近一个世纪以来曲艺艺术越来越集中地呈现于都市背景下的结果。源自于民间扎根于民间并成熟发展于民间的曲艺，从始至终没有也不可能脱离民间文化的生存土壤。透过《传承》以及其他作品，恰恰印证了常德"鼓书"之所以深受群众喜爱，正在于它以古朴单纯的表演形式，通过表演者生动传神的说唱，反映了民众的日常生活和情感诉求，又兼具历史的悠久传统和现实的鲜活生命力。

常德"鼓书"的唱腔曲调多源于流行地的民间音乐及地方小调，并用当地方言演唱。聆赏这些民间的曲艺家们的精彩说唱，瞬间仿佛将我们带入了那渐行渐远的乡土记忆。可以说，常德"鼓书"的乡情乡韵，一则来自其贴近生活的原创内容，另一则来自其原汁原味的乡土语言。整台演出中的节目，令人击赏之处不仅在于其生活化的细节，而且还在于其中方言俗语的恰当运用，既增强了作品的趣味性、地域性，同时也使作品中的人物形象更加丰满、生动。

由这台常德"鼓书"的演出，也引发了笔者关于当下鼓曲类曲种的传承与创新的一些思考。

近年来，陆续观摩过有关部门组织的一些全国性曲艺赛事，其中不乏极具地方特色的优秀曲艺节目，但同时也凸显出一些急需引起大家重视的问题，例如：曲种本身地方特色的淡化、唱腔音乐的歌唱化、表演形式的戏剧化，等等。这种情况在一些进京参赛或参加展演的个别地方曲种的节目，特别是在新创作的节目中比较突出。而这其中，方言的弱化甚或有意摒弃方言的现象格外需要引起关注。

时下，各地非物质文化遗产的保护和传承工作正日益受到人们的重视，一些相继被列入"非遗"名录的地方曲艺曲种，也因此借以摆脱了一度濒临灭亡的窘境，重新获得了生存发展的机遇。但需要特别引起各级地方政府以及"非遗"项目保护单位注意的是，在保护传承过程中切不可随意舍弃地方曲种的方言属性。笔者注意到，当前有些新创演的地方曲种曲目，无论文本还是演唱都竭力向普通话"靠拢"（特别是在晋京演出中），地方曲种"依字行腔"、"腔随字走"的重要特征几乎完全被摒弃，使得这些曲目空有地方曲种的名称，却无地方曲种的独特韵味。须知，方言正是地域文化的结晶和重要载体之一，而保护和传承地方曲种中的方言，不仅是承继中国传统文化的活的载体，也是保护民族文化多样性的重要手段。那么，从这个意义上而言，曲艺作品中的方言运用，对更好地传承中国传统文化以及地域文化同样具有深远的意义。

这里所指的方言，主要是指的地域方言，而"地域方言的差别，主要表现在语音上，划分方言的主要依据也是语音"（叶蜚声、徐通锵《语言学纲要》）。恰恰正是由于各地方言在语音上的差别，才产生了风格各异、丰富多彩的不同曲种。换句话说，在分布全国的各地曲种中，不同曲种呈现出多姿多彩的不同地方特色，而体现这一特色的标志即为方言。常德"鼓书"之引人入胜的原因莫过于此。

主要以方言进行说唱的地方曲种的独特之处在于：它往往直接反映了一个地区的文化历史和人文风貌，特别是其中用来制造笑料的"噱头"或曰"包袱"，很多就是直接生发于方言中的喜剧因素。如果一味地改变这一特点，势必会消弭作品的地方特色，作品的喜剧效果相应地也会大打折扣。细究起来，这从某种程度其实也反映出了对地域文化的缺乏自信和尊重。方言不仅是一种地方性的语言、乡土性的语言，更是一种母语文化。众所周知，语言是一种文化传承的重要方式，而母语，在现代人文中的角色和定位则是相当重要也是无可替代的。联合国教科文组织设立有"国际母语日"，其主旨就在于"让每个民族深刻认识到各自母语的重要意义,逐渐引起国际社会关注语言多样性和各种语言的根基问题"。因此,从这个角度来看,我们现存的大量地方曲种的存在,其丰富的内涵,活泼的形式,不仅仅是对曲艺表演艺术多样化的填补,更有其超越艺术领域的重要意义和人文价值。故此,希望今后在地方曲种的创演方面,能够重视方言的作用,切莫舍本求末,凭空丢弃了地方曲种千百年来积淀传承下来的乡土情、曲艺味儿。

诚如《传承》中的这段唱词所言:

> 走乡村到茶堂,
> 一不彩脸二不化妆,
> 凭着你的嘴一张,
> 唱得笑声在回荡,
> 把欢乐送在别人的心上,
> 就等于你的生命在放光芒。

它唱出了民间艺人对自己所从事的曲艺事业的执着与骄傲,而藉由这质朴无华的演唱,我们似乎也更明晰了应该以怎样的自信与坚守,方能让地方曲艺老树新花,代代相传。

(作者为中国艺术研究院曲艺研究所副研究员)

# 从常德地区孝鼓和薅草锣鼓的当下发展看"非遗"保护的多样性

高 苹

进入新世纪以来,随着非物质文化遗产相关概念与保护理念逐渐深入人心,无论是政府、学界、新闻媒体,还是商界,都对这民族记忆的保护工程给予了极大关注。从非物质文化遗产概念界定到四级保护名录的建立;从国家名录到传承人的认定、保护;从文化事项到文化生态区;从学理层面的研讨到具体保护措施的实施;《中华人民共和国非物质文化遗产法》2011年2月25日由第十一届全国人民代表大会常务委员会第十九次会议通过,等等,都表明我国在不断探索非物质文化遗产的保护方法,以期建立起完善的长效保护机制与制度。

从非物质文化遗产的概念而言[①],一方面由于我国的非物质文化遗产种类繁多,因而在表现形式上具有多样性的基本特征;另一方面,又因为非物质文化遗产从本质上说是人类的一种生产和生存方式,这些生产和生存方式会随着时代

---

[①] 非物质文化遗产是指各族人民世代相承的、与群众生活密切相关的各种传统文化表现形式(如民俗活动、表演艺术、传统知识和技能以及与之相关的器具、实物、手工制品等)和文化空间(即定期举行传统文化活动或集中展现传统文化表演形式的场所,兼具空间性和时间性)。参见《中国非物质文化遗产普查手册》,文化艺术出版社2000年版,第3页。

的变迁或延续或淘汰，有的非物质文化遗产在当下日常生活中仍然具有较强的实用价值，而有的则已经远离百姓的日常生活，仅仅具有表现形式上的借鉴价值和传统文化上的象征意义①，从而形成了不同的生存状况。因此，在实施保护措施的过程中，把握具体非物质文化遗产项目的文化特性和生存状况是实施传承保护的重要前提，既要遵循普适性原则又要有针对性。

曲艺作为表演艺术门类之一，与音乐、美术相比，具有融合文学、音乐和表演为一体的综合性和"说"与"唱"相间、角色"跳入跳出"等独特的艺术表现形式。对曲艺而言，可以说每一次表演既是一次传承又是一次创新，作品具有不固定性等特点。同时，曲艺不仅在学科层面与其他表演艺术门类呈现出本质区别，其曲种也极其多样。据《中国大百科全书·戏曲曲艺卷》"曲艺曲种"条，1982年全国流传的曲艺品种有341种，其中既有汉族曲种，也有少数民族曲种；既有说书、唱曲，也有谐谑等，其艺术形式异彩纷呈。至今，有的曲种仍活跃在人们的生活中，有的生存艰难而亟待抢救保护，有的则已经消亡无法恢复。而尚存的众多曲种，其生存状态也不尽相同，因此曲艺类非物质文化遗产的保护工作也必须遵循普适性和针对性的基本原则。如果说，新世纪以来10余年的曲艺类非物质文化遗产的保护工作，更多的是着眼于遵循普适性原则，那么随着各种曲种保护工作基本框架和模式的建立，应该将针对各个曲种的艺术特质和实际生存状况，制定细致具体的保护措施与计划，作为保护工作的重点与重心，实现保护模式由粗放型向精细型的转变。

此次研讨会中展现了常德地区的多种"鼓书"艺术，说明了曲种艺术形式多样化和生存状态多样化，这正是制定、实施多层次和深层次传承保护措施的根本原因。笔者试以其中的孝鼓和薅草锣鼓为例予以说明。

---

① 由于前者具有较强的实用价值，能够产生一定的经济效益，后者不仅产生不了经济效益，反而需要各级政府或保护单位投入相应的资金进行抢救保护，因此前者往往受到更多的重视与支持而忽视后者。但从实际的生存状况而言，后者的保护恰恰是抢救性的，最为紧迫的。正是基于此，非物质文化遗产保护工作提出了"保护为主、抢救第一、合理利用、传承发展"的十六字科学指导方针。

## 曲种多样化是实施多层次保护的必要前提

　　孝鼓，又称丧鼓、夜歌子、鼓盆歌，主要流布于湘北、鄂西一带。在现代化历史进程中，与那些缺乏演员与观众、需要政府大力扶持的曲种，或与那些在市区民俗活动中被"现代化"电声乐队所排挤，努力走视觉冲击的"歌舞化"道路但又屡遭失败的曲种相比，孝鼓能够仅靠一两个演员、几根鼓棒、一个唢呐，以一种清新淡雅、简单朴实的姿态活跃在县镇一级的农村市场，其艺术形式的变迁和生存模式的变化颇值得我们关注。

　　常德地处湖南北部，历史上属于楚国疆域。楚地素有崇巫尚鬼、祀神重卜的民间信仰传统。早在《汉书·地理志》中记载，楚地"信巫鬼，重淫祀"。在楚人看来，日月星辰、山川草木，万物皆有灵。因此，凡遇祭日、人生礼仪、节日都必须举行盛大而繁琐的仪式活动。时至今日，在当地偏僻的农村，这种民间信仰和仪式依然存在。

　　在民间仪式活动中，自古以来就与鼓乐有着密切的联系，标志着生命完结的丧葬礼俗更是如此。孝鼓便是当地用于丧礼的一个典型例子。孝鼓用于丧礼由来已久，相传源于古代庄子的"鼓盆而歌"。《庄子·击乐》载："庄子妻死，惠子吊之，庄子则方箕鼓盆而歌。"在常德地区的葬礼中，打鼓匠们彻夜守灵，打鼓说书，一唱就是几夜，演唱内容主要包括：1.为亡者所唱的曲目。运用于此程序的曲目要求打鼓匠对亡者生平有一定了解，所唱为亡者生平苦难和家事，劝其安心而去，不要记挂子孙。曲调悲哀、庄严。2.为前来举哀的亲朋好友的聚会演唱。运用于此程序的曲目大多是关于民间传说、英雄人物的题材，情绪热闹、激烈。在整个仪式的过程中，孝鼓具备了"仪式"和"娱乐"的双重功能，成为实现仪式功能的载体和重要媒介，它以口传的形式将仪式所蕴含的传统观念以及仪式本身代代相传。随着历史的变迁，孝鼓由丧堂仪式中的重要组成部分，逐渐演变成为民间说唱艺术，现在不仅用于丧事，还用于满月添子、婚庆等喜事，演出场所由丧堂走向茶舍酒楼，文化功能也随之发生了变化，表演形式也不断丰富。由一人站或坐击鼓演唱，衍生出一人击鼓、一人吹唢呐的双人形式，两人各击一鼓的"对鼓"，三人逗唱的形式。曲目内容更贴近生活，如我们这次所看到的《传承》、《西瓜的秘密》、《整酒也烦恼》就非常引人注目，这些反映现代生活的作品，幽默诙谐又深有寓意，非常受大家的欢迎。正是在长期的艺术实践中，孝鼓具备了较强的即兴编演能力，可以根据观众的口味来调整演唱内容和用词，可以适应多种场合。但无论走丧堂串婚庆，无论是一人说唱还是两人对唱，孝鼓作为当地民俗信仰、传统价值观的媒介的本质并没有发生改变，打鼓匠与群众共筑了一个文化认同的空间，而在共时的空间中，两者同时得到心灵慰藉和精神需求。

可见，民俗是孝鼓赖以生存和发展的土壤。据湖南常德临澧县说鼓子民间艺人肖伍介绍，湖南慈利以东、安乡以西、常德以北、湖北公安以南较为狭小的地域内，长年活跃着多达千余人的孝鼓从业艺人，许多青年包括肖伍本人都是主动学习演唱，而吸引他们的正是孝鼓在当地各种民俗活动中所占据的巨大市场，经济来源成为从业者的内在动力，传承也成为个体自觉自愿的行为。因此，对于孝鼓这类曲艺品种，我们不仅要关注其艺术形式，更需要将其置于信仰、仪式、民俗以及观众的需求与欣赏趣味等更大的一个文化背景中来考察研究。而在传承保护时不能将其从民俗等文化背景中单独"剥离"出来，否则将适得其反，不仅不是真正的一种保护，而是一种破坏。

薅草锣鼓，又称"锣鼓哈"，是土家族劳动人民在田间地头所演唱的曲种。薅草锣鼓有一套固定的程式和唱段，因地而异，一般包括歌头、请神、扬歌、送神4个部分。歌头，即开场白。请神，是祈求神灵护佑风调雨顺、五谷丰收和劳动者的人身安全。扬歌的题材和内容丰富，有演唱历史故事、民间传说、现实生活故事及传授农村知识的传统曲目；也有歌师在劳动过程中，根据劳动者劳作情况用以鼓励表扬的即兴编唱曲目。送神歌是劳作收工时演唱，是薅草锣鼓的结尾部分。歌师一般都是农村中较有威望的中老年人，他们在劳动过程中担任了"演唱者"和"组织者"的双重角色。其演唱形式有歌师领唱、众人合唱，独唱及对唱等多种方式。演唱时伴有锣、鼓，可以在长时间繁重的劳动中减轻劳动者的疲劳，鼓舞干劲。此外，薅草锣鼓还可以指挥生产，协调劳动程序等功能，在劳动过程中发挥了极其重要的作用。

薅草锣鼓来源于劳动生活也服务于劳动生活，它依附于田间集体劳作的生产方式，即当集体生产方式消失，薅草锣鼓也就失去了生存的土壤。对于这类曲种，应该充分运用现代科技手段，拍摄完整的录音、录像，建立数据库。整理完整翔实的文字档案，如梳理历史渊源、艺术特色、传承谱系、表现形式等；组织"进校园"、"进课堂"，让学生了解当地的文化艺术形式；组织当地高校进行专题研究，编写相关专著等；可以作为原生态元素成为歌舞创作的来源等。

## 学者是曲种价值判断体系的制定者

如果说曲种多样化是实施多层次保护措施的必要前提，那么曲种价值判断体系的制定则主要依靠专家、学者。在保护非物质文化遗产的过程中，各级政府、学术界、商界、新闻媒体共同构成了保护主体，各司其能。政府为主导，制定保护政策与实施，新闻媒体则是扩大社会宣传，商界则出资扶持，而学者则为政策制定提供学术咨询与支持。实践证明，从20世纪80年代的10套集成搜集编撰工作，到20世纪初的中国民族民间文化保护工程，以及现在的非物质文化遗产保护中各级非物质文化遗产专家保护工作委员会，都离不开学者的建言献策。非物质文化遗产作为当地社区、族群文化价值的共同记忆，是文化认同的重要标志，判断其是否具有保护的价值与意义，不能从对象是否产生经济效益、表演形式、演唱曲调简单或复杂等层面来考虑。在保护工作中，学者在自己对事项长期的研究与观察的基础上，从学理层面深度阐释艺术形态和文化价值，在正确观念的指导下建立科学的评估体系，使艺术得到有效的传承和保护。

**参考文献**

王文章：《非物质文化遗产概论》，教育科学出版社2008年版

贺学君：《关于非物质文化遗产保护的理论思考》，《江西社会科学》2005年

第 2 期

萧放:《论荆楚文化的地域特性》,《湖北民族学院学报》(哲学社会科学版) 2001 年第 2 期

薛艺兵:《神圣的娱乐——中国民间祭祀仪式及其音乐的人类学研究》,宗教文化出版社 2003 年版

(作者为中国艺术研究院曲艺研究所助理研究员)

# 乡土艺术的现实情怀与生存焦虑

## ——常德"鼓书"展演观后

### 徐 刚

在《说唱：乡土艺术的奇葩》一书中，著名曲艺理论家汪景寿先生将说唱艺术与乡土文化紧密勾连。在他看来，曲艺"长期以来，流传发展于广大的农村，深深地扎下了根，即使在进入城市之后，依然以浓郁的乡土风味为人们所喜闻乐见"[①]。初读此作时，笔者曾不以为然，认为汪老作为相声理论家怎会有如此判断。众所周知，相声这种曲艺形式与乡土之根隔得较远，而与城市市民社会及娱乐空间的成熟息息相关。因而依相声来看，汪老的判断可能并不成立。但细细思量便可发现，汪老的说法并非专指相声，而是关乎曲艺的另一大门类——"鼓书"。他将说唱艺术称为"农民的艺术"，在很大程度上指的便是"鼓书"，因为只有在"鼓书"这里，我们才可体会"说唱艺术发端于乡土，生命力来自乡土，未来前途系于乡土"的论断，而此次常德"鼓书"展演似乎让人更加确信了这一点。

关于常德"鼓书"的历史及其传承，各位专家已有清晰的阐述，笔者不再赘言。单就此次展演而言，相信各位观众都已深切地感受到表演本身所蕴含的浓郁的乡土气息，以及深深植根于乡村社会的民间伦理与情感。概括来说，常德"鼓书"这种地方技艺正在依赖"说"与"唱"的趣味形式，讲述民间与乡土社会

---

① 汪景寿：《说唱：乡土艺术的奇葩》，北京大学出版社1994年版，第1页。

的一整套价值观,包括讲述民间的神话与信仰体系,传达民间的情感与现实焦虑。而在这个过程中,久远的传说口口相传,并被赋予新的时代意义。如果按照英国历史学家汤因比的说法,"文化"所表现的是具体的社会与社区各自的理念和生活样貌,那么常德"鼓书"正是这样一种"有机的文化"形式。细细观来,这种乡土的文化形式大致展现了如下方面的艺术特质。

一、彰显传统文化,表达乡土民间价值观。常德"鼓书"中孝鼓、丧鼓的大部分内容本就与传统价值观的建构密切相连,其中大部分理念都已随时代的变迁而宣告失效,但仍有一些顽强地留存,依赖故事的形式无意识地表达出来。《娘教女》在很大程度上便是传统伦理价值观的载体,但却并未让人感受到封建"三从四德"之类腐朽的气息,而只是讲述贫与富、勤劳与坚守的观念,这恰是传统文化中坚韧和质朴的一面,是值得留存并传播下去的文化价值。薅草锣鼓《郎是包谷梗》是一首愉快的劳动歌谣,也是民间劳动价值观的集中呈现。它将民间文化与音乐融入到艰苦的劳动当中,让辛勤的劳作具有了一种激情飞扬的感觉,也展现出欢声笑语的热闹场景。而从功能上看,薅草锣鼓本身便在于使繁重的体力劳动在笑声中变得轻松,让劳动者充分享受到劳动的愉悦和快乐。在这个意义上,《郎是包谷梗》显然达到了目的。除此,这个作品的打唱方式也极为率真、质朴,其中不乏民间歌谣小调必不可少的性意味,这些也恰恰是民间活力的源泉所在。

二、表现现实情怀,讲述寻常百姓的日常生活。作为一种民间艺术,"鼓书"的魅力就在它的现实性。它并没有太多高超的技艺,更绝非"博物馆艺术",没有什么秘而不宣的绝门秘笈,而是一种质朴的手艺,与普通群众的日常生活紧密相连,其灵感与激情都是从生活中而来,最后又回到生活中去。这是一种"有机的文化",一种植根在民间的"活的艺术"。《西瓜的秘密》反映现实工作难找的状况,也包含了"送礼"等富有戏剧性的社会见闻,体现出某种讽刺意味。孝鼓《整酒也烦恼》是一则简短的讽刺剧,在一种浓郁的生活气息中,彰显了极富趣味的社会批判意义。《边三梭卖器官》讲述赌博佬边三梭因长期赌博而透支身体,想卖器官都卖不出去的故事,在此体现的是"鼓书"作为民间艺术的讽喻劝善功能。《男人和女人》讲述社会现象话题,都是"贴地气"的题材,深刻反映普通百姓的文化心理,并没有太多临空高蹈的成分。说鼓《打狗风波》遵循的也是乡土社会的基本伦理秩序,讲述"有钱人"依然要遵循民间伦理的故事,展现的是非常质朴的乡土中国的元素，而《查家底》表达的则是"父母打工不容易，留守儿童当自强"的现实关怀。作为一种民间的声音，常德"鼓书"并不避讳民间俚俗的话语和价值观，比如对金钱的向往，等等，这也使它更具现实意味。

三、旧词新唱，"传说"的传承与新变。另外还有一些传统曲目新唱的作品，比如《刘海砍樵新唱》、《姜女情》、《东施效颦》、《武松大闹观音堂》等，这些作品都在传统风格曲目的基础上，添加了一些现代的元素，将现实生活的因子融入其间，从而体现出新的时代特色。比如《刘海砍樵新唱》中有这样一段："你不去攀高官／你不把富豪亲／你不张海口要彩礼／你不问学历和出身／你不贪级别和金钱／你不看职称炫身份／你不以青春作抵押／你不拿爱情当商品。"这便将《刘海砍樵》这个常德民间最具影响力的传统曲目，以颇富趣味的方式进行了旧曲新唱，也无意间唱出了新时代的价值观。由此也可看出，将新的生活元素融入到传统故事的讲述之中，进而迸发出一种新的活力，这才是"新唱"的要义所在。而在这个作品中诸如"此事很快网上传，引来围观亿万人"等唱段，也体现出十足的谐趣风格，令人久久回味。

其实从表演的角度来看，我们这些见多识广的城市观众可以轻易地指责展演中的诸多弊病。比如相对于高雅的城市艺术，常德"鼓书"讲的都是难懂的方言土语；他们的歌声并不悦耳，或过于粗犷，或仍显稚嫩；他们的表演还有些粗糙，亦不乏浮皮潦草的地方；而乐器更是简单，确实难登大雅之堂。但就是这样的形式，传递给我们一种温暖的情怀，激活久远的乡土记忆。他们讲述的是乡土中国的故事，和寻常百姓的生活相关，并努力使观众能够从中看到自己的生活，在笑声中调整自己的生活，这是真正"接地气"的艺术，它用一种质朴的方式，唱出真正的乡土中国和民间社会的声音。

然而这样一个全球化的时代，终究不是"鼓书"曲艺繁荣的时节。当今的城市文化已呈席卷之势，乡村的消逝让那些独属于乡村的民间技艺濒临消亡，即便是进入城市，也只是依赖于久远的乡村记忆顽强生存。鼓书艺人走街串巷的胜景不再，富有魅力的民间艺术已然"非遗化"、"博物馆化"，而只有依靠擂台赛这种"强心针"的形式才能短暂地重新激活，这确实是令人无比忧虑但又不得不面对的现实。对此，这次展演中的孝鼓《传承》值得一提。这是一个不可多得的精品鼓书节目，其故事的设置极为精巧，讲述得也极为生动，"撒尿宝"、"咬卵罄"、"狗日的舫吧"等语汇，皆是地道的方言表述，这无疑也是一种"接地气"的手法，虽不免俚俗但却极富韵味。这个作品从"我"与几个同学在街头的相遇开始，展现的不仅是有趣的戏剧性场面，更是不同人群及其价值观的碰撞，由此也体现出"打鼓匠"和文化"传承"的意义。再加之艺术家的完美演绎，使我们得以清晰地看到，《传承》在故事与说唱之外，表达了一种凄然的微妙情绪。

在很大程度上，这个作品可以看作是"鼓书"这样一种即将消逝的民间艺术的深情自况，节目的"说"与"唱"之中皆包含无奈中的坚守与期待。作品所表达的价值观，甚至演唱本身便是民间艺人在金钱社会、名利成就的诱惑之外的执着与坚持的体现。当然，作品还隐隐地表达着对"鼓书"艺术美好前景的热切期待，具有积极向上的意义。在这个意义上，那"接过爸爸的棒"的民间艺人，他们"把欢乐送到别人的心上，就等于你的生命在放光芒"，则正是这些自称为"打鼓匠"的艺人们最大的艺术价值。因而这虽只是一个小小的作品，却包含着对整个时代，对整个艺术门类前景反思的复杂况味。这个作品便是整个常德"鼓书"的一次别开生面的"夫子自道"，它使我们相信，只要有故事，有讲述的欲望，有生活的渴念与倾诉的激情，有现实的情怀与对生存焦虑的执着探寻，那么鼓书这种质朴的艺术形式就不会消亡。

（作者为中国艺术研究院曲艺研究所助理研究员）

## 常德"鼓书"：讲述老百姓自己的故事

艾 晔

在短短数日曲艺学习的过程中第一次接触到常德"鼓书"并有幸观看了鼓书传承人的精彩表演，使我对常德"鼓书"产生了浓厚的兴趣，由此才了解了什么是"鼓书"。

鼓书是以"击鼓说书"为表演特征的，是说书类曲艺的重要组成部分。与各种评书评话式"大书"、山东快书与快板书等"快书"不同，"鼓书"属于擅长表现家长里短和儿女情长内容的"小书"。由于种种原因，像华北地区的诸多鼓书类曲种如山东大鼓和西河大鼓等在近一个世纪以来的发展流变中，艺术的性状与功能已逐渐背弃了说唱相间表演的传统样式，转向了只唱短段的唱曲表演，成了所谓的"鼓曲"。

常德"鼓书"表演形式可谓是多种多样，其中广为流传的有孝鼓、渔鼓、对鼓、说鼓、围鼓、三棒鼓、地花鼓、薅草锣鼓、番邦鼓和跳三鼓等。可见，沅江、澧水千百年来流经成就的"泱泱鱼米之乡"民间曲艺文化是如此的丰富多彩。

众多"鼓书"形式中三棒鼓以其丰富的舞台表演形式和传承人精湛的表演吸引着我。

三棒鼓最初流行于湖北天门山等地，后流传至常德。源于唐代的三杖鼓，以抛耍三根特制的鼓棒击鼓伴唱而得名。明沈德符《顾曲杂言》中有记载："吴下向来有妇人打三棒鼓乞钱者，余幼时尚见之。"说明明代已有此曲种。清代末期三棒鼓与凤阳花鼓一同流传浙江、湖南、安徽、江苏等地。同时三棒鼓还随着艺人流传到英、法、意等国。三棒鼓是一种技艺独特的走唱形式，演唱不插道白。表演分单人和双人两种。单人表演者自己抛耍三根嵌有绒线的鼓棒击鼓伴唱，并敲挂在鼓侧的马锣。双人表演则一人丢棒击鼓，另一人击马锣，二人对唱。三棒鼓的鼓面直径为七寸五分，高四寸。三根鼓棒每根长七寸，凿三个不同侧面的小方孔于棒上，嵌入铜眼钱。三根鼓棒共是九眼十八铜钱。三棒鼓丢打起来，眼钱相互碰击，鼓棒上下翻飞，落鼓合拍成音，完全是视听的震撼享受。

  丢打三棒鼓的技艺约有二三十种，其中有"金线吊葫芦"、"姑娘纺棉纱"、"白蛇吐飞剑"、"麻雀钻竹林"、"乌龙搅水"、"跛簸箕"、"砍四门"、"单跨花"、"双跨花"、"单背花"、"双背花"、"织布"、"珓花"等。三棒鼓唱词通俗，词句简短，每段押韵。唱词结构各地不同，比较常见的有"五五七五"句，四句一组。还有"五五七"句，三句一组。三棒鼓的声腔风格朴实，委婉低沉，由于抛棒击鼓有严格的规律，唱歌时节奏平稳，变化不大。三棒鼓的传统曲目，大多反映旧社会人民的痛苦及对统治阶级的不满，如《逃水荒》、《宣统皇坐金銮》、《开门去》、《十恨》等。也有以描叙古人和四时景色为题材的曲目。如《十秀》、《唱八景》等。还有一部分曲目是采自民间的民歌小调，如《月望郎》、《孟姜女》、《叹五更》等。三棒鼓很少演唱故事情节曲折的段子。只是到了20世纪40年代末期，有艺人流浪到浙江绍兴时，曾用三棒鼓演唱过《十八相送》、《十里亭》、《访友》等曲目。三棒鼓的现代曲目有《绣十景》、《绣花》、《我们湖乡新事多》、《敲锣打鼓上北京》等。

  这次欣赏到的三棒鼓表演名为《刘海砍樵新唱》，此唱段也是根据民间的民歌小调改编而来，同时在三棒鼓原有的两人演出形式中再加一人，从而形成了三人，一人丢棒击鼓表演，两人对唱的形式。大大提高了三棒鼓原有的观赏性，丰富了舞台的画面感，使观众在视觉上更有冲击力。三位演员扎实的基本功，丢打棒鼓娴熟的技巧动作，看着扎有绒线、铜钱的棒槌上下翻飞，听着鼓点与唱腔的完美结合，不由得让人拍手叫好，连连称赞。与此同时，女演员在表演唱时的一举手、一投足，每一个体态、眼神、动作的出神入化，和男演员之间唱腔的默契配合，你一问我一答互动有加，仿佛把我们每一位在场的听众带入到如诗如画的沅江、澧水河畔倾听邻家大哥、大姐风趣又充满浓浓爱意对话的生活场景。

三棒鼓这种来自于民间的曲艺表演形式，充分地集合了广大劳动人民生活、劳动、娱乐的智慧结晶，融杂耍、说唱、击鼓节奏于一体。之所以千百年来经久不息广泛在老百姓中流行传唱，并在当今社会信息、娱乐膨胀的时代还能占有一席之地，是因为不断地更新演变丰富的演出形式，又增强了观赏和视听性。可以说三棒鼓的表现形式是浓缩的生活精华，娱乐形式的升华。

近几年在常德市委市政府的大力推动下，传承常德"鼓书"文化，连续几年的"常德'鼓书'争霸赛"脱颖而出一批又一批技艺精湛的"鼓书"艺人，使我们完全有理由相信，老祖宗流传下来的曲艺精品，在当今文化娱乐冲击的大浪中，依然有其生命力。因为它和我们老百姓最亲、最近。因为它用朴实无华的"鼓书"语言讲述的是我们老百姓自己的故事。

（作者为中国艺术研究院研究生院曲艺学课程进修班学员）

# 何止孝鼓需"传承"

## ——琐谈常德"鼓书"的传承与发展

### 张 颖

笔者于2012年12月8日晚在济南观摩第四届"中国曲艺团长高峰论坛"暨"全国曲艺类非物质文化遗产保护成果学术交流展演"时，由湖南常德"非遗"保护中心推荐的"鼓王"肖伍表演的孝鼓《传承》，用深情激越的鼓点、婉转流畅的唱腔，敲出了酸甜苦辣、唱出了悲欢离合，那地道的湘音楚韵引来观众阵阵掌声。笔者也对这一曲种产生了浓厚的兴趣，经过查阅《中国曲艺志·湖南卷》和《中国曲艺音乐集成·湖南卷》才逐渐了解这一古老的曲种——丧鼓（即孝鼓）。

## 一、丧鼓的特色众多

### （一）历史悠久

丧鼓的文化源头可以追溯到春秋战国，艺人相传始于庄子。现在澧县民间艺人还流传有"周公治其理，孔子治诗书，庄子治其打丧鼓"的说法。《庄子·至乐篇》第二节载："庄子妻死，惠子吊之，庄子则方箕踞鼓盆而歌。"《隋书·地理志》载："始死，置尸馆舍，邻里少年，各执弓箭，绕尸而歌，以弓箭为节，其歌词说平生乐事，以至终卒。……武陵、巴陵、零陵、桂阳、澧阳、衡山、熙平皆同焉。"唐樊绰《蛮书》中载："初丧击鼓以道哀，其歌必号、其众必跳。"上述文字，记载当时的"蛮"区（今沅、澧二水流域地区），有跳丧击鼓的风俗。故人们将这种打鼓说书的演唱形式称之为丧鼓。

### （二）名称众多

丧鼓在民间有鼓盆歌、孝歌、跳丧鼓、夜歌子、丧堂鼓、坐鼓、行坐鼓、跳鼓、坐堂鼓、挽歌、九槌鼓等称谓。常德地区的艺人在演唱丧鼓时，有独特、固定的击鼓方法，称"九槌鼓"。其来历有三说：常德市艺人刘梦香说，是从请东、南、西、北、中五神，加上门神、家神、灶王爷、城隍土地九神而得名的；桃源艺人文子春说，是因在起唱前必用鼓槌敲九板；常德艺人戴望本、聂银根说：是因起唱前必先敲九下鼓边，因而得名。丧鼓流布于湖南各地，它的本体依附于丧家哀悼死者的民俗祭亡形式。

### （三）音乐丰富，风格迥异

丧鼓音乐源于各流布区的山歌、小调。唱腔丰富，灵活性、随意性较大，丧鼓音乐唱腔较丰富，仅澧县一个县就有东腔、南板、西调、北路之分，但演出的曲目基本相同，仅在唱腔上各具特点。西调以李启正为代表，艺人郑启松、李先凤、李经楚、周子房等是其传人，唱腔中吸收大量地方小调素材。东腔以余振扬为代表，唱腔中糅进了一些武陵戏、花鼓戏的曲调。女艺人马丽君也是东腔的传人。南板创始人苏金福，原为一落第秀才，该派唱腔古朴。北路无严格的师承关系，吸收众家之长，以马家柱、周召学为代表，唱腔的灵活性、随意性较大。丧鼓的音乐调式多为徵、宫调式。如常德丧鼓的【起板】、【正板】、【请神】等曲调（牌）均为徵调式；【吟听腔】、【扬号腔】等曲调（牌）为宫调式。丧鼓唱腔的体裁，有三种类型：

1. 单曲反复体。即由一首单曲反复或变化反复演唱。一般用于短篇曲目。常德的丧鼓源于地方小调。

2. 曲牌联缀体。一般用于中长篇曲目。许多地方都有一些专用曲牌。如桃源的【鸳鸯调】、【马门调】、【苦悲调】。丧鼓专用曲牌的联缀，一般没有严格的规定，可任意选用。如常德丧鼓《请歌郎》，其联缀顺序为：【请歌郎】—【奠酒】—【劝亡】—【大鼓调】—【送歌郎】—【送神】。

3. 板腔体。一些地区的丧鼓，已有板式变化。如澧县丧鼓的板式有【号子腔】

(散板)、【一流】(4/4拍)、【二流】(2/4拍)、【三流】(又名【流水板】、1/4拍)之分。【一流】用于叙事,旋律性较强,可表达喜悦、怨恨、悲切等情绪。【二流】常用于叙事,旋律性亦较强,表达人物情感的变化和人物对白。【三流】常用于故事中人物感情起落较大的唱段,表达急迫、愤怒等情绪。

### (四)唱词排列整齐,句式富于变化

丧鼓的唱词以七言四句体为主,词格为二、二、三。也有五言(词格为二、三)和十言(词格为三、三、四或三、四、三)句式。五言四句体如常德丧鼓词【送歌郎腔】;十言句体如常德丧鼓词《扎寨》。常德丧鼓的演唱形式是一人击鼓自唱。除【送歌郎】的唱词是每三句构成一组外,其他曲调都由二句、四句或六句、八句构成一组。多组构成一段,每段要求一韵到底。各地都按当地方言押韵。澧县艺人把常用韵概括成天、地、人、和、龙、虎、豹、豺、黄、花、黑11个字。丧鼓唱腔句式结构的基本形态有三种:有一句自成一段的,有两句构成上下结构的,有四句构成起承转合结构的。

### (五)词句通俗易懂,各类曲目繁多

丧鼓的言词通俗而格调不俗,讲道理时平易近人,浅显易懂,深受老百姓的欢迎。世代相传,经久不衰。许多唱词通俗、幽默、风趣、形象、生动,富有哲理性,是研究民俗文学的重要题材。丧鼓的曲目较为丰富。传统曲目有:《二度梅》《琵琶记》《郭子仪上寿》《怒打马皇亲》《三妈自叹》《巧斥张打卦》等百余个。

## 二、关于丧鼓对外宣传时的曲种名称问题

丧鼓的别称很多,演唱者也经历了"叫花子—打鼓匠—民间艺人"的三个阶段,可见其作为纯粹的曲艺形式是经历了一个漫长的历史时期。这个曲种对外宣传时,也一直没有固定名称。

例如澧县、津市艺人李金楚、周子房、马丽君等从1976年起用丧鼓的一些唱腔音乐曲调在书场、茶社、酒楼等说唱《杨家将》《岳飞传》等,被当地群众称为"大鼓"。1986年,民间艺人周子房、李金楚、马丽君代表常德赴湖南省参加"湘

曲大奖赛"时用"澧州大鼓"的名称获得创作、表演5个奖项。2002年，澧县报送女艺人刘静演唱的《情与法》、《十字歌》两个节目录像带参加全国第四届中国曲艺节也用"澧州大鼓"作为曲种名称。2012年，第四届湖南艺术节，由临澧县文化馆选送的《传承》荣获"三湘群星奖"戏剧曲艺类金奖则是以"湘北大鼓"作为曲种名称。在2013年第十届中国艺术节曲艺门类决赛的节目单上，由湖南省临澧县文化馆选送的《传承》、《整酒也烦恼》的曲种名称也被印成"湘北大鼓"。

可见，在已经频频获得省级、国家级多种奖项的丧鼓，由于"丧"字不吉利，所以在对外宣传时被冠以"大鼓"、"澧州大鼓"、"湘北大鼓"等非学术名称，这本身对丧鼓的传承和发展就有很大的阻碍。

在其他曲种的发展过程中，也出现过这种情况，例如京韵大鼓刚刚形成时，被人们称为"津韵大鼓"、"京调大鼓"、"文武大鼓"等10余个名字，经历了一个时期，最终才定名为"京韵大鼓"，并形成众多流派，成为华北地区的重要曲种。

笔者以为，在当下对外宣称本曲种时，适宜用《中国曲艺志》里"孝鼓"这一曲种名称。"孝鼓"广泛流行于湖南、湖北等地，如果对外宣称"澧州大鼓"、"湘北大鼓"等名称就将这一曲种的流布范围缩小在澧州地区，不符合客观事实。例如河南坠子这一曲种，广泛流行于河南、安徽、山东、华北等地，它的名称依旧叫做"河南坠子"。"孝鼓"的名称既符合本曲种的历史沿革和表现出其发展过程，又朴实自然，易为广大人民群众所接受。

## 三、孝鼓《传承》获得成功的启示

邵丹是湖南省常德市临澧县的孝鼓艺人、澧水流域有名的"老鼓王"，从艺30多年，演出不下万场。他根据自己的从艺经历编写了孝鼓《传承》，讲述了在湘北的一个小县城，民间鼓曲艺人舫吧某日与三个同窗好友在街上巧遇，面对已是处长、局长、乡长的昔日同窗，舫吧讲述了自家几代坚持传承鼓书的故事。通过他们的对话，由此引发了一场不同的人生价值观和人生追求的讨论与深思。台上的邵丹妆容简单，硕大的舞台上仅有一人一鼓，但他一亮嗓便征服了现场的评委和观众。他用诙谐幽默的艺术表现形式，诠释了一个基层民间艺人面对坎坷命运、他人的冷嘲热讽，仍然坚持保护和传承民间艺术的执着精神。邵丹的表演以声悦人、以艺服人、以情动人，用地道的乡音乡韵、深情激越的鼓点、婉转流畅的唱腔、辛酸的经历征服了在场的评委和观众,唱出了民间艺人的悲欢离合。随着他表演述说情节的跌宕起伏,全场热烈的掌声此起彼伏。"我搞打鼓匠,是孩子没得娘,这说来话就长;六月冻死老绵羊,我是迫不得已才搞这一行;因为我的爸爸啊,他是个鼓匠,他死的时候,一没给我存款,二没有楼房,就留下了两根打鼓棒……""来来来,你接过爸爸的棒,走乡村,到茶堂,一不彩脸二不化妆,凭着你的嘴一张,唱得笑声在回荡,把欢乐送在别人的心上。就等于你的生命在放光芒。即使你遇着了挫折与忧伤,你也不能失去希望……"朴实无华的唱词表达出这位民间艺人为传承鼓书艺术的坚强与辛酸,更体现出当下各个曲种传承人的尴尬境地,他们技艺精湛,却不能依靠艺术获得巨大的经济利益。但他们依然为了曲艺的传承无私无畏地传授技艺,毫无怨言地为曲艺的传承贡献出自己的力量。通过欣赏《传承》这个节目,我们记住了舫吧这个小人物,记住了这位民间艺人的怪习惯:一激动就想抽烟;记住了舫吧是个打鼓匠,他凭着一张嘴,把欢乐送到别人心上;记住了舫吧是个守望者,他接过父亲的打鼓棒,坚守着"鼓书"的传承阵地。

就曲艺本体而言,《传承》是一个富有真情实感的曲艺节目,《传承》不仅仅表现了邵丹个人的从艺之路,也反映了广大民间曲艺艺人的真实写照。《传承》之所以受观众欢迎,是因为它来自真实的生活,表达出了一种普通人的悲欢离合,而且这种情感具有一种向善、向上的力量,向社会传播"正能量"。正如中国艺术研究院曲艺研究所所长吴文科研究员在首次观看这个节目之后的赞叹:"这才是地方曲艺在传承保护工作中应坚持的方向。"他当即表态要将节目送往省里进行汇演,有机会还要让其走上全国的舞台,让全国的观众欣赏这样地地道道的原生态曲艺。由于各级政府部门的重视,老艺人的倾心相助,演员的忘我投入,观众的如潮掌声……我们似乎听到,"传承"的鼓声已经铿锵地擂响。

中央电视台的专题节目《远方的家》曾专访过常德的孝鼓表演,采访了老艺人周子房和他的弟子们,片中表现出孝鼓深受当地百姓欢迎,现在仍有很多老百姓愿意花钱到茶馆里坐一天,听艺人们说唱。据《中国文化报》载:从2006年开始,湖南省常德市开始举办澧水流域鼓王(后改为全称"鼓书大王")擂台赛,为鼓书艺人搭建起一个平台,他们不再是低人一等的"打鼓匠",而是肩负着传承发展重任的传承人。邵丹作为孝鼓的传承人,在继承传统的基础上,尝试在创作中贴近现代人的欣赏口味和习惯,做了一些创新,一种艺术形式只有为人们所接受甚至喜欢，才能世代传承下去。像邵丹这样的"鼓王"，个个身价不菲，年收入三四十万元不等，在当地被视为大明星。一个"打鼓匠"的变化，带给我们深刻的启示和思考。邵丹的徒弟有二十几个，现在他的徒弟都收了徒弟，据邵丹介绍，他父亲那一辈，整个常德市的"鼓书"艺人不超过200人，从2006年"鼓王大赛"后，从事这一行的人越来越多，现在至少有2000人。刚开始孝鼓是在婚丧嫁娶等场合出现，活跃现场气氛。但是现在，他们到乡村、茶室演出，一天的收入都不菲。许多鼓书艺人骑着电动车、摩托车在农村走村串户，有的中青年打鼓艺人还开着自己的小汽车赶场、巡回演出，这不能不说明"鼓书"擂台赛对曲艺的传承和发展起到了巨大作用。常德的各类"鼓书"是各级非物质文化遗产保护项目，在这块底蕴深厚的热土上有着悠久的历史，常德市各级文化人员在对它们的传承和保护过程中，认真坚持原真性、本土性原则，使其在保持着原生态面貌的前提下健康发展，取得了一定成效。几百年来，艺人们用深情激越的鼓点，婉转流畅的唱腔，敲出人民大众的酸甜苦辣，唱出人民大众的悲欢离合，在社会主义文化大繁荣、大发展的今天，那地道的乡音乡韵定会继续给人们带来无限快乐！

这次研讨会和观摩展演中，我们看到了常德各种"鼓书"的发展并不是十分平衡的，如渔鼓、孝鼓、对鼓、说鼓、三棒鼓、薅草锣鼓的传承和发展现状比地花鼓、番邦鼓、跳三鼓、围鼓等好，希望各个曲种都后继有人，继承传统曲目，编演新节目，走群众文艺路线，培养专业艺人和爱好者，坚持陈云同志"出人、出书、走正路"的指示。何止孝鼓需"传承"？希望各个曲种都出现《传承》这样的好节目，各个曲种都能良好地传承；希望各个曲种都出现"舫吧"这样的优秀艺人，"舫吧"越来越多，传承才会继续，曲艺才会连续不断地更好传承和发展！

（作者为中国艺术研究院研究生院2011级曲艺学硕士研究生）

# 洞庭湖畔听鼓声

## ——浅谈常德孝鼓艺术中"鼓"的伴奏运用

庞 迪

有着"桃花源里的城市"之称的湖南省常德市自古以来以风景秀丽脱俗而闻名。因此，提起常德曲艺品种，多数人首先会想到与柔美、典雅等词汇联系在一起的常德丝弦。其实，流传于常德地区的曲艺品种十分丰富，据《中国曲艺音乐集成·湖南卷·常德分卷》中所统计，常德当地主要流行曲种有28个，除了已是国家级非物质文化遗产的常德丝弦外，还有10余种"击鼓说书"类曲种，如：孝鼓、三棒鼓、说鼓、对鼓、薅草锣鼓、渔鼓等。由此可见，鼓书类曲种在常德曲艺艺术中占有举足轻重的地位。针对常"德鼓"书类曲种的研究不容忽视且十分必要。

孝鼓可谓是兴盛的常德"鼓文化"中较具代表性的曲种。孝鼓又称丧鼓，因其在澧水流域影响深远，也有许多人按照其主要流布地域称其为澧州大鼓或湘北大鼓。孝鼓仅可鉴之史就有400余年，可溯之源更是千年有余。这样悠久的历史虽然充分证明了其极为强大的艺术生命力，但是也给研究工作造成了一定的困难，目前人们仍没有发现任何关于孝鼓起源的明确史料记载，只有一个无从考证的"周孝王为母打拍子讲故事"的传说。即便如此，我们还是可以从今天的孝鼓表演中感受到这门古老艺术的文化底蕴与内在魅力。鉴于孝鼓文化博大精深，笔者只好单从一个"鼓"字入手，粗略谈谈孝鼓艺术的"鼓"。

在所有的鼓书类曲种中，鼓都是作为最重要的伴奏乐器贯穿表演始终，孝鼓当然也不例外。然而，从外观上来看，与在北方颇为流行的京韵大鼓、梅花大鼓不同，孝鼓所使用的并非是扁而小巧的书鼓配上一根像筷子一样细长的鼓楗子，而是一面用两根鼓槌来敲击的矮木桶状传统堂鼓，有时为了表演美观会在鼓的架子及鼓槌上系上红色粗绸带。从音色上来看，由于鼓构造上的区别，堂鼓的鼓面没有书鼓弹跳性强，鼓面音色相对来说也就稍显低沉。这种略微发闷的音色也为来源于荆楚祭祀文化的孝鼓平添了几分厚实与沉重之感。通常情况下，孝鼓在表演时通过敲击不同的位置可以营造出三种不同的音色：鼓心音、鼓边音以及鼓槌互击音。敲击时拿鼓槌的方法也有两种：表演者双手各持一鼓槌或单手持双鼓槌。在整个表演过程中，鼓槌的"单双转换"灵活自如。在一段完整的孝鼓表演中，表演开始时先要进行一小段鼓心敲击，既简单地展示了鼓技，又起到了将这个表演带入一个固定节奏之中的作用，从而吸引观众的注意力；正式进入说唱表演的故事部分后，配合着说书节奏一般采用双槌交替击鼓两侧边或单手双槌击鼓一侧边，这种敲击的声音刚好能够敲出一个基本节奏，又不会因过于响亮而影响到观众欣赏故事内容；每句末的句读空拍处都会出现敲击鼓心的声音，或为一下单一的敲击，但更为常见的是节奏感更加动感的重音落在后半拍的敲击：如前十六后八及弱拍重音的频繁运用，这种节奏的出现增强了故事的生动性。根据情节的跌宕起伏，敲鼓的力度也在不断发生着变化。平铺直叙的句子时轻敲鼓边；故事进行到最激昂或者说主题升华的部分，表演者敲鼓的力度也随之增加，把表演推至高潮。此外，通过力度和节奏的变化也同样可以表现出不同的心情，轻松愉快的心情可以用清脆的鼓边跳音来呈现，紧张的气氛可以运用较为密集的鼓点，单手双槌猛地重击鼓心则可准确地展示愤怒的情绪。这样看似简单而不经意的击鼓其实就蕴含着很深的学问，可见孝鼓表演艺术中值得我们关注研究的方面还有许多。

如同常德著名鼓王邵丹先生在《传承》中所演述，今天的孝鼓技艺薪火相传是文化的传承，它是一种精神的延续。从当年遭人冷眼相待的叫花子到受人轻视的打鼓匠再到今天能在中国曲协占有一席之地的民间艺人，孝鼓表演者们在这门艺术长达400多年的发展过程中通过不断的努力，使得自身地位逐步提高。只有从事这门表演艺术的表演者们自己发自内心地尊重这门艺术、热爱这门艺术，这门艺术才能被更多的人尊重和热爱。近年来，随着澧水流域鼓王擂台赛的举办，不断有年轻人拜师学艺，加入了孝鼓表演者的行列，相信他们将会带领更多的人认识并了解孝鼓艺术，也相信孝鼓艺术这颗来自于洞庭湖畔的璀璨明珠必将会在代代传承中永放光芒。

(作者为中国艺术研究院研究生院2012级曲艺学硕士研究生)

# 期待更多《传承》 呼唤更多"打鼓匠"

## ——孝鼓《传承》简评

楼一宸

在中国庞大的曲艺系统中,"说书类"曲种是曲艺艺术的大宗,其中以"鼓书"为代表的又说又唱的"小书"则是人们最为熟悉的曲种类型之一。"鼓书"与鼓曲同为击鼓伴奏的说唱表演艺术,但鼓曲以唱为主,更善于抒情,"鼓书"则是一种用口语说唱相间地进行故事叙述的表演形式。

大约从清末开始,农村鼓书艺人携艺入城,推进了艺术形式的更迭。为了迎合新的观众群体,鼓书表演中说的比重渐渐降低,促使艺人们向以短篇抒情演唱为主的鼓曲进行转变。直至今日,人们所熟悉曲艺中击鼓表演的代表性曲种多为鼓曲,诸如京韵大鼓、西河大鼓等,甚至"鼓书"的概念也与鼓曲混同。

但在洞庭西畔,武陵旧地,常德"鼓书"依旧保持着较为原生态的说唱叙事表演方式,当地艺人破天荒地将地方曲艺带到了"皇城",向更多的人展示了纯正的优秀节目,具有很高的学术价值。其中,孝鼓《传承》给了笔者很多感触。

孝鼓,在民间有"丧鼓"、"鼓盆歌"、"丧堂鼓"、"夜歌子"等称呼,通常是一领众和的坐唱和站唱形式,演出时有一定流程。唱词多以七字句为主,也有五字句、十字句,多以二句、四句、六句或八句为一组,多组构成一段,每段一韵到底,按当地方言押韵。关于它的起源,自有"周公治其理,孔子治诗书,庄子治其打丧鼓"的说法,从现有资料来看,孝鼓起码有400年以上的历史,是两湖地区古老的曲艺曲种之一。①

孝鼓节目《传承》是由常德市近年组织举办的"'鼓书'大王擂台赛"上涌现出来的"'鼓书'大王"邵丹所创演的代表性节目。它以孝鼓说孝鼓，通过对《传承》的说唱这一实际行动彰显了传承的意义，在艺术性与思想性上都具有一定的高度，当然由于创作时间等问题，作品也有一些拼凑的痕迹，以下是笔者对该作品一些不成熟的想法。

## 一、曲本简评

此节目以第一人称模拟叙述为主，在内容上大体可分为两个部分，第一部分从开头到"你当对着我们好声些讲"，主要讲述"我"路遇发小，发小嘲笑"我"是一个"打鼓匠"。第二部分自"我说我搞打鼓匠"开始到结尾，内容主要为"我"讲述父亲临终时劝"我"继承父亲遗志继续从事打鼓。

毫无疑问，第二部分中父亲劝"我"打鼓是这个节目的核心所在，它以十分朴素的语言讲述了"人生一世不能有太大的奢望"的道理，并给"我"指明了"把欢乐送在别人的心上，就等于你的生命在放光芒"的人生价值，感人肺腑，催人泪下。但若单单以这段话进行表演则会显得作品有说教痕迹，观赏性不足。由此，创作者套上了路遇发小的故事进行叙述，故事是真事，将其加入作品的好处也显而易见：一者，以故事带讲述，让节目有头有尾，结构完整；二者，拉近了与观众的距离，避免了干涩无味的说教，使节目内容更加真实可信。

就节目内容本身，笔者认为还有两点可以提高的地方。

一是第一部分稍显冗长。"入活儿"部分主要将故事的背景介绍清楚即可，词句可以进一步浓缩。以动作代替语言，多一些类似"装烟"的细节，精简来回的问话与语句的过渡，叙述节奏则会更为明快。

同时，也可以将发小进行对比式的人物塑造，如三人中一人爱财，一人好官，一人混日子，这既可以与"我"形成对比，也可以让他们在听了"我"的故事后的转变更有力度，让作品更为饱满。

二是节目的结尾略显简略。"终篇之际，当以媚语摄魂，使之执笔留连，若

---

① 以上资料参考自《中国曲艺志·湖南卷》。

难遽别"①，艺术作品一个出色的结尾，或是能够震撼观众，或是能余韵不绝，或兼而有之。作者在节目最后选择了"淡进淡出"，故事说完，戛然而止，意欲让观众意犹未尽，但笔者总觉得在如此动人的故事后，缺少一份情感的满足。

戏剧美学讲究"逻辑高潮"与"情感高潮"，这同样适用于曲艺节目。若以本曲种的"技"，或以韵律感强的"贯口"配合较为复杂悦耳的鼓点，把结尾"看到鼓书艺术在弘扬，代代相传永留芳"具象化，或对鼓书表演场面进行描述，或对丧鼓的艺术影响进行渲染，既可以点明主旨，让节目得到思想的升华，也可以构成一个"情感高潮"，进一步激发观众情绪。

## 二、表演简评

曲本内容决定了表演的情感与方式，邵丹在这个表演中演出状态十分放松，态度不卑不亢，在有板有眼的击节中娓娓道来。因此，观众会很容易投入情感，与演员进行心灵沟通，就仿佛是在生活中听他讲述一般，这打破了观演固有的限制，也是作品的成功之道。

另外，此节目在音乐唱腔上有非常鲜明的特点，它借鉴了流行歌曲的腔调，在板式变化的基础上，大大丰富了曲唱音乐，给人以悦耳之感，使它能够在多个孝鼓节目中脱颖而出。

就表演，笔者也有一些不成熟的建议。

一是整个表演的叙述节奏平缓，这符合叙述内容，但若有更多变化则会让节目更精彩。节目的第一部分是以他人问话为主，内容较为生活，偏向叙事。第二部分以转述父亲言语为主，内容偏向说理，两种表演节奏应有差异。尤其是第二部分的说理节奏应根据叙说内容加以区别处理，使观众的听觉获得快感，并让他们对内容加以重视。如在第二部分可先用较慢的板式渲染父亲临终的悲凉感，再用较快的板式来体现父母对"我"的期望，而后以越来越快的节奏表明"我"接过打鼓棒的坚定决心，这样可能可以让作品更有层次感，让观众体验到更为明显的情感变化。

二是在节目的内容情节中出现了多位人物，但在演员表演中语气语调几近

---

① 清代李渔语。

一致，这让外地观众在区分人物上有了一定难度。如果在代言多个人物时在语音语调上进行个性化塑造，会让作品的人物更加立体，如可以着重刻画发小不理解、好言相劝、恶语伤人，以及父亲的语重心长与殷切希望，这可以使演员"跳入跳出"的叙述更为生动。

三是结尾部分的表演偏向激昂，这种情绪并不完全准确，作品中"我"听了父言，接过鼓槌，就算看到"鼓书"弘扬，也更应该是欣慰的情感，基调忽然上扬给人以一种不真实感。莫不如在低沉中体现淡淡的温暖，淡淡的感动，更会给人以深思。当然，这一点也和之前所说的曲本的结尾问题有关。

## 三、节目启示

《传承》这一节目笔者认为是在曲艺节目中具有典型性的佳作，它给了曲艺从业人员三方面的启示。

其一，曲艺具有天生的地域性、亲民性，这是曲艺的本质特点，也是立身之本，是其相对于其他艺术种类的优势。

《传承》语言朴实，具有浓浓的地域性，它之所以感动人，是因为其叙述内容是作者的真实经历，是作者真情实感的体现。用自己的语言讲述自己的故事，自然最能传达最精确的思想情感。纵观许多曲艺节目，经常有讴歌大时代，讲述人生哲理的主题，而没有情感作支撑只会显得内容空洞，这远不如一些表达人们小情趣、小意见的作品受观众欢迎。

《传承》既能够引起观众共鸣，也传达了"三百六十行，行行都有状元郎"的朴素道理。这正警示着曲艺创作者不能把宣传任务当做创作理念，更应该用心体验生活的酸甜苦辣，把示曲艺特征，以曲艺的思维去对待艺术素材。

其二，曲艺创作者在与民间艺人的合作时，应尊重原作者的创作意图。

当笔者将一些疑惑与邵丹老师进行交流时发现，以上所说的诸如人物个性塑造、结尾审美导向等问题都是在多次的"加工"时发生的偏差。对于一个作品来说，没有比它的原作者更能理解作品含义的了，曲艺创作者可以在形式、主题方面对其进行整理净化，但需要让原作者把握最初的创作意图以及节目的情感走向。

其三，应当建立对曲艺自身的自信。

对曲艺特质要自信。当今舞台上充斥着许多歌舞化、小品化的"伪曲艺",甚至在"群星奖"这样国家级别的曲艺大赛中也有许多表演唱的节目,这既反映出曲艺从业人员对曲艺本质的模糊,也体现出他们的不自信,要以其他艺术形式来"装扮"曲艺节目。《传承》的表演很传统,很简单,一个人一张嘴,一面鼓一对槌,其伴奏只有节奏没有旋律,但这样的节目不仅欣赏性强,也散发着地道的"曲艺味儿"。

对曲艺的历史要自信。许多曲艺从业人员视曲艺为"小道",因为它所带来的经济、名誉回报有限,但曲艺的千年不绝的历史说明了它存在的意义。在眼前曲艺并不是火热的艺术种类,曲艺学也并不是显学,但在古今小说故事,舞台各种艺术形态,各类节庆民俗中,无不充斥着曲艺的身影。在历史舞台上,曲艺或在"台前",或在"幕后",一直发挥着无可替代的作用,它的价值并不是名利所能衡量。正如《传承》作品中所说,"我热爱打鼓,您热爱当官,各有各的价值观","把欢乐送在别人的心上,就等于你的生命在放光芒"。

曲艺的发展需要一份坚守,曲艺的传承更需要一份执着,期待更多的《传承》,呼唤更多的"打鼓匠"。

(作者为中国艺术研究院研究生院 2012 级曲艺学硕士研究生)

# 由传统而来　到现实中去

—— 由"湘北大鼓"而想到的

李佩珏

前日，在中国第十届艺术节群星奖曲艺门类比赛现场观看了湘北大鼓的表演，深深地被其鲜明的风格特点吸引了。一人一鼓或二人二鼓，击鼓而歌，有板有眼，节奏铿锵，旋律流畅，歌者娓娓道来，自然朴素，抑扬婉转，声情并茂。所演内容，尽是百姓生活中的趣事凡事。整个表演过程并不长，约10分钟，但是演出过程中自始至终洋溢着热烈的气氛，现场响起了阵阵热烈的掌声，曲尽鼓停时，观众中发出了大喊："好！"

此次比赛汇集了全国各个地区各个门类的曲艺艺术，可谓是繁星荟萃，高手云集，带来的都是各地的顶尖作品和顶尖演员。湘北大鼓在其中显得非常独特，没有华丽的演出服饰，没有震耳欲聋的交响伴奏，没有娇艳的伴舞，没有婀娜多姿的身段，仅仅就是凭借着演员纯熟的鼓技，真挚的演唱，深深地打动了在场的每一个人。显得那样的深沉凝重，动人心弦。

湘北大鼓又称"丧鼓"、"孝鼓"，流行于湘北大地及湘鄂边境地区，是我国优秀的传统曲艺文化之一。传说源自庄子的鼓盆歌。现在澧县艺人还流传有"周公治其理，孔子治诗书，庄子治其打丧鼓"的说法，从现有资料来看，起码有400年的历史了。

"丧鼓"、"孝鼓"，顾名思义，即为了祭奠去世的老人而作的鼓书形式。"湘北地区习俗，凡老人去世，都要设置灵堂为亡人'守丧'，一般三五日，多则七八日。'守丧'期间，通宵达旦举行活动，以示对亡灵的悼念和孝敬，也冲淡灵堂沉重的气氛，以免家属过度悲伤，而使更多的人参与陪伴亡灵。最早的活动方式是做道场。后来，人们大概觉得这种方式过于单一，又先后吸纳了一些地方戏剧和曲艺形式进入灵堂，湘北大鼓就是在这一前提下衍生的。因其唱腔音韵有许多地方与做道场的吟腔相似，演唱中又部分借鉴了做道场的内容，如《劝亡》、《劝酒》、《送歌郎》等都是根据做道场的内容演变而成。加上其主要是为'守丧'服务，故始名为丧鼓或孝鼓。"[1]

在湘北大鼓流传的过程中，随着社会背景的演进，自然环境的变迁及人文历史的要求等因素作用下，其自身也在不断地进行改变和完善，适应文化发展的不断变化，从而保留下来，而且广泛流传。

首先，为了便于对传统文化的保护和继承，1981年"丧鼓"正式更名为"湘北大鼓"，使其名称更具地域特点，一目了然。

其次，在唱腔旋律上做了更多的改动。丧事是哀伤的，那么在演唱中，自然不宜有华丽热情的成分，唱腔单一，表演单调。而后来的湘北大鼓是在民众中广为流传的曲艺形式，是民众娱乐的主要手段。在这样的前提下，唱腔表演也作了不断的改进和丰富。在保持其原有结构特点的基础上，又加入了当地的民间小调及当地戏曲、当地其他曲艺的旋律，使大鼓的唱腔可听性更强，表现力更立体多彩。同时在表演形式上也做了调整，由最初的单人独唱，更新为二人对唱、多人群唱。后来又加入了女艺人的表演，听觉上多了一层色彩。改革后的湘北大鼓更具艺术魅力，使演唱更具艺术性和观赏性。

在400多年的流传过程中，有许多传唱下来的传统数目，内容包括历史传说、革命故事，现代新人新事，等等。丰富多样的内容也是湘北大鼓得以传承下来的重要保证。

中国的传统文化在历史的长河中闪耀着熠熠光芒，曲艺更是这光芒中颇具光彩的一道。

历史总在不断地进步，传统文化也在随着历史的要求不断变化发展。在今天，传统文化依然面临着继承、发展、创新的课题。而如何进行，似乎是每一

---

[1] 卞德模：《湘北大鼓唱响湘北》，临澧县湖湘文化交流协会网站。

个文艺工作者应当思考的问题。传统文化经过了成百上千年的流传和磨炼,都已经成为成熟的艺术类型。如何在继承的同时,又能够恰如其分地结合现当代的社会人文背景,是必须要思考的。

"曲艺是通过说说唱唱来讲故事的艺术。……在讲故事的过程中,刻画形形色色的人物,和听的人共哀乐,同喜忧,寓教于乐。"[1]也就是说,曲艺的灵魂就是讲故事,每个曲艺门类就是用自己特有的方式讲述人间百态。而现今,形式大于内容的作品及表演比比皆是。似乎出新就是要花钱,花钱买服装,花钱增加人数,花钱增大伴奏比例,花钱学习更多的身段。但是这一切是为了什么服务呢?主旨是什么呢?有的大"鼓书"在表演过程中,人很多,俊男靓女,小型的民乐队再加上提琴贝司中西结合,编排好的舞蹈程式,很抢眼。但是,这个"鼓书"的特点是什么?主奏伴奏乐器是什么?旋律特点是什么?语言特点是什么?无从知道。又如,快板就是节奏,演员跟随竹板的节奏进行表演。二三十年来也出现了配乐快板,在音乐中用打击乐打出较强的节奏感,基本与快板的节奏统一,也算继承创新。但是加入纯器乐的、抒情性较强的音乐,就会破坏快板的节奏感,而且因为不明显的音乐节奏,给表演带来困难,严重影响演出质量。这就是不顾主体,牵强附会,破坏传统,产生"四不像"。

传统文化要继承要发展,最重要的必须植根于传统,不能肢解传统,不能生搬硬套。而且必须认真研究现当代的历史和文化要求,不能盲目,不能跟风。从湘北大鼓的演变来看,很好地保持传统,巧妙地结合当代,才能葆有其旺盛的生命力。湘北大鼓保持了原有的表演规范,用自己鲜明的特点挺立在曲苑。在此前提下,不断地丰富,加工完善,以崭新的姿态面向广大民众爱好者,扩大了影响力,加强了生命力。无疑,传统文化的继承、发展、创新,湘北大鼓做出了很大的努力。

(作者为中国艺术研究院研究生院研究生课程进修生)

---

[1] 中国艺术研究院曲艺研究所:《说唱艺术简史》,文化艺术出版社1988年版。

# 常德"'鼓书'大王擂台赛"的来龙去脉与启示

袁学明

常德"'鼓书'大王擂台赛"自2006年开赛以来，连续举办了8届，共产生了作品187件，鼓书大王39个，其中金鼓王4个，参赛的鼓书艺人383人次，每次大赛多是在广场进行的，观看的百姓累计30万人次，极大地丰富了老百姓的文化生活，推动了常德"鼓书"文化的发展和传承。

## 一、举办"鼓书"大赛的起因

改革开放后，随着经济发展，老百姓生活水平的提高，各地以群众文化为主的节日盛会日益增多，我市大型节会就有"诗人节"、"柑橘节"、"桃花节"、"葡萄节"、"茶文化节"、"龙舟节"等，而丁玲、林伯渠的故乡——临澧县却没有这样的节会，一个县没有一个大的群众参与的文化活动，此县的群众文化工作很难开展，时任临澧县文化馆的杨梅馆长跟我说，临澧县不像其他县有这样那样的节会，搞个什么大的文化活动好，我说："你们县的'鼓书'不错，可办个鼓书大王擂台赛，只要你办，市里全力支持。"就这样县文化馆拿出了一个方案，市县两级文化馆商定后再向县里和市局报告，但市里没有经费支持，县财政也不拿一分钱，在这种情况下，杨梅凭自己的人格魅力在社会上拉到赞助3万多元

（因为第一次办，各县的参赛选手和领队都是包吃、包住、包发奖金，还有评委、场地等开支），启动了整个鼓书大赛，拉开了常德"'鼓书'大王擂台赛"的大幕。大赛在广场进行，舞台的前面和两侧全是观众，白天两场几万人，晚上观众更多了，只好从舞台的后边进场，我带评委进场时都已没有路可走了，也只好从舞台的后边进场。我市的老专家诸扬荣、黄士元老师说："好多年没有看到这样热闹的场面了，高兴！"赛事完后，极有商业意识的杨梅把三场比赛的现场录制成光碟，在县里出售，又卖了几万元钱，除把赛事的账结完外，还给县文化局交了5万元钱。这样第一届"'鼓书'大王大赛"以一个圆满的结局交了一份令市里县里满意的答卷。

## 二、"'鼓书'大王擂台赛"的组织策划

"鼓书大赛"的组织策划和其他的节会、比赛不一样，有它的特殊性，因为每一个鼓手都是民间艺人，每天都有自己的业务活，奖金少了不愿参加，而主办方又没有专项资金安排重奖，这样只有通过各县区文化馆出面组织本县选手参加比赛（开始两届有的县文化馆为了完成市馆的任务，自己出钱请选手参加比赛）。此项活动的策划，我们保证了以下几点：

1. 党委政府主导，社会参与支持

常德"'鼓书'大王擂台赛"的主办单位是中共常德市委宣传部、常德市文化广电新闻出版局、各县市区人民政府，承办单位是常德市文化馆、各县市区委宣传部、文化广电新闻出版局，执行单位是各县市区文化馆，协办单位是主办县市区的支助单位。

2. 赛事确定低经费与高参与

为了减少承办单位的经济压力，我们分澧水、沅水两条流域轮换进行，在每届结束时举行交接旗仪式，由承办的县市区文广新局局长接旗，规定每届每个参赛的县市区必须保证3支队伍参加比赛，而承办的县市区则可增加到6支队伍参赛。

3. 作品要求和奖项设置

参加鼓书大赛作品的时长控制在10分钟内，内容古今都可，即兴题3分钟，即兴题采用现场抽题的方式，给10分钟构思，评委当场亮分公布得分，奖项设置原则上每个参赛县市区各设一个"鼓书大王"，但能否拿回就要看"鼓王"的表现了，有几届有的县市就没有拿回，后面几届增设了一个"金鼓王"，这样在"鼓书大王"中产生了竞争意识。

4. 组织保障与职责分工

职责分工主要是市文化馆和各县市区文化馆的分工，"'鼓书'大王擂台赛"是市里牵头的赛事，主要策划由市馆负责，具体组织由市县两级共同完成，活动的行文、协调会、创作会、作品讨论会、研讨会、评委的确定组织和即兴题的命题，现场的评审、统分、计时及颁奖等都由市文化馆负责，活动的赛场确定，选手的接待，演出现场的安排，获奖选手的奖牌、奖证、奖金等，由各执行文化馆负责。

## 三、常德"'鼓书'大王擂台赛"的启示

常德是著名的曲艺之乡，尤以渔鼓、说鼓、对鼓、丧鼓、地花鼓和薅草锣鼓等"击鼓说书"的"鼓书"形式最为著名。当地民众对这些土生土长的曲艺表演情有独钟，这为"鼓王擂台赛"的举办打下了很好的群众基础。而非物质文化遗产保护工作的全面开展与深入人心，更为当地政府通过扶持举办此类赛事，一箭多雕地弘扬本土曲艺、丰富百姓生活、激扬文化自信、推动文化繁荣，提供了条件与可能。经过将近10年的努力，"鼓王擂台赛"已然成为深受当地民众喜爱的文化活动品牌，形成了良好的社会文化效应。

第一，擂台赛大大提高了民间艺人的社会地位，调动了他们在丰富群众文化生活中的积极作用。过去，"鼓书"艺人形同卖艺乞讨的叫花子，新中国成立后虽有改观，但还处在放任自流的自然发展阶段。艺术水准参差不齐，节目内容陈旧粗鄙，有的甚至粗糙低俗，急需提高和引导。通过举办"鼓王擂台赛"，

情况大为改观，影响日趋隆盛，昔日遭人鄙视的卖唱艺人，如今成为演出一场能赚数千元的艺术明星，初步跨入了良性发展的轨道。

第二，找到了传承发展曲艺类非物质文化遗产的一种有效形式。擂台赛特别鼓励创新，注重推出新人。几届办下来，反映新时代新生活的优秀曲本不断产生；同台打擂的竞赛切磋，也直接促进了"鼓书"表演的发展传承。尤其最近两届，涌现了大批"70后"、"80后"甚至"90后"的新人，大大改变了传统曲艺后继乏人的现实困境，更为曲艺类非物质文化遗产的传承保护，提供了一个比较成功的典型范例，得到了全国同行的赞誉和关注。此次湖南非物质文化遗产曲艺类项目传承研讨班能在常德举办，很大程度上得益于"鼓王擂台赛"的成功与影响。

第三，实现了群众文化活动公益性和市场性的有机结合。人们对"鼓王擂台赛"的最大关注与期待，就是"鼓王"最后花落谁家。而随着一批"鼓王"的渐次诞生，他们的名气也越来越大。这就带来了双重效应：他们的演出既丰富了当地群众的文化生活，也开拓了本土曲艺的演出市场。而随着公共文化服务体系的不断完善，公益性文化亟待相应的内容活动予以充实。这就给此类民间文化力量的释放带来了机遇，进而获得社会效益与经济效益的互利双赢。这也说明，群众文化的公益性和市场性并不矛盾，处理得当完全可以相辅相成，关键是如何找到突破口和结合点。

（作者为常德市文化馆馆长）

# 对常德地区"鼓书"音乐的调查与研究

雷正和

了解昨天的历史,总结今天的经验,有利于明天的发展,在全新的意义上保留传统,建构新的文化符号,这是我们的责任所在。2006年至2013年,湖南省常德市连续举办了8届"'鼓书'鼓王擂台赛",为展示和传承发展本地非物质文化遗产提供了一个群众喜闻乐见的舞台、阵地或者说是一个很好的平台。经过8届"'鼓书'鼓王擂台赛",涌现出了一批又一批的新人新作。邵丹创编演的《传承》、刘静演唱的《查家底》,还有吴清华、熊波涛演唱的《整酒也烦恼》等,这些传递正能量的鼓书作品,充满了真情、激情和力量,它和大众的欢乐、痛苦、愿望、理想以及与人们的思想跳动衔接在一起,以良好的艺术效果给人以强烈的感染,这些节目令人百听不厌,使人为之舞之蹈之或潸然泪下。这一状况引起了人们多个层面的关注和深思,这一历史与现代交织的文化建构的产物为我们的曲艺研究提供了独特的视角。

这些作品发掘生活本质的意境之新,别开生面表现的角度之新,朴素中见清新的使用语言之新是有目共睹的。由于艺人们各自独特的生活经历,形成了他们作品的独特的气质、思想方法,形成了他们流露感情的不同风格个性特征。他们展示出的各种体裁、题材以及对本曲种曲目的创作能力,已有不少显然已经达到了得心应手、挥洒自如的境地。我认为,可以用"贵在淳朴、贵在多彩"

这八个字来概括这批新人新作。

"一个民族想要站在科学发展的最高峰，就一刻也不能没有理论思维。"（恩格斯《反杜林论》序言）我们追求曲艺的传承、创新，追求曲艺文化整体的高度发展，也是离不开理论的深化和研讨工作的。要使传承发展更上一个新的台阶，需要在新的学理层面上建构新的理论。我们要思考曲艺文化的历史，要建设好曲艺学科，我们需要开阔学术视野，要加强理论、历史与现实的相互融合渗透的实践，我们还要重视对曲艺曲种本体的研究和创新。

笔者有幸于20世纪70年代末起，参加了"中国十大艺术集成（志书）"的编纂工作，在《中国曲艺音乐集成·湖南卷》任副主编、撰稿等工作，曾对本地"鼓书"曲种等民间艺术做过一些调研，本世纪以来，又参加了非物质文化遗产名录的申报以及新一轮的挖掘、收集整理、普查等工作，深感优秀文化遗产的不可复制和珍贵。本文在此着重论述传统的丧鼓、说鼓、对鼓、薅草锣鼓、三棒鼓、跳三鼓、渔鼓7个较具代表性的曲种的音乐的基本形态，目的在于帮助读者、创编者、教学者、表演者了解和回忆这些曲种的历史面貌，以便更好地把握这些曲种的特性特色，为"鼓书"艺术的传承和发展略尽绵薄之力。

## （一）丧鼓

丧鼓，源于春秋战国，艺人相传始于庄子。《庄子·至乐篇》第二节载，"庄子妻死，惠子吊之，庄子则方箕踞盆而歌。"《隋书·地理志》载："始死，置尸馆舍，邻里少年，各执弓箭，绕尸而歌，以弓箭为节，其歌词说平生乐事，以致终卒。……武陵、巴陵、零陵、桂阳、澧阳、衡山、熙平皆同焉。"唐樊绰《蛮书》中载："初丧击鼓以道哀，其歌必号，其众必跳。"当时的"蛮"区（今沅澧二水流域地区），有跳丧击鼓的风俗。清嘉庆二十二年（1817）《华容县志》载："丧家殡夕，通宵围坐，张金击鼓，设饮呼唱，谓之孝歌。"民国二十三年（1934）编修的《慈利县志》载："人死，棺敛讫，集众打鼓说书，彻夜达旦，名曰白丧。"故人们将这种打鼓说书的演唱形式称之为丧鼓。

丧鼓在民间有鼓盆歌、孝歌、孝鼓、夜歌子、丧堂鼓、行坐鼓、跳鼓、坐堂鼓、挽歌、九槌鼓等称谓。这些称谓各有其来历，如常德地区的"九槌鼓"，来历有三说：常德艺人刘楚香（生卒年不详）说，是从请东、南、西、北、中五神及门神、家神、灶王爷、城隍土地九神而得名；桃源艺人文子春（1933—　）说，在起唱前必用鼓槌敲九板；常德艺人戴望本（1931—1991）、聂银根（生卒年不详）说，是因在起唱前必先敲九下鼓边而得名。

丧鼓流布于湖南各地，是丧家哀悼死者的民俗祭亡形式，它有一人击鼓，一领众和的形式；有一人击鼓自唱的形式；也有一人击鼓两人敲钹对唱的形式。

丧鼓音乐源于各流布区的山歌、小调。唱腔丰富，灵活性、随意性较大，通常有一领众和的坐唱、站唱或走唱形式，演唱有一定程序。如常德丧鼓，其程序为起鼓→请歌郎→奠酒→劝亡→说书→送歌郎。

还有的演唱程序为开歌场→请五方→请三方人士进孝堂→叙生平→赞孝家→收歌堂。一、开歌场：主事者在锣鼓喧天的热烈气氛中唱诵，意即夜歌开始，请孝家房东及亲朋进歌场，并宣布在夜歌进行中要参加者遵循的有关事项。二、请五方：夜歌正式开始，请五方童子引亡魂到灵前，各歌郎请进孝堂坐定。三、请孝家房东、婆母党（死者母家亲人）、地方人士等三方人进孝堂。四、叙述死者生平事迹。五、死者母家亲人赞孝家。六、收歌堂：唱《送歌郎腔》。

丧鼓唱腔的体裁有以下三种类型：

一、单曲反复体。一般用于短篇曲目。即由一首单曲反复或变化反复演唱。

二、曲牌联缀体。一般用于中长篇曲目。许多地方都有一些专用曲牌。丧鼓专用曲牌的联缀，一般没有严格的规定，可任意选用。如常德丧鼓《请歌郎》，其联缀顺序为【请歌郎】→【奠酒】→【劝亡】→【大鼓调】→【送歌郎】→【送神】。

三、板腔体。变化多样，有【号子腔】、【散板】、【一流】（四四拍子）、【二流】（四二拍子）、【三流】（又名【流水板】，为四一拍子）之分。

【一流】用于叙事，旋律性较强，可表达喜悦、怨恨、悲切等情绪。

【二流】常用于叙事，旋律性亦较强，表达人物情感的变化和人物对白。

【三流】常用于故事中人物感情起落较大的唱段，表达急迫、愤怒等情绪。

丧鼓唱腔句式结构的基本形态有三种：有一句自成一段的；有两句构成上下结构的；有四句构成起承转合结构的。

丧鼓的音乐调式为徵、宫调式。如常德丧鼓的【起板】、【正板】、【请神】等曲调（牌）均为徵调式；【吟听腔】、【扬歌腔】等曲调（牌）为宫调式。

丧鼓唱腔的起腔一般用"嗯"、"哎"、"呃"、"啊"、"勒"等衬词，起腔后，再接唱唱词。起腔有长有短，短的少则一两个小节，长的几个小节不等。

丧鼓的唱腔，多由四句构成。四句唱腔有"一长、二短、三快、四还原"的规律。艺人称"两头松，紧当中"。

丧鼓的唱词以七言四句体为主，也有五言和十言句式。五言四句体如【送歌郎腔】；十言句体如《扎寨》。丧鼓的唱词，一般四句为一节，也有三句为一节的。

丧鼓的曲目较为丰富。传统曲目有《二度梅》、《琵琶记》、《郭子仪上寿》、《怒打马皇亲》、《三妈自叹》、《巧斥张打卦》等百余个。

澧县、津市艺人李金楚、周子房、马顾君等从1976年开始将丧鼓的音乐唱腔用于书场说唱《杨家将》、《岳飞传》等，当地群众称之为"大鼓"。

### （二）说鼓

说鼓又称唢鼓、说鼓子、旱鼓、说古。沿澧水流域流布于临澧、石门、津市、澧县、汉寿、慈利、安乡以及岳阳、华容等地，是在常德、澧县丧鼓的基础上衍变而来的曲种。

关于它的形成，艺人中有多种说法，澧县周召学说它形成于清同治（1862—1874）年间。临澧县段训友老艺人介绍，它约形成于清顺治（1644—1661）年间；再据澧县艺人李金楚说，他的师傅李启正（1905—1989）也曾说，说鼓于清顺治年间即已流行，当时澧水一带的居民为祭悼屈原，举行水上龙舟竞渡，岸上则击鼓助威。鼓掌者击一大堂鼓，称为旱鼓。后道光年间，澧州一失意秀才苏金福（1779—1842），将一人表演的旱鼓改为一人操鼓说唱，一人持唢呐伴奏的形式，定名为说鼓。

说鼓的表演形式有一人用双签击奏扁鼓，并在说唱故事的间隙自操唢呐，用音乐烘托气氛的一人说鼓；也有由上手主唱（坐着说唱兼操鼓），下手伴奏（站着吹奏唢呐）的二人说鼓。还有在此基础上再加一个唢呐或钹、竹笛、胡琴、大筒（择其一件或轮番换件演奏）并与说唱者插科打诨、问答对白的，谓之三人说鼓。1980年，临澧县艺人段训友（时年70多岁）演出《马前泼水》，在湖南省曲艺工作会议暨常德地区曲艺调演中，获表演一等奖。《书记吹笛》在《曲艺》杂志上发表。

说鼓音乐由基本唱腔和器乐曲牌组成。有很大一部分唱腔曲牌来源于山歌、号子、丧鼓。其常用唱腔曲牌有：【正香莲】、【次香莲】、【平香莲】、【叹苦】、【大哭】、【小哭】、【花腔】、【过岗】、【数板】、【平板】、【高腔】等几十个。伴奏曲牌多来源于民间器乐曲、地方戏过场音乐，常用曲牌有【水泊浪】（又名【水波浪】、【水爬浪】、【浪子】）、【小闹台】、【中闹台】、【大闹台】、【锣鼓闹台】、【唢呐闹台】、【大点将】、【节节高】、【六幺令】、【一字调】、【风入松】、【大开门】、【一枝梅】、【水龙吟】、【上凡】、【下凡】等近百首。在演唱故事时用得最多的是【水泊浪】、【大开门】、【小开门】等曲牌。

"说鼓、说鼓，以说为主，锣鼓一响，唢呐呜呜"，其唱腔与道白、伴奏各段之间的基本结构图式如下：开台→起腔→‖:唢鼓伴奏曲→说唱故事:‖收腔→唢、鼓闹台（"开台"时，可用唢、鼓闹台；"起腔"，多为清唱；"唢、鼓闹台"时也是采用清唱或唢、鼓伴唱）。

说鼓的音乐为联曲体结构，如临澧县艺人段训友演唱的《三星临凡》用了【大开门】等七个曲调联缀演唱多段。从第一至十八段，采用"伴奏曲牌→道白→唱腔"多次反复的结构方式，第十九段用【下凡】结束。

说鼓唱腔的句式，有一句式和多句式等结构，在演唱中其乐段多为散句结构，其随意性较强。仅【水泊浪】这首曲牌在演唱中句式上就有多种变化，有一气呵成的句式，也有两个乐逗组成的一句式。段训友、张显云唱的《三星临凡》中有多句式唱腔采用的散句式。他们唱的散句式中有一上一下的两句式，有两上一下的三句式。

说鼓用澧州方言演唱（澧州方言属北方官话的西南方言），其声母与普通话基本一致，不同的是其声调多阴平、阳平。其方言声调表可见《中国曲艺音乐集成·湖南卷》综述中《湖南汉语方言区域示意图》。

说鼓音乐中，渗透了大量的乡土音乐因素。说鼓唱腔讲究唱中有说，说中有唱，依字行腔。唱腔以吟诵性为主，虽节奏节拍较自由，但旋律与语言结合得十分紧密。旋律中多有在主音上作六度上行大跳，然后在属音上接小回环，再陡然接下行七度大跳，又再上行七度，再作小回环到主音上，接下来在主音上作同度反复。这样的旋法，线条大幅度上下起伏又不失稳定。

说鼓唱腔多为清唱，伴奏曲牌用唢呐等乐器主奏旋律，鼓、钹等打击乐器烘托气氛。在伴奏音乐中，唢呐有一种演奏特技，它能模仿人声哭泣，如段训友演唱（奏）的《咬断苞的芦瓜藤》的【大哭悲腔】中唢呐吹奏的上滑音、下滑音的旋律，便奏出了模仿人声哭泣的特殊效果。

说鼓音乐调式常见的有五声宫调式、徵调式、羽调式等，其调性变化较多样，如《三星临凡》的调高变化为：1=G 接 1=D 接 1=降 D 接 1=C 接 1=F 接 1=升 F 接 1=G 接 1=B，它的调性转换常常是通过道白来衔接的，常常在道白后唢呐演奏时出现调性转换和转调。

说鼓的道白有韵白和散白两种，引子部分和定场采用韵白，叙述故事情节或插科打诨常用散白。无论是七字句还是五字句的唱词，韵白多采用两个字为一拍，每句韵白的最后一个字多为一字一拍，这样的韵白，为说唱故事增添了韵味。

### （三）对鼓

对鼓是在说鼓的基础上衍变发展起来的说唱形式。主要流行于澧水流域的石门、临澧、津市、澧县、慈利和常德等地。据石门艺人朱茂坤1982年所说，对鼓大约产生在民国二十年（1931）左右，20世纪50年代开始在澧水流域流行。它多在秋收之后或是婚嫁等热闹场合演出，由甲乙两人或四人分甲乙两组站立，采用问答形式，相对击鼓吹奏唢呐进行演唱。演唱中，甲乙双方针锋相对，舌战不休，唱词多是"见子打子"的即兴创作。

对鼓讲究一个"对"字，歌、白、鼓都是在"对赛"中完成的，因此，对鼓也被称为"合鼓"和"赛鼓"。它有"句对"、"段对"两种。"句对"即甲（或甲组）唱上句，乙（或乙组）唱下句，唱腔之后不甩腔，互相紧接，鼓点只在唱腔最后一拍接一下，或敲二至四下，两节唱词之间不用唢呐，仅用锣鼓连接，如此一句对一句。"段对"即甲（或甲组）唱一段，乙（或乙组）唱一段，每唱完一段最后一句时甩腔，再以锣鼓唢呐演奏过门，如此一段对一段，对鼓往往用"句对"推出高潮。其基本结构形态为三部分：第一部分为引子，第二部分为高潮，用"段对"或"句对"，或"段对"与"句对"交替反复演唱，甲乙两组反复较量、对赛，难分高低，使段子不断推向高潮。第三部分为收尾。

对鼓的歌、白、鼓的结合情况为：一、引子部分，常用"念（道）白→唢呐吹曲牌起腔→唢呐吹曲牌【闹台】或是击鼓面伴奏"。二、高潮部分，常用唱腔（句对或段对）或击鼓边或鼓槌相击伴唱腔→唢呐吹曲牌或击鼓面伴奏的方法，在这一部分，多用这种方法作多次反复。

对鼓音乐由唢、鼓曲牌和唱腔曲牌采用单曲体或联曲体结构而成。唢、鼓曲牌多【闹台】曲及一些地方戏曲曲牌，其鼓点子基本技法，以二拍子为常见，起拍为两个四分音符，接下来有后十六接八分音符，也有一些两个八分音符的节奏，每段最后常采用两个四分音符。唱腔曲牌多来自民间小调，常见的句式结构有一句式和多句式。

对鼓曲牌的调式以徵调式和宫调式为主，如《包公监考》、《赛歌》等曲目，多采用徵调式。其曲调高亢，情绪激昂，风趣活泼，又富于歌唱性，节奏节拍较规范。旋律线条与语言声调走向大体一致。

对鼓的特征旋法在唱腔尾部的甩腔部位。对鼓借鉴了说鼓的某些表演、伴奏手法和丧鼓的某些音乐曲牌，但在演出形式上具有自己的特点，是一个正在不断完善和发展的曲种。

### （四）薅草锣鼓

薅草锣鼓流行于湘西、湘北和湘中广大山区，又称为薅草鼓、开山锣鼓、日鼓、开荒鼓、挖土锣鼓、挖土山歌等，土家族地区名为"锣鼓哈"。

湘西土家族苗族自治州流传着一首民谣："溪州之野（指今湘西一带地区）黄狼多，三伙五伙藏岩窝；春耕秋收都窃食，最怕山人鸣大锣。"据清乾隆本《桑植县志》载："土人以刀耕火种，掘地耘草，鸣锣以娱乐者。"嘉庆本《石门县志》中，引明代中叶石门知县严维的诗"山讴挝败鼓"。清同治本《龙山县志》载："夏日耘苗，数家人合在一起，彼此轮转，以此而周，往往数日为曹，中以二人击鼓鸣金，迭相歌唱，其余耘者进退作息，皆视二人为节，闻歌欢跃，劳而忘疲，其功较倍。"民国十二年（1923）《慈利县志》又载："四月农忙，薅草分秧。……是利用众，击鼓其镗。桴落歌纵，慷慨激昂。搬演故事，贯珠引吭。琐琐琐琐，数如家常。歌声鼓声，乍抑倏扬。鼓奋力奋，厥进排墙。朝暾合作，到夕阳黄。"从上述记载可知薅草锣鼓与人民的生产劳动有着较为密切的联系，并且这种传统的演唱习俗一直沿袭至今。

中华人民共和国成立以来，广大文艺工作者积极投入新曲目的创编活动之中，在山野劳动或各类文艺调演中，常有一些新曲目参加演出。1956年，在石门县文艺汇演中，艺人刘朝福演唱的《长坂坡》获一等奖。同年，在常德地区文艺汇演中其妹刘元珍等人演唱同一曲目获二等奖。1957年大庸县文化馆组织人员挖掘传统曲目和薅草锣鼓音乐，编印了油印本，还举办了一期中心俱乐部薅草锣鼓训练班。1979年，在常德地区举办的曲艺汇演中，慈利县业余文艺演出队演出的《拜媳妇》（王大志作）等节目受到好评。1981年，在常德地区举办的文艺汇演中，王大志自编自演的《薅草鼓词》获创作演出二等奖。

薅草锣鼓的演唱一般按照这样的一个基本顺序进行：锣鼓开台（用【催艺鼓】等器乐曲牌）——【扬歌】或【引子】——歌腔曲牌（自由选择【正板】、【数板】、【滚六锤调】、【羊角鼓腔】等基本唱腔多次反复或联缀起来演唱故事）——锣鼓间奏——【幺板】（用在收工时，以示结束）。

薅草锣鼓的唱腔音乐有20多首，多为一领众和，它们源于湘西北山区的劳动号子和山歌，属曲牌体，常采用单曲体和联缀体形式。其节奏有自由的和规整的两种类型。节奏自由的曲牌有【扬歌】、【引子】等，如石门等地的【扬歌】及龙山等地的【引子】，都具有明显的山歌特点。节奏比较规整的曲牌可分为抒情和长于叙事的两类。长于抒情的有【唢呐腔】（一板一眼）、【翻山歌】（散、自由地）、【数板】（散、自由地）、【平腔】（散、自由地）等。长于叙事的曲牌有【正板】（一板一眼）、【滚六锤调】（一板一眼）、【送土地腔】（一板一眼）等。【正板】是薅草锣鼓中的主要唱腔，采用一段音乐填上多段唱词，进行反复演唱，直至歇气或收工时才接唱一段【幺板】以示结束。【正板】的演唱有两种，一种是首句由鼓手唱，第二句由钹手唱，末句由锣手唱。另一种演唱是一人领唱一段，其余二人只和末句的最后三个字，如此轮流领唱。旋律进行多以语言为依据，以级进、小跳为主，间或有大跳，但是明显的平直趋势形成了较为突出的旋法特点。其调式多用五声商调式、宫调式、羽调式、徵调式及少数角调式。

　　薅草锣鼓的锣鼓乐多用于演出开始之前和演出之中，起开台和渲染气氛等作用。锣鼓乐包括锣鼓牌子和锣鼓点子两种。锣鼓牌子，如唐植银等演奏的【催艺鼓】，全志武等演奏的【闹仪鼓】（桑植）似前奏，用在演出之前。锣鼓点子，如【羊角鼓】（石门）似间奏，用在演出中或渲染气氛或起改换歌腔曲调作用，艺人称为"转调"。在桑植土家族地区，锣鼓牌子称为【起板锣鼓】，锣鼓点子称为【中板锣鼓】。锣鼓的伴奏乐器可多可少，石门等地通常是由鼓（1人）、锣（2人）、钹（2人）组成，龙山等地仅用鼓和锣两种乐器，桑植等地用大锣、小锣、头钹、二钹演奏。

　　薅草锣鼓的演唱(奏)者不是劳动的直接参加者，不需要和劳动动作相结合，演唱(奏)者是在一旁边击鼓边演唱的。薅草锣鼓的唱词可根据现场情况即兴编唱，也可演唱固定唱本。现场编唱多为提高功效、鼓励先进、表扬劳动质量好的或善意批评质量差的人和事。固定唱本，内容多为历史故事和民间传说。清末，石门艺人张华初造诣较深，善说《三国》，20世纪80年代他家还藏有《长坂坡》和《舌战群儒》等6本大书的手抄本。

### （五）三棒鼓

三棒鼓又名三班鼓、三慢鼓、三槌鼓、三杖歌，是一种走表耍唱的曲艺形式。主要流行于岳阳、临湘、常德、安乡、石门、澧县、桃源、汉寿、娄底、新化、桑植、大庸、溆浦、桃江、邵阳、龙山、永顺等湘北、湘西一带，长沙、衡阳、郴州等湘中及湘南地区也时有流行。在大庸、慈利又称打花鼓。

明人沈德符在《顾曲杂言》中记载："吴下向来有妇人打三棒鼓乞钱。"历史上，湖北、安徽一带逃水荒来湖南的艺人以打三棒鼓、凤阳花鼓为行乞谋生手段，这种艺术形式逐渐传入湖南。又据民国十二年（1923）刊行的《慈利县志》援引乾隆本旧志的记载："大庸所，崇山外屏，少见天日。……此外，有弄蛇者，演猴狗剧者，花鼓者，狮子舞者，扮土地神者，莲花闹、三班鼓者，其奏技凡以为乞钱。"（"三班鼓者"即唱三棒鼓的人），这说明，乾隆年间（1736—1796），三棒鼓已在湖南流行。在民间，津市艺人有三棒鼓源于唐代杂耍之说；汉寿艺人涂小凤（1910—1977）则说源于凤阳花鼓，石门杨光泮、杜芳玉，龙山刘玉林、邵阳刘光裕，桑植宋仁辉等民国时代的诸多名老艺人都为家传。其中，石门杜芳玉（1937—    ），一家五代从曾祖父起就是从事三棒鼓演唱的艺人。杜在20世纪70年代时掌握常演曲目20多个，掌握抛刀套路24套，已带徒弟28人。

三棒鼓是一种演唱与技艺表演并重的曲种，它的技艺特点表现在要求演员口唱曲调的同时，双手抛掷三根（甚至五至七根）嵌有铜钱的鼓棒（火棒、刀、鸡蛋等物），再加之敲击鼓面和小锣，达到合拍伴唱，协调统一的效果。

三棒鼓的基本唱腔各地有所不同，但大多是用当地方言音调依字行腔原则组成的，四个乐句为一段唱腔。它与民间歌舞和小调相似，但又别具一格。为求唱、做统一协调，曲调节奏平稳规整，常为一板一眼，为配合抛棒等临时出现的情况需要，偶有三拍子和一拍子出现。唱腔的句与句和段与段之间，有鼓棒敲击的锣鼓点子相连接。锣鼓点子长短不一，少时一小节，多至四五小节不等。四个乐句的音乐句式结构有一定规律，最常见的有一句式、上下句式和起承转合结构及其变化形式组成的乐段。一句式乐段的四个乐句都结束在主音上。

上下句式乐段有两种形态：一上三下结构和两上两下结构。一上三下结构乐段由一个上句、三个下句组成，如陈焕祖演唱的《三哭殿》中的唱段【平腔】。二上二下结构乐段由两个上句、两个下句组成，如梁虎全演唱的《女儿经》中的【平腔】。

三棒鼓唱腔中的一些民间小调曲牌多为起承转合结构，艺人将这些曲牌的前后和每个乐句结尾处加进锣鼓伴奏，就使小调曲牌三棒鼓化了。这类曲牌在三棒鼓中占相当大的比重。

三棒鼓的基本唱腔【三棒鼓调】，多为徵调式。它的曲调进行较自由，讲究以字行腔，唱腔多为一字一音，拖腔常出现在句尾处。其唱词以"五五七五"和"五五七七"两种词格的句式居多，第四句为五言时常重复前面二字，这种唱法常德艺人称为"逢四行腔"。如【正调】、【平腔】（一）等曲调。基本唱腔【贺喜腔】、【正调】、【平腔】、【随口赞调】、【四季花调】、【十送调】也是常用唱腔，多用在短篇曲目中，而【欢腔】、【怒腔】、【变调】、【十绣调】、【五更劝夫调】等的旋律和情绪变化较大，多用在中篇和短篇曲目中，以刻画人物性格和说表故事。上述基本唱腔多具有吟唱调的特点，它们的节奏规整又灵活，旋法变化与本地方言结合紧密，曲式结构短小精悍。特别是锣鼓点子始终贯穿在唱腔中，起到了重要的陪衬和丰富音乐形象的作用。

三棒鼓锣鼓点子奏出的音响效果，是区别于其他曲种的最明显、最根本的标志。汉寿艺人高德友将其规范为"三一五三一"，这些数字表示击鼓的点子。唱腔中各乐句及乐句中的间奏鼓点子奏法的随意性较大。

三棒鼓的主要表演形式有单人、双人、三人和四人4种。石门、大庸、慈利等地的三棒鼓在表演时，主唱者边唱边耍刀棒，另一人（或二人）抛耍两根约80厘米长、拇指粗细的木棍，当地称之为"花棍"。它起辅助三棒鼓表演作用。

三棒鼓艺人中有许多技艺高强者，如龙山县艺人刘玉林（1884—1960），长期活跃于湘、鄂、川、黔的毗邻地区，深受群众欢迎；邵阳的刘光裕（1902—1960）艺名向九，他能边唱边抛耍7把柳叶刀或手耳刀，20世纪30年代至40年代，他曾去广西、广东、湖北等地行艺。石门的杨光泮（1904—1969），不仅能耍刀，而且能"云中抛球"，即在演唱短篇曲目时，将一篓鸡蛋左抛右接，从不失手。桑植艺人宋仁祥（1926—1984），于1947年春节期间，与张久云、向生槐三人参加桑植、永顺、龙山三县三棒鼓比赛，三人同耍12把刀，获得主办者给予的最高奖励——一匹红绫。

据不完全统计，艺人抛耍刀棒的套路有30余种，其中最常见的有16种：金钱吊葫芦、挽纱、纺棉花、弹棉花、织布、老鼠跳墙、浪里捡柴、姑儿梳头、白马现蹄、麻雀闹宫、雪花盖顶、冲天炮、砍四门、螃蟹抱儿。三棒鼓技艺的高低主要见于抛耍刀棒的水平以及"见子打子"（指即兴编唱词）的能力。

三棒鼓演唱的曲目短篇居多，其中有不少是"见子打子"的即兴创作。中、长篇的曲目据不完全统计有《赵五娘》、《杨家将》、《梁山伯与祝英台》、《三打华府》、《芦林记》、《鸿雁传书》、《韩湘子》、《陶澍访江南》等30余部。

三棒鼓虽有很强的技艺性，但旧时只是一种乞讨的手段。中华人民共和国成立以后，它才作为一种文艺形式被搬上舞台，并且还参加了县、地区和省级文艺汇演。其中刘光裕曾在1956年参加原邵阳地区民间艺术汇演，获一等表演奖，湖南省农村群众艺术观摩会演，二等奖。桃江鲊埠回族艺人李石泉，享誉益阳、桃江、安化等地。1956年11月，他在长沙参加了全省农村群众艺术观摩汇演，所表演的《社会主义好》获一等奖。已授徒10多人，活跃于湘中一带。1981年，汉寿高德友与妻子、儿子，三人同台表演的三棒鼓参加常德地区首届曲艺调演暨湖南省曲艺工作会议，获省、地级表演、创作一等奖。大庸艺人丁祖训，技艺超群，他表演的"冲天炮"，高达八九米，令观者惊叹。20世纪50年代之后，他新创"扭秧歌"、"练刺杀"、"军队下操"等10多个套路，到80年代中期，已授徒20余人。

### （六）跳三鼓

跳三鼓流行于常德、安乡、华容等地。源于悲丧鼓。艺人宋仁宗、沈国清等说，因为三人表演，所以叫"跳三鼓"；也有人说，因为"丧"字不吉利，故谐称"跳三鼓"。据艺人李耀中介绍，这一曲种形成于清代，原称为"悲伤鼓"，奉庄子为师祖。历代艺人开堂演唱时都念这样一段开场白："想我严师庄子，鼓盆为妻吟唱，敲起悲伤鼓，留下醒世之章。"

据湖北石首县李月清说，清末民初，他的师傅袁为寿（1892—？）在湘鄂边境地区很有影响，与公安县郑家盛，华容县张大春，被群众称为"三鼎甲"。袁为寿曾带领弟子刘兴拓、曹良美、梁中桂等对悲伤鼓进行了四个方面的改造：一是把独鼓伴奏改为一鼓两钹伴奏；二是把一人掌鼓的坐鼓清唱改为三人伴奏，唱跳结合的表演形式；三是要求演唱人员具有口才、文才和人才（即一表人才，长相身材好）；四是把演唱内容进行了扩充，唱四书五经，号称"八股文章唱三股"。经过这两代艺人的改革，"悲伤鼓"成了三人伴奏、三人演唱、"三股"唱文、"三才"艺人表演的"跳三鼓"，一直流传至今。

袁为寿的第三代传人郑启焕、徐鼎鉴、龚兴岩等，在继承和发展师辈艺术的同时，又提出了"三句起，四句落，七句八句不算多，切记莫唱六句歌"的演唱要求和"三句头，四句尾，表演不离桌子腿"的演唱原则并规范了"一大一小"的演唱内容（"一大"即老五本：《二度梅》、《琵琶记》、《三元记》、《梁山伯》、《朱砂印》；"一小"即《八大江湖》、《十大名》等小段曲目）。

中华人民共和国成立之后，第四代艺人李耀中、赵志中、周文明等人，把"接鼓"（主家接唱或义务演唱）改为"卖鼓"（收费演唱）；把"文鼓"（只唱不表演）变成"武鼓"（边唱边表演）；把"悲鼓"（只为丧事而唱）变为"寿鼓"（祝寿）和"喜鼓"（为婚事而唱），使跳三鼓走出了村，打破了县界，进了茶馆书社，登上了舞台。文化馆干部、业余爱好者与艺人合作，创作了《歌唱雷锋》、《歌唱肥帅》、《海上捉飞贼》、《双车缘》、《黄山四季美》等一批新曲目。十年动乱时期，跳三鼓被当作封建迷信遭停业演出。十一届三中全会以后，第五代艺人宋仁宗、郑永典、王业余等挖掘整理出40多个曲目，培养了宋仁元、曾小凡、陈孝益等第六代艺人。

1981年，由安乡县文化馆组织的曲艺队参加常德地区民间曲艺调演，宋仁宗、郑永黄、宋仁元演出的新编跳三鼓《螳螂大战蟠桃园》获演出二等奖，词作者、曲艺干部谌天喜获创作一等奖。

跳三鼓以唱为主，间有少量"念、表、白"。无论是中长篇，还是短篇，它的音乐都由唱腔和钹鼓点子两部分组成。其基本结构为：开台钹鼓点子（即前奏）—三句唱腔（即三句头）—间奏钹鼓点子—四句唱腔（即四句尾）—尾奏钹鼓点子。

前奏、间奏、尾奏的钹鼓点子都是一板一眼，其小节的多少较自由，一般根据曲情的需要取舍，由一二十小节组成。

"三句头四句尾"是指由七句组成一段，唱词首句押韵，一韵到底，前三句与后四句之间，加进间奏钹鼓点子的一种特有的演唱形式与结构原则："三句头"，即将一个乐句作两次变化重复，组成一段，艺人称"三句头"。"四句尾"，即四句唱腔为一段，即将第一乐句作三次变化重复，使四个乐句组成一段，艺人谓之"四句尾"。"三句头"、"四句尾"可单独构成一个手段，也可再配上多段唱词作随意的多次反复。

艺人们称曲目叫"丁头"或"盘歌"，跳三鼓的曲目分正书、散歌两种。正书篇幅较长，情节比较复杂，有《五娘上京》、《秦雪梅吊孝》、《红石岭》、《山伯访友》、《杏元和番》、《朱砂印》6本。散歌情节较简单，篇幅也较短小，有《上江景色》、《下五府》、《下江南》、《八大江湖》、《王婆骂鸡》、《秋江河》、《卖麻糖》等。上述曲目都是"铁本"，即有文字可查的唱本。另外还有一批"水本"，即由艺人"见物起兴"、"见子打子"所创作的口头文学段子。但不论是"铁本"还是"水本"，都必须按照"三句头四句尾"的原则来结构。据不完全统计，跳三鼓约有四五十个曲目，其中大本（正书）21个。

跳三鼓音乐如上所说，由七个单乐句构成一个乐段。其曲调被艺人称为"无名曲，自来腔"，曲调与语言紧密结合，其唱腔调高随演唱者的嗓音而定，艺人称为"以字行腔、以声定调"。跳三鼓的音乐属五声音阶，多数为羽调式，也有少数徵调式。

跳三鼓唱腔中的【大开门】、【小开门】、【小锁尾】、【大锁尾】、【悲调】、【欢调】、【平调】等基本唱腔原来是指各种唱法，现已演化为唱腔曲牌名字。【大开门】与【小开门】原是指"三句头"的第一句拖腔。拖腔拉得长叫【大开门】，拖腔唱得短时叫【小开门】。【小锁尾】与【大锁尾】指每一乐句最后的拖腔，拖腔短小为【小锁尾】，如【欢调】《梁山伯》中"再唱英台路上走哇"一句唱腔。拖腔长为【大锁尾】，如【欢调】《梁山伯》最后衬词的拖腔部分。【悲调】、【欢调】与【平调】原本是指"四句尾"的第三句收尾处，如用哭腔拖腔，称为【悲调】，如用欢快的曲调称为【欢调】，如用平直的曲调称为【平调】。

跳三鼓可坐唱，也可站唱。三个演员三面鼓或一面鼓配两副钹，摆成"品"字形或三角形，三人围方桌进行表演，以东方后桌角为鼓位，也称大首，桌前为歌口，是客师（对主唱者的尊称）或掌坛师傅的位子，西方桌前角为伴唱者的位子。表演时，辅以形体动作，演员的表演区域限于方桌四周一米以内。艺人称为"两步直，一步梭，回回不离桌子角"。在表演服饰上将原来的道士服改为长袍礼帽，现在又发展为时装。艺人们说："三鼓本是一阵风，来无影，去无踪。钹子本是两块铜，筷子好比两条龙。鼓儿咚咚开口颂，生旦净丑在其中。喜怒哀乐重表情，唱做念打要慎重。三鼓本是小玩意儿，放下只四两，提起重千斤！"

跳三鼓是深受群众欢迎和喜爱的曲种。

## （七）渔鼓

渔鼓源于道情。渔鼓又名道情、道情渔鼓或渔鼓道情，也称渔鼓演唱为打渔鼓唱道情。

湖南约于晋太康元年传入道教，道情之演唱在一些文献资料中有记载。明末清初，衡阳籍的文学家、思想家王夫之（1619—1692），曾于清康熙十年（1671）仿元末明初湖北武当山名道士张三丰（道教中称他为三丰真人）作的《四时道情》、《五更道情》、《无根树》等体裁，托丹道修养之说，戏作《愚鼓词》27首，借以抒怀。愚鼓系渔鼓之谐声。王夫之所称《愚鼓词》是"晓风残月，一板一槌"而唱的道情词，其称愚者，藉以谐声，亦自谦也。

渔鼓在湖南民间流传，有些史料曾提及，清同治本《安仁县志》有载："县境渔鼓演唱，一曰源于元代鼓板，二曰明代弹唱。"

清光绪年间，湖南花鼓戏盛行。该剧种中的《韩湘子》一剧，在民间妇幼皆知。主人公韩湘子道士打扮，手执渔鼓简板，主要唱腔称渔鼓调。在《四姐下凡》一剧目刻板中载有："张四姐唱【渔鼓调】。"可见这时"道情"，一词已渐为"渔鼓"一词所替代，或是二者同时并用。在民间，人们还常称这些民间艺人为"打书"的。

渔鼓或道情原为一人立唱或坐唱，演唱者左手臂斜抱渔鼓筒于胸前，左手指夹简板敲击筒身，同时左手还夹一面钹，右手拇指与食指夹一竹签敲击钹边配合中指、无名指、小指拍击鼓膜，边唱边击，敲击出"嘭、嚓、打"声以作伴奏。还有的艺人用月琴或二胡随腔伴奏，并由一人演唱变为双人演唱或多人演唱、多人走唱、坐唱或表演唱等多种形式。

过去，渔鼓道情多为民间艺人在城镇乡村说书乞讨或是在茶馆酒楼坐堂说唱。中华人民共和国成立以后，20世纪50年代初期起，由各地文化主管部门及文化馆、站相继举办了各种类型的民间艺人学习班、盲艺人学习班等，并成立了民间艺人管理委员会。在文化部门的支持下，各地相继建立了一大批自负盈亏的班社组织及相对固定的演出场所。如澧县大堰垱茶社，从20世纪50年代以来，涌现出一批优秀艺人，如艺人周子房，一直在这个茶社里坚持演唱了几十年，他深受群众喜爱，并多次在省市比赛中获奖。在文化部门的扶持下，在全国和全省历次文艺汇演中也涌现出的渔鼓新曲目，反映历史和现实生活题材的、反映兴修水利的、唱土改及各个历史时期出现的新人新事新风尚、新道德的曲目层出不穷。尽管文化大革命的封杀也没能阻止住他们的演唱，笔者在这一期间，就曾多次听过民间艺人们在澧县、临澧、津市茶馆酒舍里聚众较为隐蔽的演唱。1976年以后，戏曲等传统文艺开禁，艺人们纷纷由隐蔽活动走向公开，李金楚、周子房等一批艺人又重持旧业，以演唱鼓书为生，登上说书台。

20世纪80年代初，澧县文化部门对民间艺人进行登记造册，并连年举办鼓曲艺人鼓曲节目汇演，培养和扶持了不少渔鼓艺人。在湖南省庆祝建国30周年文艺创作评奖活动中，常德地区演出的《连心》（彭信理词）等节目分获二、三等奖。在全国大学生文艺汇演中由常德师专学生卓卡玲等演唱的渔鼓《不改行》

（符志华词）获一等奖。特别是20世纪70年代末，常德渔鼓《找妈妈》还被搬上了银幕。常德渔鼓《找妈妈》的出现，在曲目创作、音乐唱腔、伴奏乐器、演出形式等方面都作出了较大的创新与变革。

渔鼓，包括常德地区的渔鼓，有长篇、中篇、短篇曲目不计其数。艺人可根据各种民间传说故事读本自编自唱新曲目。常德的渔鼓是用常德方言来说唱故事的，常德方言属北方官话西南方言。艺人们在渔鼓说唱中讲究以字行腔，腔随字走，腔依情生，为适应演唱长篇曲目，艺人们常仿戏曲声腔的板式变化发展手法，在传统曲牌体的基础上，渐渐发展，不断完善各自的唱腔。如由【老江调】衍变派生出的【云腔】、【怒腔】、【欢腔】、【悲腔】、【娘娘腔】等，由【平腔】派生出的【二流平腔】、【花腔】、【悲调】、【软腔】等，由【道情腔】和【四平腔】变化出的【道情本腔】、【道情乐腔】、【怒腔】、【神腔】、【悲腔】、【哭腔】、【阴魂调】等，由【正腔】衍变出的【怒腔】、【散流调】、【垛板】等。

渔鼓的唱腔大多为一板一眼，在表现柔和抒情或哀怨时，也采用一板一眼，在表现愤怒的情绪时，又可用有板无眼的【垛板】(【垛板】也称为【快板】、【连板】)，为表现惊奇或悲切情感时，也可用【散板】。

渔鼓多为羽调式、宫调式和少量的徵调式。在不断的衍变中，【云腔】虽源于【老江调】，但因为它糅合了一些丝弦曲调和旋法，所以更显柔和抒情。

渔鼓的词格多为七字句与十字句。七字句有"二二三"、"四三"与"三四三"三种常用句式。十字句分为"三四三"、"三三四"两种。句法结构上，十字句多为两句一联，七字句为四句一联，都按方言平仄规律，合辙押韵。在首句就起韵，单句（上句）用仄声字，双句（下句）用平声字，这种押韵方法，艺人称为"节节高"。句句押韵的手法，则称为"楼上楼"，这种手法在十字句的渔鼓唱词中常见。

渔鼓的传统曲目，因语言音调、地理环境及艺人的喜好以及观众的欣赏习俗等因素而不同，其音阶、调式、旋法呈多种多样的形态。目前最具代表性的有沅水、澧水两大流派之分。常常能看到同曲不同工、同工不同曲的状况。

渔鼓是以唱为主，兼有说的曲种，艺人们常以"大传"、"小记"、"私访"三类来划分渔鼓曲目。渔鼓曲目都注重用生动的语言和音乐描述来反映内容，通过作品抒发内心情感，寄托理想和愿望，不少优秀作品都给听众留下了难以磨灭的深刻印象。

综上所述，传承非物质文化遗产，弘扬鼓书艺术，我们任重而道远，还有许多工作要做，当前，至少要看到以下四点：第一，以上7个鼓书曲种都是本地的非物质文化遗产中的曲艺音乐项目，它们都是"以说、唱为手段来状物写景、倾诉感情、表达故事、刻画人物的一种独特的艺术形式。它同民歌、戏曲音乐、民间器乐曲一样，是中华民族绚丽多彩的传统音乐文化的重要组成部分"（摘自孙慎先生《中国曲艺音乐集成》总序），就此，我们必须要站在一定的高度，全方位地整体地来审视它、研究它；要从各方面去揭示生活，努力创编出更多的"三贴近"的多种体裁、多种形式、多种风格的鼓书作品；要熟练地驾驭不同的体裁形式，创作出更多的生动的人物形象；要让这些曲种始终立于民间艺术之林，始终充满活力，更加绚丽多彩。

第二，虽然以上各曲种的源流、艺术特征和风格特点以及衍化过程是各具特色的，但相同的是，它们在当前的大环境之下，不仅没有消亡衰落，反而更加婀娜多姿，更加繁荣、多彩，这关键在于它们与平民生活息息相关，在民间占有市场，占有观众，还有不少的"鼓书迷"（粉丝），这是润化和让它们赖以生存的土壤，这是一个值得研究的课题，我们有责任做好引导、扶持工作，要继续保护好这方土壤和阵地。

第三，鼓书的历史代谢是在民俗文化、民俗活动的实践中完成的，衰落、消亡；改革、创新；繁荣、发展，新陈代谢是它发展的必然规律，我们要更进一步顺应时代的变化，历史的变迁，要让更多的年轻人接受它、喜欢它，并加入我们的表演、创编、教学、研讨行列，要让我们的鼓书艺术后继有人，薪火不断。

第四，曲艺理论研究与其他姊妹艺术，与民俗学、哲学、史学、美学、艺术学、民族学、心理学、社会学以及数学、音响学、音像学等学科都存在着不同程度的密切联系，对鼓书的认识与研究，还有待于我们大家一起继续努力，团结协作，继续不断地去做好多角度、多学科的探索，为它锦上添花。

（作者为常德市文化馆研究馆员）

# 常德"鼓书"为何长盛不衰

陈文双

传统艺术门类在当下社会的边缘化已成为普遍现象，戏剧、曲艺备受冷落更是人所共知的文化难题。很多优秀的戏曲形式都曾盛行一时，但在面对现代生活和各种新生文化事物的冲击时，处于弱势地位，逐渐在大众视野中淡化，陷入岌岌可危的境地，更多的小型民间曲艺，放眼看去，一片衰败凋零的气象，生存状况惨不忍睹，以致消失的不在少数。常德"鼓书"作为一种地方性曲艺，在这种大环境下不但没有丝毫衰败，反而萌发出全新的生命力，各类演出活动如火如荼，拥有稳定的受众，社会市场持续扩大，这一"反常"现象应引起更多的关注和思考。

常德"鼓书"之所以能在逆境中生存，化阻力为动力，得以长盛不衰，我以为以下三个因素至关重要。

## 一、善于自我创新，谱写时代之音

常德"鼓书"和其他地区的鼓类艺术一样，有着自己的历史传统和独特风格，但它的程式并不是完全固定的，极具灵活性和包容性，和很多过于呆板的曲艺形式相比，它更依赖于艺人的个人加工和临场发挥，不论是形式还是内容，常德"鼓书"都有极强的可塑性。它的这一特点,也赋予了它以演化、变通和造血功能。

常德的"鼓书"说书已有三四百年的历史,如今内容仍然有传统部分,如古典民间爱情故事、三国、说唐、帝王将相之类,但在更多的演出场所,艺人们不断创作出新的作品,改变着它的演出气氛。常德"鼓书"之所以能在当地大受欢迎,就是因为这些作品贴近生活,贴近时代,反映了当下百姓生活的喜怒哀乐,听书人听的是人间百态,其实也在烛照个人的内心世界,能引起观众的思想共鸣。常德"鼓书"很多作品直接取材于新农村建设、网络信息时代等内容,这在其他传统曲艺里是很少见的。

白居易进行文风改革时曾提出"文章合为时而著,歌诗合为事而作",这一观点适应于一切现实主义作品,只有那些结合当下,反映现实生活,敢于自我创新的作品才能真正打动人,才具有强大的艺术生命力。被奉为中国现实主义文学源头的经典作品《诗经》,就是最好的例子,其中最有价值、最有生命力的部分,不是反映民间疾苦的内容,就是那些表达人们追求美好生活和爱情的文字。"流水不腐,户枢不蠹",艺术的变与不变,是相对的,敢于创新,才能真正使其永葆活力。传承传统文化不是简单的死守,不是所谓的"守株待兔"、"闭关锁国",从这个角度来说,顽固不化的死守是一个伪命题,只会阻碍传承,而真正的传承应是发展。先进与落后是相对的,有些艺术形式,在当时是先进的,前辈艺术家通过创造活动推动了艺术的发展和形成,使其有了至高无上的艺术地位,可随着时代演变,周边的环境发生了变化,以前的先进可能成为落后,传承自然也就步履维艰,即便是很多名剧、国粹也难免落入尴尬的境地。当初前辈们敢于融汇创造,如今我们难道还要用"继承传统"的借口,墨守成规,望而止步?

一门有远大前景的艺术,不论是外在形式,还是内容都应该是开阔的、包容的。常德"鼓书"虽是一个地方性小艺术种类,广大的从艺者们却清醒地看到了这一点,在继承传统的基础上,不断创新,使其注入新的时代因素,用作品说话,与时俱进,谱写时代之音,这让它的发展比很多处在"尴尬状况"的名剧都要显得有活力得多。

## 二、谋求身份认知，提升文化地位

常德"鼓书"目前的社会认知度和文化地位，不是短期内形成的，更不是政府强制出台一个什么政策便一蹴而就的。它是由无数艺人，经过艺术创造与追求，在政府的积极引导下逐渐形成的。

"鼓书"艺术最初流行于沅、澧两岸，形式单一，内容单薄，从业人员的社会地位更无从谈起，处在生活的最底层，为谋求生活常常受人白眼，在那种情形下说能有多高的艺术水准无疑是自欺欺人。步入新时期后，在政府的倡导下，尤其是后来连续举办的"'鼓书'大王擂台赛"，使广大"鼓书"从艺者催生了文化自觉，他们主动提高自己的文化水平和艺术眼光，再也不是先前那种放任自流的状态。

艺人们将过去存在的那些粗糙、鄙陋、落后的东西逐渐去除，不再一味迎合庸俗之趣，追求雅俗共赏，在阳春白雪和下里巴人之间找到了很好的结合度。

"仓廪实而知礼节，衣食足而知荣辱"，到目前为止，常德"鼓书"经历了叫花子—"鼓书"匠—民间艺人三个发展阶段，经过近400年的锤炼，早就不是用来乞讨的一块"敲门砖"，而成为了当地不可缺少的文化组成部分。"鼓书"艺术水准的提高，直接带动了艺人社会地位的提升，他们也不再怀揣文化自卑，广大群众也不再用等而下之的眼光看待他们，艺人们用自己的劳动和创造在社会上占有自己的一席之地，这些变化让常德"鼓书"处在了一个很好的社会位置上。

## 三、培植后继力量，引领艺术风尚

曲艺类项目传承的最大制约是人才凋零，青黄不接的现象十分严重，很多项目需要强制开班、强制培训才能提供新鲜血液。在前面两大基础上，如何培植后继力量这一传统曲艺形式最大的难题，对常德"鼓书"来说，也就不存在了。

常德"鼓书"在这方面确实是令人欣慰，令人振奋的。目前，常德"鼓书"的从业者，几乎都是自发性，根本不需要刻意发动，专门开班培训。老一辈艺术家长期活跃在各种活动中，中青代力量非常稳固，新人辈出，尤其是近年来，涌现出了很多优秀的年轻艺人，使得从事这一艺术的队伍不断年轻化，有不少"80后"、"90后"也纷纷参与其中，呈现出薪火相传，活力非凡的大好局面。其中，连续举办的"'鼓书'大王擂台赛"又起了推波助澜的作用，新老艺人同台献艺，切磋技艺，新人新作不断涌现，让人眼前一亮，很多反映时代气象的优秀作品在群众中产生了很好的反响。鼓王赛的举办，对推进"鼓书"艺术的发展和传承，起到了桥梁纽带作用，从这里也能看出，政府在对"非遗"和民间艺术的扶持应采取适宜的科学方法，才能产生持续推动力，而不是出台简单的政策或经济投入。

在常德目前的各大活动中，"鼓书"艺人中的年轻后继者，已经成了群众文化的生力军，引领着艺术风尚，这让当下的基层群众文化活动，呈现出一种可喜的新走向，对构造社会主义先进文化无疑大有裨益。

常德"鼓书"在当地百姓的眼中，既保持了传统魅力，又散发出鲜活的时代气息，已经成为常德本土不可或缺的民间艺术，在群众业余文化生活中扮演了特殊的角色。

从以上三个方面不难看出，常德"鼓书"这些地方性很强的民间曲艺形式，之所以健康地发展，是有据可循，有理可依的，揭示其内在规矩和原因，无疑能为开展好其他"非遗"保护和传承起到借鉴意义。

（作者为常德市文化馆馆员）

# 浅析渔鼓《武松大闹观音堂》的声腔特色

刘 尉　刘智高

常德的渔鼓是民间流传、历史悠久、魅力独特、获奖众多、影响广泛的地方曲艺，是中国曲艺门类即渔鼓道情在南方的一个支脉，它分布在湖南境内的沅水流域和澧水流域，在湘鄂周边地域传播延伸，明代由"道情腔"传入常德，"道情腔"和常德方言、本地民间音乐相融合，形成了具有鲜明地方特色的常德渔鼓。它经历了由自娱至娱人、从农村至城市、从田间至茶馆、由半农半艺至职业从艺、定居从艺至流动从艺的过程，经历代传承，至今已有400多年的历史。现为常德市非物质文化遗产保护项目。

《武松大闹观音堂》是民间广泛流传的传统渔鼓书目，故事情节由渔鼓艺人们虚构，曲目短小精湛，经代代艺人耳口相传，繁衍至今，家喻户晓。故事叙述打虎英雄武松在观音堂怒打欺压良民、无恶不作，且聚众赌博的十个恶霸，歌颂了武松铲恶除害及扶弱济贫的本质特征。

笔者有幸观摩了渔鼓《武松大闹观音堂》的演出，由常德市非物质文化遗产渔鼓传承人刘昌会先生表演。此曲目2007年荣获常德市首届沅水流域鼓王擂台赛"金奖"，又将于今年10月选拔赴北京大学等地汇报献演，使我得到了向地方民间艺人学习的机会，出于对常德渔鼓了解的逐步深入，我体会有如下三个方面的声腔特色。

## 一、定格一腔，循环演唱

定格一腔，循环演唱，是指渔鼓表演者选择一种与曲情和语义相符的基本曲调，反复演唱该声腔的演唱方式。俗称"一曲多唱"。在众多的常德渔鼓曲调中，《武松大闹观音堂》选用【欢腔】支撑全曲，以【欢腔】贯穿始终，恰到好处。这是因为，【欢腔】是常德渔鼓的主要声腔，属板腔体结构，是常德渔鼓的基本调，俗称"母调"。它吸收了"道情腔"的主要音调和旋法，在长期的历史实践中，形成了旋律优美、节奏鲜明、朗朗上口的曲调，它宜欢宜悲，以表现热烈激动的情绪见长。

《武松大闹观音堂》选配【欢腔】循环演唱，不是简单重复使用上下句曲调，也不是机械地套用新词，而是根据情节需要，不断变革演唱方式，以达到表现人物感情，丰富演唱效果的目的。变革主要采用了变调性、变节奏、变旋律三种。（1）变调性，丰富色彩。如开篇4句为"书帽韵白"：七尺男儿性刚强，武松大闹观音堂，除暴安良行正义，英雄千古美名扬。紧接着4句唱腔：怀抱（呃那个）渔鼓（我就）走上（呃）场（呃），开言（的那个）便把（的咯）小书唱，话说（那个）武松拜师访友回家乡（呃），看望哥哥（这）武大郎（呃）。前4句韵白俗称"引词"，七字句齐言韵诵体式，向观众交代故事主题，后4句唱腔向观众交代人物、地点、事由。这是一段【欢腔】曲调，不规则的七字句式（衬字、嵌句），4/4节奏，羽调式，六声音阶。其行腔摆调，流畅舒缓，娓娓动听，韵味感十足。一、二句为【欢腔】正格曲调，围绕主音"6"设计旋律，上句尾音落角音"3"，下句尾音落羽音"6"，第三句"话说（那个）武松拜师访友回家乡"，衬字嵌句加词扩腔，旋律下滑，尾句落音为徵音"5"，f宫转入c宫，下四度转调，转调后旋律色彩鲜明，优美动听。四句开唱词在曲式结构上又巧妙地呈现"起"、"承"、"转"、"合"的特点，可见渔鼓的艺术魅力和表演者扎实的自编自演功力。（2）变节奏，紧扣曲情。故事叙述武松来到哥哥家中时，见哥哥满脸泪水满身伤，哥哥告诉武松在观音堂被十个恶霸抢光烧饼麻糖，打伤染病在床，武松怒火万丈，急赴观音堂寻找恶贼，此时所唱曲调（【欢调】）没有变，调式没有变，但节拍由【慢板】变为了【散板】，这种节奏形态的改变，既反映了武大郎苦恼无奈的情绪，又表现了武松疾恶如仇，为民除害的急切心情，若使用原节奏就显得苍白无力，情境分离。（3）变旋律，呈现节拍与终结音多样性。如上句："打他一个蛟龙来摆尾"，旋律八拍，终结音落角音"3"，"新来了十个弟兄称霸王"，旋律六拍，终结音徵音"5"，"舍命王的眼睛亮"，四拍，旋律干练，终结音落商音"2"，"上好皮子好几张"，旋律四拍，终结音落羽音"6"。如下句："那里来了一个小肥羊"，旋律八拍，终结音落宫音"1"，"称赞英雄武大郎"，旋律十二拍，终结音落羽音"6"。可见，渔鼓声腔有其规律可循，上句变换句末终结音后，形成了四种不同的声腔结构或旋律走向，下句变换句末终结音后，形成了两种不同的声腔结构或旋律走向。（4）说唱相间，搭配有序。如：武松白：哥哥，这帮恶贼实在可恶，我今天要为民除害，为我的哥哥报仇。唱："我要会会这帮狗豺狼。"武大郎白：二弟，去不得！唱："他们人多势力旺，个个本领都高强，虽然你的武艺好，孤身一人难抵挡。"武松白：哥哥，莫说几个小毛贼，唱："就是虎穴龙潭也要闯。"几句词曲，既运用"又说又唱"、"似说似唱"，又运用"半说半唱"的方法，三者有序搭配，十分得体，值得很好地向民间艺人学习。

## 二、多腔联缀，同唱主题

多腔联缀，同唱主题，是指渔鼓表演者选择多种曲调，表达与曲情或语义相符的主题，又称"多曲唱一"。《武松大闹观音堂》表演者十分高明，当故事叙述"武松行至观音堂见热闹非常，三个戏班把戏唱"情节时，就采用了多腔联缀的方法，"跳进跳出"叙述故事：表演者白（第三人称）："武松一路走，一路望，只见那中间台上唱的《甘露寺》，刘备东吴招亲，乔阁老唱道"：（第二人称）"刘备本是靖王后，汉帝玄孙一脉流。他有个二弟寿亭侯，青龙偃月神鬼皆愁。"右边台上唱的湖南花鼓戏《刘海砍樵》。唱：（第一人称）"小刘海，在茅棚，别了娘亲。"白：左边台上唱的京剧脸谱。唱：（第三人称）"蓝脸的窦尔敦盗御马，红脸的关公战长沙，黄脸的姜维，白脸的曹操，黑脸的张飞叫喳喳。"上述9句唱词采用三种声腔演唱，即常德汉剧声腔、长沙花鼓戏声腔、京剧声腔，丰富了曲调形式，反映了曲情所需，既渲染了观音堂人流如潮、热闹非凡的情景，又对武松的心情作了动中有静、静观其境的描述，为武松机智勇敢、深入虎穴、以暴制暴作了垫铺。上述多种声腔联缀成一个整体，流畅、完整、连贯、自如，同唱一个主题：即歌颂武松正义勇敢、除暴安良、为民除害的性格特征和济贫扶弱的可贵品质。

《武松大闹观音堂》多处运用"跳进跳出"的叙述手法，在演唱【欢腔】时，以第一人称、第二人称的口吻叙述，在演唱【怒腔】时，以第一人称、第三人称的口吻叙述，在模仿演唱汉剧声腔时，以第三人称的口吻叙述，在模仿演唱花鼓戏声腔时，以第一人称的口吻自述，在模仿演唱京剧声腔时，又以第三人称的口吻叙述。这种"一人多角"、"一人多口吻"、"跳进跳出"的叙述手法，正是常德渔鼓艺术特征所在。

## 三、音乐和语言的紧密结合

常德渔鼓集口头文学、音乐、表演于一体，用常德地方方言叙述故事，评说事理，深受当地民众喜爱，一个主要特点，那就是音乐和语言紧密结合。常德方言——常德话，属北方语系的一个分支——西南官话。常德方言形成与历史上移民相关联，常德方言形成历史久远。

常德方言与音乐的结合体现在以下几个方面：

一是唱词注重合辙押韵。常德渔鼓唱词分平仄，唱词往往为上仄下平，仄声往往为上句，平声必须放在下句，俗称"韵脚"，具有稳定作用。合辙押韵是常德渔鼓唱词的基本要求。有"十二个半韵法"之说，即"天、地、人、和、豺、狼、虎、豹、红、花、录、黑、儿"字韵，有"十三辙"之称，即"江阳、灰堆、姑苏、中容、了条、言前、一七、怀来、勒铁、波梭、发沙、由球、人辰"韵。《武松大闹观音堂》的唱词采用"江阳"、"由求"、"发沙"、"人辰"4种走韵方法，以"江阳韵"为主，中间穿插三个韵，收尾时又回到"江阳韵"，取舍十分恰当。突出了"江阳韵"词汇多的优势，彰显了宽韵的特点，易于与旋律交融。

二是使用衬字、嵌句，形成长短句，调剂语言节奏感，增强旋律美感。常德渔鼓唱词主体为齐言句式，后发展为长短句。这种对称的齐言句式的确具有规则的节奏感，但有时根据情节需要或完整表达语义，增添衬字、嵌句，形成长短句，不但能完整地表达语义，使口语富有节奏感，而且能使旋律更流畅、更优美动听，《武松大闹观音堂》以齐言句式唱词为主，长短句式唱词为辅，交替运用，值得肯定。

三是唱腔力求字正腔圆。一人多角，用自然真声发音，运用"丹田气"呼吸法，咬字吐词力求抑扬顿挫、高低起伏有致，唱腔讲究明亮清晰、依字行腔、字正腔圆。如"人辰韵"与旋律的结合，演唱方法讲究粗犷，唱出虎音，曲调采用快速【垛板】，旋律干练，唱出恶贼无力反抗和无奈的情绪。如"江阳韵"与旋律的结合，旋律简洁干练，腔随字圆，字领腔行。两者互为前提，水乳交融，相得益彰。

四是自己伴奏运用自如。该曲目由表演者"一人一张口，全靠自己动手"，根据人物与情节的需要，敲打出入情入理、天衣无缝的各种节奏形态，让人赏心悦目。

（作者为湖南文理学院教师）

# 浅谈"三棒鼓"对常德文化的特殊传承

周星林　谢春凯

三棒鼓,又称"三班鼓"、"三椎鼓"、"花招鼓"、"丧棒鼓"、"平台花鼓戏"、"三杖鼓"、"花鼓子"、"花鼓"、"打花鼓"等。三棒鼓属花鼓类,在全国各地都有流传,如湖北、湖南、安徽、江西、浙江、福建、广东等省区,以两湖地区为盛。著名歌剧《洪湖赤卫队》之插曲《放下三棒鼓,扛起红缨枪》中有段合唱:"身背着三棒鼓啊,流浪嘛到四方啊,想起哟往年泪汪汪,好不叫人痛断肠。身背着三棒鼓啊,流浪嘛到四方啊,鼓儿咚咚锣儿锵锵,含着眼泪去卖唱,好不叫人痛断肠。"这首歌曲使一直流传在民间的三棒鼓得以名扬四海,并且给人造成一种误解,以为三棒鼓是湖北独有的艺术形式。

地处湘西北的常德也是三棒鼓流行盛广的地区,我们几乎在今天的常德各区县市境内都能找到三棒鼓艺人的身影,三棒鼓文化现象是常德文化的重要组成部分,对常德历史文化的传承起到过较为特殊的作用。

## 一、形式简单,易于深入民间基层

三棒鼓历史悠久,相传产生于唐宋时期。《中国民间艺术大辞典》和《中国音乐词典》中"三棒鼓"词条有相似的描述:一种技艺性歌舞、曲艺。盛传于湖南、湖北等省。唐代有称"三杖鼓"的。宋代《乐记》记载："唐咸通中有王文举好弄三杖，打撩万无一失，近代民间犹尚此乐。"元代有"花棒鼓"，明代以来才始称"三棒鼓"。

三棒鼓是以一种技艺独特的走唱形式进行表演的，演唱不择场地，茶馆酒楼、街头巷尾、田间地头可随时随地演唱。春节刚过，第一批造访的客人往往是三棒鼓，艺人演唱着一些祝福、溢美之词，送上一个"财神"，满心欢喜的主人则回报以一个红包；红白喜事自然也少不了三棒鼓的捧场，特别是丧事，常德地区有哭灵、守灵的习俗，在长夜难熬的时辰，三棒鼓艺人往往是灵堂里的绝对主角。

三棒鼓的道具很简单，有鼓、锣、棒（或刀，甚至是火把）。表演者可以是单人，也可以有两人、三人打的（两人表演为常见）。演唱者不插道白，单人表演者自己抛耍三根嵌入有铜钱的鼓棒击鼓伴唱，并敲打挂在鼓侧的马锣。双人表演则一人同时丢棒击鼓并演唱，另一人敲马锣并伴唱，集唱、念、抛、打于一体，即一边唱，一边双手去接"三棒"，或一手握棒击鼓，另一手转回丢接另两棒，口中念唱不止，类似杂耍，花样繁多。尤其是换耍三把利刀（或镰刀、斧头等利器，以增强表演的刺激性）时，利刀在空中翻飞，反复抛接，高潮迭起，引人入胜。三棒鼓的唱词富有故事情节，也有即兴的，其中即兴的常以恭维、祝福之类为主，常夹带一些风趣的俏皮话，较多运用排比、顶贯、押韵等手法，颇具民间艺术风格。三棒鼓的技巧性强，表演时需要精力高度集中，用力适当，贯通一气，并与演唱者默契配合。

三棒鼓的表演是一种力量与技艺的融合，表演时，艺人们装束朴素自然，一切皆源于生活。三棒鼓的朴素的审美不仅体现在形式上，更体现在语言、形式、人物、内容等方面。常德三棒鼓在红白喜事上有较多使用，艺人们用随口表达对亡者的悼念，歌声凄戚，歌者动情，听者泣泪。而在红喜事的演艺上，三棒鼓则采用完全不同的曲调，用热烈的花鼓为一对新人送上美好的祝福。这些说明了三棒鼓所折射出的常德人对于生与死的态度。

口耳相传的民间文化，书面记载少，用通俗的花鼓形式表现民间文化的三棒鼓作为文化传承的有力载体，保留民间风俗和历史的同时，也大大传播了主流文化。

## 二、语言通俗，群众喜闻乐见

三棒鼓源自民间，它的大量剧目、唱词都是以通俗易懂、朴实简练，土话与韵白相结合的语言表达，群众喜闻乐见。很多唱词具有诙谐幽默的特点，给人们的生活增添了许多喜庆的氛围。例如有对围观的小孩调侃的唱词："刚刚敲响锣，来了一窝砣，就像母猪下地儿，个个黑脑壳。"有夸赞姑娘的唱词："我把眼睛澈（Sa），看到一姑儿，姑儿一对好辫打（Der），人人都爱她。"

面对观众席中个别捣蛋的顽童，三棒鼓艺人也能用巧妙的唱词引出笑声一片："哪家化生子，怎么这调皮？私麻雀儿打破蛋，不听走远些（Xi）。"

眼看天色已晚，三棒鼓演唱了半天还没有东家安排接待，艺人们风趣地唱道："打黑（He）就打黑，就到你家歇，十碗八盘少不得，还要接陪客。"

千百年来，沅澧流域流传的歇后语也在三棒鼓中得以运用和传播，如"三九天的萝卜——动（冻）了心"、"丝瓜瓢子落水——搞不成（沉）"、"外甥打灯笼——照旧（舅）"、"半夜里吹唢呐——哪里哪里（嗒嘀嗒嘀）"、"哑巴吃黄连——有口说不清"、"瞎子吃汤圆——心中有数"，等等。

## 三、内容丰富，与时俱进传承文化

三棒鼓集唱、耍、念、打为一体，具有娱乐、审美、宣传、新闻传播等众多特征。但随着社会的发展，三棒鼓的功能发生了一系列的改变。三棒鼓是古老的民间曲艺，同时也是传承传统文化的一种独特方式。三棒鼓承载着丰厚的历史信息，蕴藏着丰富的民族文化内涵。一直以来，三棒鼓体现了常德人民的宗教信仰、民风民俗、语言习惯、价值观念等，更重要的是体现了农耕民族特有的文化精神，并且延续着常德人民古老的艺术表达方式。

1. 民俗民风、经典故事的传承

常德三棒鼓是常德人民在其独特的人文环境和地理环境中创造的具有独特民族风俗的一种民间艺术形式，是常德人民在客观事物的审美过程中所持有的态度和看法。长期以来，常德因交通不便、经济落后等原因，使其文化很少受到外来文化的影响，保持了自己民族文化的原生性。其中常德土家族三棒鼓以其原始、质朴、乐观的处事态度，以民俗民风、生产劳动、宗教祭祀、文化生活等为主要内容，造就并养成了土家族崇拜祖先、相信梯玛、恪守禁忌、能歌善舞、团结友爱的民族气质和古朴民风。从土家族三棒鼓表演的内容上看，它不仅演唱一些有关春耕、播种、农事节气知识等方面的内容，像《目连救母》、《花木兰从军》、《孟姜女哭长城》、《陈木匠做官》、《梁山伯与祝英台》、《刘海砍樵》等脍炙人口的故事也时常在三棒鼓演唱中出现。

可惜常德地区的三棒鼓剧目尚未进行全面挖掘和整理。而同是洞庭湖地区的华容县（历史上曾经隶属于常德）对流行于该县的"番邦鼓"传统剧目收集为"三衫"、"九记"12部大型曲目。其"三衫"为《珍珠衫》、《白罗衫》、《拾罗衫》，"九记"为《戒子记》、《借儿记》、《双宝记》、《风筝记》、《六宝记》、《血书记》、《尅房记》、《柜子记》、《合同记》。我想，在开展非物质文化遗产保护的文化生态下，对于常德地区三棒鼓传统曲目的整理，应该不是一件困难之事。

除了传统曲目，三棒鼓还演出一些现代故事，如《社会保险好》、《婚育新婚进万家》，等等。常德三棒鼓的唱词既雅致又通俗，能够反映常德人民的生活。例如表现祝贺新婚的三棒鼓："门前喜鹊叫，牧童吹玉箫，洞房花烛是今朝，特意把喜报"；又如表现日常生活的三棒鼓："清晨起了床，烧火进灶膛，围住弄饭好快当，一天上坡忙"；又如宣传计划生育的三棒鼓："少生与优生，铲除旧灵魂，生男或者生千金，都是传后人。"

2. 传统美德的传承

三棒鼓艺术蕴含着丰富的伦理资源，能在演出过程中发挥道德教化的功能，传承中华民族传统美德。当三棒鼓在农村、城镇演出时，传统唱本能通过说唱的艺术形式使人民群众熟悉历史，了解传统文化，了解人情世故，并接受伦理道德的劝惩教化。有的唱本是通过故事内容含蓄地表达善有善报、恶有恶报的主题，有的唱本是通过唱词直接表达了劳动人民这种朴素的人生观。

（1）《十月怀胎》（作者：佚名）

常德三棒鼓剧目《十月怀胎》，唱词真切感人，讲述了母亲十月怀胎和养育子女的辛劳，并教育子女要孝顺父母，具有深刻的教育意义。"怀胎正月正，姐儿不知情，好比水上泡浮笋，浮笋未生根；怀胎二月二，姐儿脸皮薄，手酸脚软步难挪，怀胎真难过；怀胎三月三，茶饭不想沾，只想酸梅口中含，度日如过年……孩儿生下地，全家都乐意，全家老少都欢喜，当作活宝贝。连忙洗上床，一尺两寸长，移干就湿娘哺养，窝在娘身旁。睡在摇窝里，跟儿喂奶吃，尿一泡来屎一堆，娘总都不嫌弃。若是哭一声，跑都跑不赢，抱起么儿还啾一阵，当作命肝心。……除天就是父母大，要当作活菩萨，就是那讨米的穷叫花，莫忘爹和妈。父母的美育恩，恩情比海深。人人都要孝双亲，不要忘根本。"这样的剧目对于传承孝文化具有重要的意义。所以，常德三棒鼓艺术通过其唱本所书写的积德行善、忠孝节义等道德故事，为民间社会风俗的宣传教化，传统美德的传承提供了最好的道德文本。

（2）《刘海砍樵新唱》（作者：罗先明　肖国芳）

《刘海砍樵新唱》改编自常德本土的神话传说，表现了刘海和狐仙胡秀英之间感人至深的爱情故事。古时候，常德城武陵区丝瓜井旁，住着刘海母子俩。刘母因思念亡夫，哭瞎了眼睛。刘海非常勤劳孝顺，天天上山砍柴，奉养老母。在刘海砍柴的大高山、小高山一带，住着一只多年修炼的狐狸精，她炼成宝珠一颗，含在口中可化身人形。此时她已成半仙，若再修炼几百年，便可成仙上天。她非常敬佩刘海的为人，就起了思凡之心，取名胡秀英，执意要嫁给刘海。但是憨厚朴实的刘海，怕连累胡秀英受苦，几番推辞，后见胡秀英一片真心，才答应与胡秀英成亲。成就了一段美满姻缘。这样一个爱情故事在表现爱情的同时也传达了一些朴素的价值观：重情义、重孝道、轻名利、轻富贵，追求超凡脱俗的人间爱情生活。

憨厚朴实的刘海面对美貌的胡秀英的表白心声疑惑："望着娇美人，刘海生疑问？眼前美女虽娇媚，头脑只怕有些笨。不去攀高官，不把富豪亲；不向俺家要彩礼，不问学历和出身……此事只应天上有，人间哪有这好事情。真是做梦娶媳妇，打死我也不相信。"

但是真诚的胡秀英立即打消了刘海的疑惑："人间虽悲苦，真情胜仙境；哥哥孝心尤可敬，感动天地神。哥虽身贫贱，心善惹人疼；荣华富贵过眼云，真情赛黄金。怜你劳作苦，疼你无人亲，敬重你这好男人，爱你有孝心！"

这样的故事在当今社会依然有其存在的意义，它所宣扬的朴素的价值观依然值得人们学习。

3. 先进文化的传承

三棒鼓虽然来自民间，与广大人民群众有着密切的关系，艺人们在传播传统文化的同时，反映时代发展、社会进步的唱词也时有体现。2005年，国家开展非物质文化遗产保护以来，各地加强了对流散在民间的文化艺术项目的申报和保护，三棒鼓已经成为湖南省多个区县级"非遗"保护项目，龙山县以"湘西三棒鼓"名义于2009年成功申报为湖南第二批省级"非遗"保护名录。2011年，湖北宣恩县申报的"宣恩三棒鼓"入选第三批国家级"非遗"保护名录。如前所述，常德地区同样也是三棒鼓的盛行地区之一，尽管没有抢先一步获得"省级保护"和"国家保护"，但是，在沅澧大地上，三棒鼓仍然拥有广泛的群众基础，几乎各区县市都有一批三棒鼓的从业者。在2012年以来开展的常德"百团大赛"中，三棒鼓再一次走出村寨，登上百姓大舞台，催生了不少优秀的创新作品，《赞龙阳》（作者：郭宇波　高绍红）就用三棒鼓的艺术表演形式，赞美了家乡的巨大变化："锣鼓咚咚敲，龙年已来到，春回大地人欢笑，神州乐舜尧。挥舞三根棒，欢庆唱龙阳，改革开放谱华章，一派新气象。宽广龙阳道，沅水架金桥，贯通南北一步遥，霓虹花枝俏……招商引资好，贸易聚财宝，中联重科来筑巢，雄踞太子庙……"通过这样一个剧目表达了人们在龙年到来之际满心的欣喜，字里行间充满了对家乡龙阳的热爱。

又如童梓的《新来的局长》："我鼓架子一散绑，敲锣打鼓响叮当，今天不把别的唱，专门唱一唱新局长。新来局长真不赖，名字叫做郝可爱，精神焕发正风采，不惑之年有气派……有段故事真感人，剧团有位老艺人，失去老伴好伤心，孤望空房泪淋淋。大年三十已临近，郝局又来串户门，看到彭老好心疼，赶忙安慰认娘亲。发现厨房无肉影，看着老人心难静，急忙回家来商定，妻子也是个大善人。连夜开车到彭家，夫妻同把腊货拿，鱼肉油米几大扎，真情感动了彭妈妈……"这个段子赞扬了一个深入基层，关注民生的领导干部，反映了民众发自内心的感激和敬佩，生活气息非常浓郁。

此外，常德三棒鼓在社会主义新农村建设、人与自然和谐相处等内容上也诞生了不少力作。三棒鼓以其灵活的样式，生动活泼的方言演唱故事，宣传一些优秀的传统道德，同时也能宣传新思想、新政策，寓教于乐，也能记录真实，极大地丰富了人民群众的精神生活。

三棒鼓作为常德的非物质文化遗产，它体现了常德深厚的文化底蕴，以及某些历史阶段的社会形态，其价值不只在于三棒鼓本身的艺术性，最为重要的在于三棒鼓在历史、文化、道德、教育等方面的价值。因此，保护、传承三棒鼓，弘扬这一民间文化势在必行。三棒鼓原本就是民间艺人谋生的手段，一旦不足以养家糊口，他们只好放下三棒鼓，奔走他乡去打工。目前三棒鼓优秀的从业者都已老迈，一旦失去了这批老年艺术和老年观众群，再想将这门艺术发扬光大将会十分困难，所以我们必须加快抢救这一文化现象的步伐，努力扩大与深化其挖掘和整理工作，在继承传统的基础上，与时俱进，推陈出新，让三棒鼓这门古老的民间艺术形式在祖国文化大繁荣、大发展的新时代，放射出更加耀眼的光芒。

（作者为湖南文理学院教授）

# 试论湖南渔鼓的起源及其他

徐泽鹏

"人吃桑枣甜蜜蜜，蚕吃桑叶吐黄丝……"

小时候，懵懵懂懂的我钻进茶馆，刚听到盲艺人敲打着渔鼓，唱出这两句开场白，就被大人拧着耳朵轰出了门。

知道盲艺人唱的是渔鼓，那是认识字的我从茶馆门口黑板上的"节目预告"上得知的。从此，我不仅记得这两句渔鼓的"开场白"，还认识了渔鼓。同时，看到盲艺人左手抱着渔鼓筒，手拿着一只钹和简板；右手拿一支筷子，以手板拍打渔鼓筒，使其发出"嘣嘣"声时，还要用手指拿捏着的那支筷子去敲击那只钹，使其发出悦耳的金属声，时不时还要用左手敲击简板，发出有节奏的击打声，觉得那些盲艺人能双手并用，真的是太神奇了！

不成想，自己成年后，居然当上了文化站的辅导员，直接去管那些在茶馆里唱书的那些民间艺人。

时值改革之初，正是有关部门把外来的一些如"邓丽君的歌曲"、"交谊舞"、"三点式"视为"洪水猛兽"的"扫黄打非"之时。作为文化站的辅导员，自然是以身作则走在前面，结果，因为要取缔"抽彩头算八字"活动，把一些原来认识的盲艺人全都得罪了。思想起来，好不后悔！如若不然，我应该从盲艺人那里了解到许多传统的渔鼓唱本。

唱本没有了解，但因为工作的需要和学习，对渔鼓的起源、传播和传承多少有一点心得，现呈文如下。

## 一、渔鼓是先民艺术表现的活版本

渔鼓，又称为"道情"，在全国分布面十分宽广，且流传的历史也十分悠久。明末冯梦龙《醒世恒言》第三十八卷《李道人独步云门》，有一段这样写道：

> 那瞽者听信众人，遂敲动渔鼓简版，先念出四句诗：暑往寒来春复秋，夕阳桥下水东流。将军战马今何在？野草闲花满地愁。念了这四句诗，次第敷演正传，乃是"庄子叹骷髅"。

湖南省非物质文化遗产保护项目"九澧渔鼓"，在其申报书中，对"九澧渔鼓"的产生作了如下阐述：

> 据说在公元前2200多年，楚辞赋家宋玉在临澧"宋玉村"逝世后，他的门人弟子就地砍下竹筒，击打而歌，以悼亡师。
> 初唐时，艺人在竹节筒的底部用猪板油膜替代，敲击时发出"乒乒"声近似于鼓，又多为渔夫所好，被人称之为"渔鼓"。后来，又用蟒蛇皮替代。现在，由于保护野生动物，基本上用猪皮来替代了。

综上所述，我们已知渔鼓出现的三个时段：公元前、初唐、明末。其实，笔者以为，渔鼓的产生还可推至更远——

在前面明末冯梦龙《醒世恒言》第三十八卷《李道人独步云门》出现的"庄子叹骷髅"，是《庄子·至乐》中的一则寓言故事。

庄子（约前369—前286）比宋玉（约前298—约前222）早了近百年。

庄子在春秋战国的诸子百家之中是一个在生死观方面非常独特的人物，他的"箕踞鼓盆而歌",他的"叹骷髅",以及他的"梦蝶",表明了他是老子思想的继承和发展者。作为道家思想的集大成者,被后人称之为"南华真人",被道教隐宗妙真道奉为开宗祖师,视其为太乙救苦天尊的化身。

庄子既能在妻子死时"箕踞鼓盆而歌",自然也能去"叹骷髅"。怎么"叹"?自然是如同其"箕踞鼓盆而歌"那样,一边节奏感十分鲜明地敲击物什一边"叹唱"。"叹"者,因高兴、兴奋、激动而发出长声也。

以庄子"道教隐宗妙真道开宗祖师"的身份击打而歌而叹,自然被称为"道情","道情"者,"渔鼓"是也。

综上所述,不难推断,"道情"或"渔鼓",统统都因庄子而来。而庄子的歌唱,得益于出自西周初年(前1100—前600)的现实主义诗歌总集《诗经》。

因此说,渔鼓是先民艺术表现的活版本。它的的确确应该是起源于庄子。

在常德,如果澧水流域的湘北大鼓(孝鼓)用沅水流域的方言来唱,便完全没有了湘北大鼓的那种韵味。而如果沅水流域的常德丝弦用澧水流域的方言来唱,也失去了常德丝弦的那种韵味。唯独"渔鼓",用澧水流域和沅水流域的方言来唱均可,几乎没有地域差别。

两个流域渔鼓演唱所用曲调,大同小异,基本上如出一辙。

## 二、渔鼓是现实主义传播的先导

庄周化为蝴蝶,从喧嚣的人生走向逍遥之境,实为大幸;蝴蝶梦为庄子,从逍遥之境走向喧嚣的人生,恐怕是蝴蝶的悲哀。

由此可见,庄子的"梦蝶"、"箕踞鼓盆而歌",以及他的"叹骷髅",都表现出了他在人类生死观方面独特的视角。

生死存亡,从古至今,都是非常现实的一件大事。

以《庄子叹骷髅》为例:庄子带道童下山,途经淮安府盐城县,得知县尹为官有政绩,且仙风道骨,决定去探访。路遇一骷髅暴于荒野,又遭牧童鞭打,庄子施法术让其还阳。庄子以为,他让一个死去的人复活,活者应该对他是感恩涕零，不成想那骷髅还阳后，因生前为人所害，复活后反倒要求庄子替他返还生前财物，与庄子争执不下，一同来到县衙。面对着莫名的无奈，庄子只得让骷髅还原。县官得到点化，离家去终南山入道。

寓言喻义，实在是太广太深，在此笔者不再赘述。最起码，一个"人为财死，鸟为食亡"的问题是现实的。也正因为如此，《庄子叹骷髅》在历朝历代都久唱不衰。

"忠、孝、礼、义、廉"，作为处事为人的标准，自古为世人所道。因此，诸如《姜安安送米》《张安送信》《娘教女》《五鼠闹京都》等数不清的唱段，都是围绕着"忠、孝、礼、义、廉"做文章。

武松景阳冈打死猛虎后，当朝当即就有渔鼓艺人在茶楼酒肆，把故事编成唱本，说唱出来。

也正是有了渔鼓艺人本着现实主义的理念，长年累月地不断演唱，千百年来，为中华传统文化的传承，作出了他们不可或缺的一份贡献。

## 三、渔鼓是中华文化传播的轻骑兵

一只渔鼓筒，一只钹，一副简板，一支筷子。这就是一个渔鼓艺人演出的全部家当。装进一只长宽的布袋，背在肩上，靠着心记口传的演唱技艺，艺人们就可以跋山涉水，穿行于山村水乡，活跃于茶楼酒肆。一人敲鼓，满座噤声侧耳。为着生存，一本书可以唱上十天半月，乃至月余。

在所有民间表演艺术中，渔鼓是当之无愧的轻骑兵之一。

渔鼓且唱且说，较之"评书"和"数来宝"，渔鼓可以唱；较之常德丝弦、四川清音、祁阳小调，渔鼓可以说。对于一种介乎于说唱艺术之间的一种表现形式来说，渔鼓有着得天独厚的优势。

渔鼓所表现的曲调并不复杂，甚至可以说比较单一。也正因为它的"单一"，才方便原来的盲艺人的心记口传，所以以前唱渔鼓的盲艺人多，唱丝弦的则少。

渔鼓的曲调虽然单一，演唱时，除了有渔鼓筒的"乓乓"声，还有钹的点缀、简板的节奏，弥补了渔鼓曲调的单一，极大地丰富了渔鼓演唱的气场和氛围，比之其他演唱方式简单得多了。

我们仔细研究便不难发现，渔鼓与现代演唱艺术中的"RUAP"不相伯仲。以《武松打店》的开场诗为例：

大宋无道昏山河，好汉英雄举义火。
武松枷监把牢坐，充军大闹十字坡。

说书的人只要把念白时的语气稍加改变，就是活脱脱的"RUAP"。

纵观沅澧流域这些年开展的"'鼓书'大王擂台赛"，唱渔鼓的艺人寥若寒星，仅仅一两位渔鼓艺人在那里苦苦支撑。与"灿若繁星"的湘北大鼓演唱队伍相比，太过"寒酸"！如何培养后备人才，让"九澧渔鼓"这个湖南省非物质文化遗产保护项目得以传承，是为文化系统的一件要事。

（作者为常德市曲艺专家）

# 湘北地区孝鼓兴旺的思考

邓琳雅　邓贵午

湘北孝鼓在澧水中下游一带的发展目前十分兴旺，哪里有鼓声，哪里就有听众，不要说孝堂、茶馆人满为患，就是卖音响的店铺门口也是人头攒动，湘北人爱听孝鼓这几年尤其为盛。

湘北人爱听孝鼓，惊动了省文化部门、国家文化部门的领导、专家，他们纷纷来到常德，要看看这一古老的曲艺怎样焕发了艺术青春。

现在，不少民间曲艺在这里逐渐消失，如说鼓、渔鼓、常德丝弦等，为了抢救这些艺术瑰宝，国家拨了专款，成立了"非遗"组织。但真要这些艺术重新活跃在民间又谈何容易。唯有湘北孝鼓在兴旺发达，方兴未艾。孝鼓现象引起人们普遍思考。

## 队伍不断扩大

湘北孝鼓从业艺人队伍生生不息，目前，仅澧水流域鼓曲说唱职业艺人从以前的300余人发展到1000多人，且已经形成徒子徒孙三代的阶梯队伍，最年轻的万华建年仅9岁就已出道成名，年过六旬的老艺人金行文仍然炙手可热。邵丹、谢海平等中年艺人已挑起大梁。他们靠孝鼓发了财致了富，80%的艺人由过去的自行车、摩托车换上了轿车，他们到哪里都是座上宾，社会地位空前提高。打孝鼓不担心没有市场，不担心没有人请，不担心赚不到钱。老艺人颜昌春深有感触：真没想到孝鼓会有今天这么大的发展。

## 唱腔大胆创新

据老艺人讲，原来孝鼓就一个【抬抬腔】，上下句结构，板式又慢又拖，老腔老调很不适应现代人的生活节奏。通过一代代艺人的探索改革，现在光说书正调部分就有五个板式即【一流】、【二流】、【三流】、【慢板】、【数板】。每个板式又有不少腔，如【一流】的"平腔"、"硬腔"，【二流】的"软腔"、"讨米腔"，【三流】的"流水腔"、"哈哈腔"，【慢板】的"大悲腔"、"大颂腔"，【数板】的"垛子腔"、"吟诉腔"、"告苦腔"等。因此孝鼓更被大家所喜爱。

## 人员大胆改革

过去一人唱的孝鼓，70年代加了一个人，改为二人孝鼓，二人孝鼓拓展了孝鼓的发展空间，两人表演风格各异，互相逗捧，使艺人劳中有逸，又多了许多的插科打诨，既糅进了相声的幽默又添加了东北二人转的笑趣。

80年代改革开放，孝鼓又顺应潮流，变二人孝鼓为男女孝鼓。这个变化是革命性的。过去女人根本不准打孝鼓，连鼓棒都不能摸，没有一点胆识，把女人搬上台，想都不敢想。

女人的加入使孝鼓的表现力得到了空前的提高，男女搭配的演出形式，使孝鼓艺术上领衔湘北所有曲种。男声浑厚、女声轻柔，男声刚毅、女声婉转，两者互为补充，相得益彰。孝鼓的曲调为了适应女人的嗓音条件而变得更加优美、好听。因此孝鼓更被大家所喜欢。

## 演出时间较长

孝鼓分"开篇"、"劝亡"、"正本"、"结尾"四部分,一场下来六七个小时,一般天黑响鼓到快天亮结束,适合九澧一带守孝的民俗,夜深人静时,听鼓的人会渐渐离去,仅留下至亲密友,有声声大鼓伴着亡人,孤魂野鬼才不会拢来,孝堂才不会冷清。因此孝鼓更被大家所喜欢。

## 借用姊妹艺术

借用姊妹艺术的特色为我所用,九澧一带亲人故去有做道场的习俗,艺人们便把道场唱的《送哥郎》、《十月怀胎》用在孝鼓的结尾部分,既表达了人们对故去亲人的追思,又使孝鼓更具孝鼓的特色,因为这有的还免去了做道场的程序,节约了不少开支。

演唱中艺人们还借用了许多小调,如《凤阳歌》、《姜女儿调》、《请神调》等,连荆河戏、花鼓戏的一些曲调他们也用。尤以《大送歌郎》最具特色,二人穿插演唱,真假声结合,七字和五字的乐句结构,旋律悠长,百听不厌。因此孝鼓更为大家所喜欢。

孝鼓在人员、曲调、乐器(有的艺人还用了电子琴)等方面的变化,都是艺人们根据群众的需要进行的大胆改革。很新鲜,很有时代特点。

## 主管部门推动

文化主管部门积极推动了孝鼓的发展。自从国家非物资文化保护工作开展以来,常德市各县市每年都轮流举办澧水、沅水流域鼓王擂台赛,到目前已举办8届,产生了邵丹等鼓王多名。鼓王在群众中享有很高的声望,百姓家中有事宁可多花点钱非请到鼓王不可。这一活动极大地推动了孝鼓艺人提高技艺的热情,为了得到鼓王称号,艺人们废寝忘食勤练基本功蔚然成风。

一个好的曲种要想传承发展没有好的曲目是不行的。一个好戏能救活一个剧种；一个好曲目也能兴旺一个曲种。在举办鼓王擂台赛的同时，主管部门更抓了新节目的创作，产生了不少好的针砭时弊、弘扬主旋律的现代曲目。如临澧艺人邵丹根据自己的亲身经历写了孝鼓《传承》，该节目受到省、市、国家文化部门领导、专家的高度评价。接下来《整酒也烦恼》、《姜女情》等一大批优秀曲目相继出台，丰富了孝鼓的曲目库。这些曲目到全国各地演出，到北京演出，取得了很大成功。孝鼓《传承》还获得湖南省第四届艺术节金奖、全国非物质文化遗产曲艺类成果交流展银奖，并入选参加中国第十届艺术节。这些不断涌现的新作品让全省、全国人民知道了湖南的北面有一个深受人们喜爱的曲种——湘北孝鼓。

和其他逐渐消失曲种不同的是，孝鼓没有因循守旧，没有墨守成规。它在改革中发展自己，在改革中完善自己。艺术上得到极大提高。

综上所述，孝鼓能在湘北兴旺发达，与它自身不断创新改革，博采众长密不可分；与它与时俱进，顺应潮流密不可分；与文化主管部门的积极推动密不可分；与国家的有力支持密不可分。

**（作者为常德市曲艺学者、常德市音协理论创作委员会副主任）**

# 腔无新与旧　容情自然佳

## ——浅谈孝鼓《查家底》的唱腔特色

### 李小平

由常德知名"鼓书"艺人王方原创，刘静、王方（后为王松）合说的孝鼓《查家底》，是近年来连续几届常德鼓书大赛中产生的较为优秀的鼓书作品之一。在沅、澧水流域上演后获得了广大观众的一致好评，在常德鼓书大赛中也因其简练、自然的作品结构与演员纯熟、精彩的演绎征服了几近苛刻与挑剔的一众评委而夺得大奖。笔者认为，《查家底》之所以受到普通百姓的喜爱得到专家评委的认可，除了作品本身来自生活的真实而引起大家共鸣外，说书人（演员）的倾情演出，特别是演员对湘北孝鼓唱腔特色的准确把握与熟练运用，无疑是该作品获得成功的重要因素之一。

《查家底》讲述的是湘西北农村留守儿童的故事，应该算是励志类故事题材。故事本身并不复杂，结构也很简单，正所谓"故事不多，宛如平常一首歌"。而且，客观地讲，就故事的发生、发展到人物矛盾冲突再到后面解决问题而言，作品还略显单薄且有些陈旧老套：少年冬冬爸妈长年在外打工且已有几年没有回家，家里只有60多岁身体不好的奶奶照料他的生活与学习，冬冬因追风赶潮与同学攀比，找奶奶要钱买新手机，而奶奶以家里困难为由拒绝给钱，冬冬发脾气追问奶奶这几年爸妈打工的钱哪儿去了，且步步紧逼要查家底看存折！奶奶被逼无奈亮家底：拿出"存折"——爸爸的病历单……冬冬震撼了，愧悔交加！跪求奶奶原谅并发誓今后发愤学习，立志成人，感恩亲人，回报社会。

有着沅澧"鼓书大王"称号的鼓书艺人刘静与王松在舞台上配合默契、表演自然。其娴熟的击鼓手法，合拍的情绪与节奏搭配，合理的说书人与剧中人的"跳进跳出"，合情的说与唱的抑扬顿挫，无一不给笔者留下了深刻印象。本文就《查家底》的"唱"谈一点个人粗浅的认识。

1. 地道的味道

湘北孝鼓植根于历史厚重的湘西北大地，从形成到成熟经历了漫长的岁月。唐刘禹锡做朗州（今常德）司马时，在《竹枝词》中说："昔屈原居沅湘间，其民迎神，词多鄙陋，乃为作《九歌》。到于今，荆楚鼓舞之。"由此可见唐时湖南沅澧就流行民间的鼓舞说唱艺术。近年来，特别是改革开放以来，湘北孝鼓呈现出了新的勃勃生机，茶社酒楼、开业庆典、婚丧嫁娶等热闹场合无一不见其踪影；旨在推陈出新、健康引导的常德两年一届的鼓书大赛更是推波助澜，精彩纷呈，佳作新人辈出。一时间，各路"鼓王"声名鹊起，出场费也一路飙升。如此强大的生命力皆源于其浓厚的乡土气息与地方特色。《查家底》的表演者刘静、王松两人的演唱正是因其各具特点并唱出了特色、唱出了味道而抓住了观众。故事开场，冬冬与奶奶的【二流哈哈腔】、【劝亡欢腔】对唱将观众轻松带入戏中："新科技，发展快，手机眨眼就换代。同学们争先把那新款买，拿在手里几多帅……奶奶，我要买新手机。"30多岁的王松硬是把少年冬冬无邪天真、想着新手机那股兴奋劲唱了出来；面对充满期待的孙子，奶奶苦口婆心地劝阻："莫与同学来比攀，不可乱花爹妈血汗钱。"此处，刘静唱腔的分寸感把握较好，【劝亡欢腔】的几句唱，以地道的老腔演唱，将奶奶心疼孙子又怨孙子不懂事同时内心犹豫是否告诉孙子实情的心情状态演绎得较为到位，观众也就听出了味。

2. 出彩的特色

刘静、王松都有不错的嗓音条件与表演天赋，这里特别讲一下刘静。刘静出道比较早，最初是县文化馆文宣花鼓剧团的当家花旦，后因戏曲不景气而改学以快（节目生产更新快）、少（资金投入少）、精（队伍精干）兴盛的孝鼓。她这一改便不得了，亮丽的嗓子、俊俏的模样、传神的表演，使她很快就成了沅澧一带老百姓喜爱的知名艺人，大家爱听她的鼓也爱看她的表演，县里、市里、省里，电台、电视、报纸常有报道。她把在剧团做过演员的优势融入到了孝鼓说唱里，并伴随着年龄的增长与阅历的丰富不断提高自己的表演技艺。《查家底》

让她将这些优势得到了很好地发挥，特别是唱腔。从奶奶亮出家底——病历单后的【平腔散板】"你这不知世事的小冤家呀"的唱腔声断情连到【一流悲腔】"你爸爸病了不敢上医院，春节不回只为节省几个路费钱"，再到【垛板】、【喊腔】"奶奶我为给家里减负担，街道厂里加夜班。回来说是进茶馆，生怕你小小年纪知道此事心里寒……你不顾家底乱花钱，追风赶潮图体面，怎叫奶奶不心酸"处的【甩腔】，一气呵成，声到情到，唱、做出彩，令人动容。

3. 真情的演绎

双人孝鼓是湘北孝鼓由最初的一人说唱派生演变而来的新的表演形式，沅澧一带也叫"对鼓"，有的艺人会在对鼓演唱中加入唢呐或月琴、二胡等乐器伴奏。对鼓极大地丰富了舞台表演，两个人（通常为一男一女）互相抬杠逗趣，互相卖萌补充；而在唱腔上亦弥补了一个人演唱略显单调的不足，声腔上有了对比、情感上多了交流互动，便多了一层美的欣赏。

《查家底》即属于双人孝鼓（对鼓）。刘静、王松的表演就较好地运用了这种形式，在情感的交流互动上唱出了意蕴与真情。当冬冬从奶奶口中得知真相后的【歌郎头子】："难怪呀——"一句开始到【歌郎十里腔】："一家人为我流血汗，我把血汗不当钱"，再到祖孙二人的【垛板】："家底一亮云雾散……孙儿感恩在明天。"演员演唱时在传统唱腔的基础上融入了许多新的东西，有【喊腔】的八度大跳从低音"5"到高音"5"，也有【平腔】的四度下行从"2"到低音"6"，可谓"意深情切，真情流露"，极大地感染了观众。本文限于篇幅，就不一一列举谱例了。

从以上几个唱段的欣赏中，我们不难看出演员在唱腔上是下了工夫用心琢磨了的，粗略地分析一下，笔者觉得有以下几点值得学习与借鉴。

1. 老调重唱，熟练运用传统板腔体唱段，使湘北孝鼓特色能代代传承下去。像刘静演唱的【平腔散板】"你这不知世事的小冤家呀"，【一流悲腔】"你爸打工去东莞"等就保留了原始的腔体与行腔结构，有原生态的味道，很受当地老百姓喜爱。

2. 老调新唱，合理借鉴现代音乐技法，赋予湘北孝鼓这一非物质文化遗产以新的生命力。像王松的【歌郎头子】"难怪呀"到刘静、王松二人对唱【垛板】的演唱与行腔，演员在演唱时就突破了原来规整的上、下句乐句结构，唱出了新味道、新意境，较为准确地表达出了当时场景需要的人物情绪。

3. 新老杂糅，大胆突破传统腔体结构，使湘北孝鼓更具音乐性，丰富了孝鼓的现场表现力。在《查家底》的整个唱腔唱段中，除了【劝亡欢腔】、【平腔散板】、【一流悲腔】等几处用老腔外，其他如【平腔】、【垛板】、【歌郎十里腔】等均有创新突破，基本上是新老杂糅。从实际效果看，对营造现场氛围、配合演员打与说、合理表达情绪、完美完成演出起到了很好的作用，丰富了湘北孝鼓的现场表现力。

综观《查家底》的整体演出唱腔效果，除了以上算不得全面的唱腔特色总结外，也还有许多不尽如人意的地方。如男、女演员声腔的对比缺乏美感，叙事唱段过于拖沓冗长，传统板式上、下句结构单一重复等问题，这些都有待于当代鼓书艺人与专业音乐工作者共同研究、探讨并进一步提高。

湖南沅、澧文化底蕴深厚，地方曲艺土壤肥沃，养分充足，内容丰富，民间鼓书艺人有许多值得我们学习的地方。腔无新与旧，容情自然佳。孝鼓《查家底》既是励志的故事也是写情的故事，无论是传统唱腔板式还是新的唱段演绎，鼓书艺人融入了真情就肯定打动了你我。

（作者为常德市文化艺术研究所音乐干部）

# 浅谈常德"鼓书"的民俗特色

雷元淦

常德"鼓书"有孝鼓、渔鼓、三棒鼓、说鼓、对鼓、薅草锣鼓等多种样式，因表演程式与音乐格局的不同，不同"鼓书"各擅胜场。薅草锣鼓主要用于田间地头为农人鼓劲、去除疲劳，唱词风格近于土家山歌、民歌，并以情歌为多，少情节。三棒鼓多在节庆日沿门送恭贺，用口彩讨得主人欢心，上下翻飞鼓棒、刀具、火把令人目眩神迷，重技艺而不重故事，便于宣传好人好事政策，尽展宣传功能。对鼓近似擂台赛，注意急智与机趣，对调动听众情绪有奇效。说鼓对于程式较凝固，于上世纪70年代逐渐式微。而孝鼓与渔鼓则以骄人的艺术感染力，深受观众喜爱，尽显勃勃生机，本文拟以这两种鼓书为例，浅谈常德鼓书的民俗特色。

## 一、根据沅澧，传承楚风

常德是洞庭湖畔的一颗明珠，它头枕武陵、雪峰的余脉，怀抱洞庭水乡，沅澧二水穿境而过，长江如带，缀在身旁。广袤的澧阳平原上，分布着多处国宝单位，其中6500余年的城头山古城遗址被称为"华夏第一城"，成为上海世博会中国馆的第一件展品，城基下灌溉系统俱全的古人工栽培稻田，是全世界年代最早、保存最完整的稻田。这是100年来中国一万件重大考古发现之一，具有改写中华文明史的重大意义。城中有祭坛，城周是围墙，令人遐思当初的祭祀歌舞与筑城的夯歌、硪歌场面。距城头山不远的彭头山遗址发现的9000多年前的古人工栽培稻与古陶上的早期文字的刻划纹可以证明，定居居民的文艺活动方式理应超越捕猎时期的"击石拊石，百兽率舞"的水平。

4000多年前的尧舜时代，禹分九州，湖南衡山以北，湖北荆山以南，为荆州，常德正处于荆州的腹地。东汉时期，荆州的治所曾设于距今常德城区仅十余公里的古索县（汉寿古城）县城。而与尧、舜同时代的上古高士善卷，就住在常德德山。尧曾经"北面而师"，向善卷求教。舜曾亲赴德山，要把天下让给善卷。那是一个禅让的年代，天下有德者居之。庄子的《让王》篇记述了这一故事，善卷谢绝了舜的美意，说："余立于宇宙之中，冬日衣皮毛，夏日衣葛絺。春耕种，形足以劳动，秋收敛，身足以休食，日出而作，日入而息，逍遥于天地之间而心意自得。吾何以天下为哉！"遂不受，去而入深山，莫知其处。善卷的这段话，便成就了中国最古老的民间歌谣《击壤歌》，日出而作，日落而息，凿井而饮，耕田而食，帝力于我何有哉！可以想象善卷在带领常德的原住民开垦山林的时候，也一定共同开展文娱活动，不同于今天的是，没有击鼓，而是击壤。

节奏，是古老艺术的主旋律。从古老先民的击石拊石，到善卷的击壤，到《易经》记述的"鼓缶而歌"，到《诗经》的"坎其击缶"，到秦时的"击瓮叩缶"，到历朝历代的踏歌，到今天的鼓书，节奏真是永不枯竭的旋律。

楚俗真是神奇得紧。有学者考证，屈原流放，曾在沅澧之滨生活近20年。汉刘逸《楚辞章句》中说："昔楚国南郡之邑，沅湘之间，其俗信鬼而好祀，其祀必作歌乐鼓舞，以乐诸神。屈原放逐，窜伏其域，怀忧苦毒，愁思沸郁。出见俗人祭祀之礼，歌舞之乐，其词鄙陋。因作《九歌》之曲。"可见，屈子的《九歌》，就是在沅澧民间俗祭基础上改写的。到唐贞观时，刘禹锡贬朗州司马，在常德生活10年，他感慨地说，屈子之作，"至于今，荆楚鼓舞之"！

孝鼓，又称丧鼓，应该是来历很久远了。鼓书艺人普遍以为发轫于庄子。因为，传统鼓词中有这样的唱词："开天辟地是盘古，神农志祖种五谷，轩辕黄帝置衣服，庄子兴起打盆鼓。"最后一句很明显是源于庄子丧妻，"鼓盆而歌"的典故。

中国古人历来是很崇敬鬼神的，屈原的《九歌》就是证明，里面分别祭祀了天神、地祇、人鬼；而整个封建社会多倡以孝治国，于是孝鼓便有了存在的依据，而最终形成了以皮革蒙面的鼓为响器，时间上当然比庄子时代晚了很多。因为传统的孝鼓"鼓书"多与戏曲传奇、花部、乱弹时期的脚本类同，我认为现代孝鼓的形制定型不会晚于明代末期。

常德渔鼓主要流行于澧水、沅水流域各区县及鄂南数县，是一种叙事性吟诵体的鼓书形式，唱词风格烙下了深深的楚文化痕迹，传统段子唱词讲究、章句严整，深受楚辞影响。近人考据，俗称"乓乓"的渔鼓与宋玉有极大的关联。

《安福县志》记载，公元前2200多年，宋玉因大小言赋得到楚倾襄王的赏赐——一块云梦泽的封地，位于今临澧县城东10里的宋玉村，宋玉被疏之后，来到封地，开馆授徒。他去世后，门人弟子就地取竹，击打而歌，以悼亡师。因击打竹筒发出"乓乓"的声音，人们便习惯地称之为"乓乓"。

业界一般认为，道情是渔鼓的前身，原本是道家布道的一种游说与唱咏形式，早期，中原地区已有宋毋忌、正伯桥、邹衍、徐福、卢生等著名方士，利用道情传播道家经义。东汉以后，道教徒更用这种形式传经布道。到唐代，出现了《承天》、《九真》等道曲，道情定格为道经韵。宋代以后，道情的宗教内容逐渐淡化，并吸收词牌、曲牌的音乐营养，演化成曲、白间的演唱。常德有数处道教福地，历史上道教影响非常深广。随着时间的推移，本地民间的祭祀方式与道情逐步融合，用常德的方言土语咏历史故事、人生百态，使常德渔鼓成为一枝独具韵味的艺术奇葩。

综上所述，孝鼓、渔鼓原本都是因丧葬的实际需要而萌生出来的艺术样式，而孝鼓、渔鼓又因其曲调丰富，形式灵活自由，善于演唱大本而备受青睐。它们根植沅澧、传承楚风。市场的需求，让它们存活到今天，而鼓书是人们的不弃不离，精益求精，锐意求新让它们在今天获得了更鲜活的生命力，赢得了更多人的喜爱。

## 二、大众视角，草根文化

新千年已过去13年了，在新千年里，常德鼓书文化遇到了它的最佳发展时期。自2006年在临澧县举办首届鼓书擂台赛以来，已连续举办了8届，已评出鼓王39位。尤其是2012、2013年连续两届常德民间文艺百团大赛更成为常德民间艺人大展身手的博览会、"星光大道"、艺术殿堂。不少鼓王成了明星，星光耀眼，出场费从过去的三五百元跃升为三五千元。作为常德民俗文化突出代表的"鼓书"艺术得到了民众的认同。"鼓书"文化在沅澧大地上得到了普遍的传播，凸显了以下三种特色。

1. 游走乡镇间，草根本色

孝鼓、渔鼓的演唱场所历来以丧葬场所为主，随着形势的发展，现今已扩展到各类文艺赛事的举办地、茶社酒楼、市区县电视台，而乡镇依然是他们活动的主阵地。红白喜事、祝寿庆生，均能看到"鼓书"艺人的身影。

2011年10月底，刘云山同志亲赴常德草坪乡视察农村文化工作，看了农民剧团及鼓书艺人的表演。他们唱着农村的新变化："农民无负担，盖起安居楼，道路村村通，网络到处有，开着摩托到田头，打着手机去放牛……"领导与群众笑成一团。刘云山当即兴奋地说："我们六中全会就是要让群众共享文化成果。"还说："先进文化必须大众化，不能小众化，更不能贵族化，要时刻牢记文化发展的根本基层在群众。党的十七届六中全会提出建设文化强国的目标，要实现这一宏伟目标靠什么？要靠我们广大人民群众，靠老百姓这支主力军！"

常德的"鼓书"艺人队伍目前老中青三代共计1000余人，每天游走乡镇，扎根基层，他们是草根文化的突出代表，他们是当之无愧的文化发展的生力军。

2. 关注新变化，大众视角

鼓书艺人们生活在最基层，他们真切地感受到社会人生的发展变化，并用方言俚语描述种种变化，形成他们的新作。这样的作品充满生活气息，又表现出大众的视角。如澧县大堰垱乡女子渔鼓表演队创作的节目《我们的大堰垱》有这样的词句："皇粮国税全免掉，真是我党破天荒！"农民感受的直白表述，往往引起意料之外的剧场效果。里面还有这样的佳句："上有天堂，下有苏杭，中间有个大堰垱！"对家乡的赞美之情溢于言表，似乎信手拈来的一句表达往往令观众捧腹。

澧县"孝鼓"艺人刘静多年前为我唱过一段《十字歌》，有些词句至今难忘，"一字就是一长横，龙的传人一家亲，台湾海峡隔不断，两岸都是中国人……五字好比一把凳，邓小平让给江泽民……"那种大众的视角，那种老百姓对政治的解读，往往令人忍俊不禁。

鼓书艺人不仅关注身边变化，也关注社会热点。2007年5月12日汶川地震后，临澧县一群渔鼓艺人在文化馆即兴献艺。

金行文（时年63岁）唱：

> 震魔狂吼乌云盖，天崩地裂降灾难。
> 今年5月12那一天，八级地震祸汶川。
> 房屋倒塌人遭难，处处废墟惨人寰。
> 黄河愤怒掀巨浪，长江哭泣化云烟。

颜昌春（时年58岁）唱：

> 党中央，国务院，紧急决策大救援。
> 号召全党全军和全民，抗震救灾援四川。
> 温家宝即刻到现场，察看灾情把人心安。
> 抢救生命争分秒，共与灾民渡难关。

徐楚亮（时年66岁）唱：

> 地震无情人有情，同舟共济血肉连。
> 公安武警排万难，解放军奋勇冲在前。

飞行员空投冒风险，白衣战士上火线。

全球友人都把爱心献，万众伸手共撑天。

还有很多，我就不一一列举了。

3. 传播正能量，引领风尚

刘云山同志视察草坪时还讲过："我们六中全会就是研究文化建设的，我们搞的文化，一定要既是通俗的，又是健康的；既是老百姓喜闻乐见的，又是要通过文化，能够给老百姓教育的。"

我认为，我们此次进京汇报演出的新创节目，充分体现、贯彻了刘云山同志的指示精神。

例如《边三梭卖器官》，村长伙同边三梭的堂客演一出装死的闹剧，赌博佬边三梭走投无路要卖器官。装死是奇诡的，卖器官是荒唐的，而边三梭此时的悔恨与痛不欲生却是真实可信的。作者对边三梭眼角膜、肾器官的尖刻挖苦使观众加深了对赌博危害的认识，从笑声中人们认识到应该寻求更健康的生活方式。

《传承》的演唱者与作者均是邵丹，他用亲身经历诉说着鼓书艺人的辛酸苦辣，声情并茂的表演每次都令不少观众眼含泪花，社会的歧视反而助推了他传承的意志，一个坚韧的鼓书传人的形象跃然眼前。一个纯粹简单的段子引起人们对更深刻意义的思考，一个人活在世上，应该要实现自己的人生价值。

《整酒也烦恼》通过精妙的设计，展示陈大本、满大珍两口子煞费苦心谋划整酒请客却又事与愿违的故事，辛辣地讽刺了社会上请客敛财的陋俗，"伤的亲人和朋友，坏了乡风和民俗！"唱本环环相扣，层层推进，谋划请酒题目成功的大欢喜与请客之后的大失望形成鲜明对照，最后四句干净的收煞，简洁有力："发财不能靠整酒，致富要靠去奋斗。勤俭节约是美德，幸福生活乐千秋！"

作为民俗艺术载体的常德鼓书，通过它的创作与演出，充分展现了它移风易俗的强大力量。

（作者为常德市戏剧家协会主席）

# 对常德"鼓书"当代传承的一些体会与建议

李金楚

我叫李金楚,来自湖南澧县,1947年出生,因为社会原因,初中只读了一年半,13岁时就拜师学艺,至今已53年。

我入行时民间零散艺人被称为"下九流"、"蚊相公"、"讨米艺",是社会上最低贱、最被人看不起的人群,此行业也是一个自生自灭的行业。拜师时我当着家人跪在师傅面前下保证:"我一定人流心不流,上对得起列祖列宗,下对得起子孙后代。"这话至今还是我的座右铭。

初学艺时,白天下地参加生产队劳动,晚上才能到师傅家听课,只有下雨天、生产队停工时才是我练习的好时机。为了提升水平我到处听名师的演唱,并找有关书籍充实自己,到今天我还有在枕头边放书的习惯。通过自己的努力,15岁时我已在湘鄂一带开始跑红。跑红后我更加虚心地向名师请教,对自己要求也更加严格。通过多年努力,1973年被县文化部门批准为民间艺人,多次作为澧县艺人代表参加省、地区文艺创作班和汇演。1983年加入湖南省曲协,1986年参加湖南省"中青年湘曲大赛"获表演三等奖,1988年参加"湘鄂边文艺大赛"获优秀节目奖。1991年在省曲协主席周汉平的推荐下加入中国曲协,同年又被评为湖南省优秀民间艺人。我的简历分别被载入《中国文艺家传集》、《湖南省文艺家传略》、《中国名人录》。

因为从事演唱，在"文革"期间，我受过批斗，怄过气，被逼得衣食无着、无路可走，但我决不改行，不唱才子佳人，就唱新人新事。你说我走资本主义道路，我就不收钱，照社员记点工分。回首往事，此阶段的经历使我百炼成钢，更坚定了从艺信念。现在我虽然上台演出少了，但仍关注行业的发展、传承。通过几十年的演出，我总结，民间零散艺人要想获得社会的认可、人们的尊重，必须做到以下几点：

第一，要勤奋学习。台上三分钟，台下十年功。民间艺人的文化水平普遍偏低，若不加强学习，上台就会错别字连篇，谁能听得下去？谁会买账？更谈不上尊重你。为了提高演出水平，我自学了吉林大学出版的《汉语基础知识》。1968—1970年在任初中语文教师时，参加高等语文函授学习，取得了大专文凭。还先后多次参加省、市、县创作学习班，做到了眼勤、耳勤、手勤。唐宋元明清老版、新编小说，四大名著，梁羽生、金庸先生的新派武侠小说连自己都不记得看过多少遍。只有付出辛勤的汗水，才能换来不错的成绩。所有我认为艺人时刻不能放松学习。

第二，要与时俱进。我们服务的对象是广大的工农兵群众，他们的需求就是我们的追求。要想满足他们日益增长的精神需求，我们必须大胆创新，不断进取。上世纪70年代，在县文化馆的带领下，我们借鉴戏剧的形式，将以前的哑唱（从头唱到尾）改为说唱；把坐唱改为站立活动唱，讲究手眼声法步；把七字句改为不等句式的唱词。1981年，我又把仅在孝堂演唱的鼓盆歌搬到茶社书场，那时的书场仅流行渔鼓和评书两种。之后又走进红白喜事、大小会议。女艺人开始进入此行业。演出形式也由一人一鼓改成二人二鼓和多人多鼓等，还增加了唢呐、琵琶伴奏。我们的革新得到了社会各界的极大认可。所以，我认为一门艺术要想得以生存，不能一成不变，必须不断革新，真正满足人们日益增长的精神需求。

第三，甘于牺牲，奉献社会。师傅曾教导我说："富家门口的客，弄得到（赚钱）的地方不弄是失误，弄不到的地方你去强弄是错误，穷家小户要尽点义务。"通过几十年的演出，我终于感悟了这段话。我认为艺人虽然靠演出为生，但"君子爱财，取之有道。"不能把钱放在第一位，该尽义务的也要尽义务。我记得1974年开始，县曲艺队上山下湖，不顾寒暑烈日，不计报酬，送书进队三年，得到了全社会的认可（时任县长主动要求任协会名誉主席），《湖南日报》多次采访，并刊登题为《澧水流域开新花》的专题报道。县文化馆受邀参加郑州艺术节，馆长在会上作了专题发言。我们甘于奉献的精神也在现在的年轻艺人身上延续。

为了曲艺事业更好地发展，我建议：

一、配备专业管理。文化部门的曲艺专干必须对业务了解并热爱这门艺术，真正把这项事业抓好。

二、开展业务培训。各级主管部门、曲协开展以点带面的业务培训，真正让艺人从创作、演出方面提升自身内涵。

三、搭建展示平台。借助各种社会资源，尤其是中国曲艺教学创研基地，组织编创精品节目参加各种赛事。

四、出台相关政策。打破原有的用人机制，对有杰出贡献的艺人可以像对待李玉刚一样落实编制问题。

五、改造演出阵地。澧县虽有200多家曲艺茶社，但没有一家很理想的，建议新修建功能、设施更完善的曲艺茶社。

最后，我代表民间艺人向中国艺术研究院、曲艺研究所，省、市、县各级部门，以及所有的专家学者表示由衷的感谢，感谢你们对这门地方艺术的关心和支持，感谢你们对民间艺人的关注和爱护。我相信民间艺人在自尊、自强的基础上，通过各级政府、主管部门和学术机构以及专家学者不懈的指导和不断的关注下，这门艺术一定会更加发扬光大，民间艺人一定会为社会做出更大的贡献，民间艺人的社会地位也会逐渐提高。

（作者为常德鼓书老艺人、曲艺专家）

# 我的孝鼓艺术成长之路

肖 伍

我叫肖伍，是湖南省临澧县一个民间鼓曲艺人，今天能受邀与各位专家、老师和前辈们聚集一起，专门探讨我们地方鼓曲说唱艺术的传承发展，我心里十分激动，也感到非常荣幸。在此，我就个人从艺之路的感受作一个简单的发言。

我们临澧县是鼓曲说唱艺术之乡，有着"湘北五鼓"美誉的九澧渔鼓、孝鼓（也称湘北大鼓）、说鼓、对鼓、三棒鼓，千百年来就在这片有着深厚文化底蕴的热土上广为传承。受这种地方传统文化的熏陶和影响，我从小就对鼓曲说唱产生了浓厚的兴趣，每当看到艺人们绘声绘色的表演，就觉得他们真牛，也就暗下决心，长大后要做个跟他们一样的打鼓匠。

我出生在临澧县一个乡村的贫困农家，16岁时因家中无钱读书就中途辍学。在社会上混迹一段时间，19岁那年拜师学习孝鼓说唱，开始从背十二字公文、学唱腔等基本功练起。俗话说：师父领进门，修行在个人。不入门时，不知其难。入门后才知道看似简单的打鼓匠其实并不是想象中的那么容易。孝鼓，最早就是一种丧葬文化，是我们湘北地区老人过世后一种在孝堂陪伴亡灵的说唱形式，后来才逐步走向茶馆酒楼、广场舞台。一般孝堂说书上半夜听书的人多，徒弟因功夫浅留不住听众是不能上场的。只有等下半夜听众少了，师傅才会下场休息，让徒弟上场练兵。这种打下半夜一打就是3年。出师后，为了提高自己的演唱技艺，我选择了最能锻炼艺人的茶馆去说唱。在我们当地各城镇和农村墟场基本上都开有曲艺茶社，一年四季天天对外开放，每场演唱三个小时。大部分的脚本，一般都要连续演唱一两个月才能唱完。茶馆是培养和检验艺人的重要平台，你演唱得好，听众就会再来；你演唱得不好，听众就不买账，你只能立马走人。因此，茶馆老板对鼓书艺人很挑剔。22岁那年，我开始骑着一辆烂自行车，驮着演唱器具和日常生活用品出去打茶馆。由于初出茅庐，没有影响，茶馆都不敢接受，怕影响了生意，跑了几天都没找到说书的场子。直到有一天跑到离家100多里远的澧县东如乡，遇到一个姓郭的师傅把自己的场子让给我，当时我喜出望外。谁知开始第一场就说砸了场子，一百五六十人的茶馆听众不一会儿就走得干干净净。当时自己难受极了，望着郭师傅恨不得地下有个洞钻进去，郭师傅笑着安慰我说：搞我们这行不要怕丢面子。并写了条子，介绍我到湖北南坪一茶馆。第二天，我又骑车来到湖北南坪，吸取了前次的教训，先到书店买来要说的书籍，反复熟读牢记于心，再到茶馆去演唱，取得了截然不同的效果，听众反映较好，竟然在这里一连演唱了两个半月，慢慢地自己知识也丰富了起来，经验也足了些。

但生活并不是一帆风顺的。刚刚略尝甜头，却由于多方面原因，1996年带着新婚的妻子告别了鼓书说唱舞台，随着打工的浪潮南下广州，在长达4年的日子里，我内心深处始终割不下那难以忘怀的鼓曲说唱情结，无数次午夜梦回，茶馆舞台、热情的听众、如潮的喝彩，一幕幕不时闪现。28岁那年，我说服妻子，毅然回家拾起打鼓棒，重操老祖宗传承下来的技艺。二次出山，我做的第一件事就是一边给自己充电，把《说唐》《说岳》《杨家将》等几十部长篇历史小说背了个遍，以此扩大知识面，提高文学修养。一边广泛拜师，先后跑遍了澧北乡镇所有茶馆，开始有些难为情，先是躲在门外听，后来干脆直接上门请教，特别是当地名艺人邵丹、谢昆等无私的指点，使我受益匪浅。

几年耕耘，几多收获，不断的学习与实践，使自己的演唱水平不断得到提高。特别是2006年以来，政府文化部门多次组织澧水流域鼓王擂台赛和其他"鼓书"说唱竞赛和展演活动,自己在活动中不断积累经验,吸收营养,锻炼提高。2008年参加常德市第二届澧水流域鼓王擂台赛获银奖;2009年,参加常德市沅澧流域鼓王擂台赛获金奖;2012年9月,参加第四届湖南省艺术节获"三湘群星奖"戏剧曲艺类金奖;2012年12月参加"全国曲艺类非物质文化遗产保护成果学术交流展演"获银奖。

回顾自己的从艺路,有两点令我感触很深,一是艺无止境。虽然鼓书说唱只是一项草根艺术,但和其他艺术一样需要活到老学到老,特别是我们民间艺人,没有经过系统的专业培训,在艺术修为上还有一定的先天不足,很多知识需要在实践中不断充实,细心领悟。二是好雨润物。2006年以来,县政府文化部门不断提供和搭建平台,方使我们这些过去的打鼓匠有了今天的地位和身价,也是我们"鼓书"说唱几百年以来遇到的第一个春天。今后,我一定进一步加强学习,提高技艺,用自己满腔的热忱去回报社会,成为一个真正让老百姓喜爱的"打鼓匠"。

(作者为常德青年孝鼓艺人)

[附录一] 湖南省常德市"'鼓书'大王擂台赛"纪略 专题片解说词

# 弘扬价值 传承曲艺

## ——湖南省常德市"'鼓书'大王擂台赛"纪略

徐泽鹏撰稿 吴文科审订

## 一、常德"'鼓书'大王擂台赛"的缘起

在烟波浩渺的洞庭湖西岸,有一座桃花源里的城市——湖南常德。

常德市位于湖南省西北部,居沅水与洞庭水系汇合处以上。境内东西最远距离为179.35公里,南北最远距离为190.80公里,总面积18189平方公里。距省会长沙180多公里,北与湖北荆沙,西与湘西自治州,东与岳阳,南与益阳接壤。辖武陵区(原常德市)、鼎城区(原常德县)、汉寿县、桃源县、安乡县、临澧县、澧县、石门县和津市市九个区、县、市。沅江、澧水两大水系流贯境内。

王逸《楚辞章句·九歌》曰:《九歌》者,屈原之所作也。昔楚国南郢之邑,沅、湘之间,其俗信鬼而好祠。其祠,必作歌乐鼓舞以乐诸神。屈原放逐,窜伏其域,怀忧苦毒,愁思沸郁。出见俗人祭祀之礼,歌舞之乐,其词鄙陋。因为作《九歌》之曲,上陈事神之敬,下见己之冤结,托之以风谏。

从东汉王逸的这段注释中,一个俗信鬼而好祠,爱好"歌乐鼓舞",居住在沅、湘之间的群体,活脱脱地呈现在人们面前。这个群体就是常德的先民。

先民们创造拥有的大批极富地方特色的曲艺表演形式,包括流布于此、闻名遐迩的"唱曲"形式——丝弦,以及"击鼓说书"的渔鼓、孝鼓、说鼓、对鼓、

三棒鼓、地花鼓、番邦鼓、薅草鼓、跳三鼓、围鼓等"鼓书"形式。

面对"全球化"和"现代化"的空前冲击,这些传统曲艺形式的生存与发展,也面临着诸多的困难与挑战。但沅江、澧水流域的民间"鼓书"艺人,依然秉承先祖的传统,长年以来,他们穿行于山村小路,唱响在红白喜事,执着地守望着自己特有的精神家园。

为了弘扬本土特有的传统艺术文化,激扬本土民众的文化自觉与自信,引导群众自行开展公共文化服务的参与热情,促进非物质文化遗产的传承保护工作,2006年以来,在中共常德市委、常德市人民政府的正确领导下,由市委宣传部、市文化广电新闻出版局指导,市非物质文化遗产保护中心等单位,因地制宜,因势利导,坚持组织开展了以自我激扬为目的、以竞赛交流为形式、以自编自演为特色,强调突出本土风格和草根特色的"'鼓书'大王擂台赛"。蹚出了一条政府主导、社会参与,群众喜爱、艺人实惠,效果良好、市场火爆的良性"鼓书"发展之路。

到目前为止,已在澧水和沅水流域各自组织开展了8届"'鼓书'大王擂台赛"。形成了扎根本地、享誉全国,有效推动常德"鼓书"繁荣发展的活动品牌。

## 二、常德"鼓书"的种类构成与形式特点

常德地处湘西。这里风景优美,人杰地灵,历史文化传统十分深厚。流布很广的"湖南渔鼓",相传就形成于常德地区——公元前223年,赋体文学的开山祖师宋玉,被楚襄王放逐到常德临澧县城东10里的宋玉村。宋玉去世后,其门人弟子就地取竹,击节而歌,遂有"渔鼓"的雏形;而"周公治其礼,孔子治诗书,庄子治其打丧鼓"的说法,至今还在艺人之中流传。

渔鼓的演出很简单,台上台下都可进行。艺人左手臂抱筒,左手拿牙板、镲子,右手握一根筷子,开场之前用上述三种打击乐打上一遍,称之为闹台。闹台可长可短,打完后,先说几句韵白词或诗句。在韵白或诗句的最后三个字放一个腔,以便进入前奏。如何演唱,没有严格的规定或程式。

渔鼓在常德地区流传广泛,传统节目繁多,长、中、短篇都有。表演说唱相间,以唱为主,采用蒙有鱼皮的竹筒制作而成的渔鼓筒及简板和小钹击节伴奏。唱腔为板腔体,有【平板】、【数板】、【散板】等不同的板式。

近年来被称为"澧州大鼓"或"湘北大鼓"的传统鼓书形式"丧鼓",是湘鄂边境一带最为盛行的"鼓书"表演形式。

丧鼓又名"鼓盆歌"、"丧堂歌"、"孝鼓"、"夜歌子"、"九槌鼓"和"挽歌",流布也很广泛,在土家族有民族艺术的"活化石"之称。唱腔曲调较杂,既有【奠酒】、【劝亡】和【北调】、【南腔】之分,也有的中长篇节目还有插入【悲苦调】、【鸳鸯调】和【马门调】等曲牌联缀演唱的情形。通常为一人自击堂鼓伴奏说唱,也有一人说唱、多人帮腔的演出。

与"渔鼓"和"孝鼓"相类的说鼓、对鼓、三棒鼓、地花鼓、番邦鼓、薅草鼓、跳三鼓、围鼓等其他"击鼓说书"的"鼓书"表演形式,也是常德地区流传的主要"鼓书"品种。

说鼓因用唢呐伴奏,又称"唢鼓",所演故事多为古事,也称"说古",还被称为"旱鼓"。通常由一人击鼓说唱,另有一人用唢呐伴奏,表演说唱相间,转换运用灵活。唱腔曲调有【套子曲】、【花腔调】和【浪子调】等。

对鼓是在"说鼓"基础上发展演变而成的曲种,顾名思义,是由两人或两组艺人搭档对口表演,故又称"合鼓"。对鼓的节目以短篇为主,表演者采用两面或两组小鼓击节伴奏,有问有答,有来有往,相互配合,边打边唱。曲调有【对鼓腔】、【正调】和【垛板】等,节目也因对唱方式的不同,而有一句一对的"句对"和一段一对的"段对"之别。

三棒鼓又叫"三班鼓"、"三槌鼓"、"三杖鼓"或"花鼓"。由邻近的湖北省传入常德,演唱曲调称之为【三棒鼓调】,伴奏乐器为小鼓和小锣。与其他"鼓书"相比,它的演出特点是在击鼓说唱中会插入丢耍三根以上鼓槌、木棒乃至刀具等惊险的杂技性动作。"唱"、"耍"结合,以"耍"助"唱",令人赞叹。

地花鼓又名"花灯"。演出方式依演员搭档方式而有一人说唱的"单花鼓"和二人表演的"双花鼓"之分,"双花鼓"演出艺人通常彩扮为一丑一旦,边说唱边舞动,又称"打对子"或"对子调"。唱腔为曲牌体,常用曲牌有【看姐儿】、【绣荷包】、【摘菜薹】和【绣香袋】等,演唱时主腔多用假嗓翻高八度唱句尾,伴有和声,故又名"喀(ke)喀(ke)"腔。伴奏乐器除了类似二胡的"大筒",还有鼓、锣、钹等。

番邦鼓在常德安乡一带多有流行。还因主要流布在邻近的三门、华容和东山一带,又称"三门鼓"、"华容番邦鼓"或"东山番邦鼓"。演出或一人说唱,或二人搭档，所唱【番邦鼓调】乡土气息浓郁、韵味独特。伴奏乐器为便于携带的扁鼓和马锣。

薅草鼓又叫"薅草锣鼓"、"日鼓"、"挖山歌"和"茶山鼓"，在土家族地区称为"锣鼓哈"。是一种由劳动号子演变而成的说书表演形式。通常一领众和，先唱歌头，接着说书，说唱相间，铺陈叙事。唱腔曲调有【扬歌】、【滚六槌】、【四七言】和【送土地】等。伴奏乐器有锣、鼓、头钹、二钹、大锣、小锣等。

跳三鼓源于"丧鼓"，或称"跳丧鼓"、"跳丧舞"。也有人认为由三人表演，故有此称；唱腔曲调称为【跳三鼓调】，包括"三句头"和"四句尾"，伴奏乐器为扁鼓和小镲。

围鼓又称"唱八音"、"板凳曲子"、"坐场班"和"围鼓堂"。传统的演出方式为多人围成一圈，击鼓自娱说唱。

常德"鼓书"的品种形式是如此的丰富多彩，演唱的曲调和演出的风格也姿采各异。渔鼓的沉郁曲折，孝歌的悲壮凄切，说鼓的风趣幽默，对鼓的往来智慧，三棒鼓的惊险刺激，地花鼓的生动活泼，番邦鼓的曲折委婉，薅草鼓的坚毅热烈，跳三鼓的大开大合，打围鼓的轻松欢乐，无不引人入胜，极尽悲欢离合。

这些"鼓书"的演出方式也十分灵活多样：或一人、或二人、或多人；或铺陈、或问答、或轮递。表演者一人一鼓，听众可成千上万；台上激情飞扬，台下掌声雷动；情随声动，理随意兴，乡土气息浓郁，地方特色鲜明。

## 三、"'鼓书'大王擂台赛"的效果与影响

以前，为了谋生，艺人们往往在演唱的曲本中添加一些粗陋低俗的内容。通过"'鼓书'大王擂台赛"的举办和引导，如今的曲本，内容健康，思想向上。唱的都是老百姓身边的事：家长里短，苦辣酸甜；喜怒哀乐，悲欢离合，听上去让人们感到可叹、可信、可乐、可亲，真正做到了寓教于乐、引领世风。

常德"'鼓书'大王擂台赛"的连续成功举办，大大提高了民间艺人的社会地位，使"击鼓说书"的这些被人看成是乞讨谋生的"叫花子"玩意儿，成为登上大雅之堂的"乡土艺术"，使进行"鼓书说唱"的民间艺人，成为当地的"草根明星"。

历届"'鼓书'大王擂台赛"，产生出邵丹、谢宾锋、刘静、王松、田金华、

陈元华、吴清华、熊波涛、刘昌会、张成辉、占洋、颜菊华等一批技艺精湛、声名大振、深受群众欢迎的"鼓书大王"。

"鼓书大王"的冠名，使他们在当地声名鹊起，而名气越大，被群众迎来送往的演出机会就越多，演出一场收入成千上万的"鼓书大王"因而大有人在。

最为可喜的是，通过连续几届的"'鼓书'大王擂台赛"，涌现了一大批"70后"、"80后"甚至"90后"的"鼓书"编演新人。他们的脱颖而出，不仅改变了传统曲艺后继乏人的当下窘态，而且在丰富当地群众文化，推动本土"鼓书"艺术发展的同时，也为曲艺类非物质文化遗产的传承保护工作，带来了实质性的突破，取得了良好的效果。

常德的"鼓书"艺术，植根于沅、澧流域丰厚的文化土壤，借助"'鼓书'大王擂台赛"的赛事，趋向了蓬勃与兴盛。虽然风生水起，勃兴之路还长。正如常德市委市政府的主要领导在"'鼓书'大王擂台赛"的交旗仪式上所说："这样的'鼓书大王擂台赛'，我们还将继续坚持举办下去。"

[附录二] 常德"鼓书"进京学术观摩展演 节目单

# 常德"鼓书"进京学术观摩展演

## 节 目 单

(1) 孝鼓《整酒也烦恼》
创作：卞德模、肖守国；表演：吴清华、熊波涛；演出：临澧县

(2) 渔鼓《武松大闹观音堂》
整理：刘昌会；表演：刘昌会；演出：鼎城区

(3) 对鼓《东施效颦》
创作：郭方忠；表演：刘静、郭方忠；演出：澧县

(4) 孝鼓《西瓜的秘密》
创作：金行文、肖守国、卞德模；表演：占洋、谭惠芳；演出：武陵区

(5) 三棒鼓《刘海砍樵新唱》
编词：罗先明、高绍红；表演：罗先明、肖国芳、杨胜清；演出：汉寿县

(6) 孝鼓《传承》
创作：邵丹；表演：邵丹；演出：临澧县

(7)渔鼓《娘教女》
编词：卞德模、颜昌春；表演：颜昌春；演出：临澧县

(8)孝鼓《姜女情》
创作：万家煌；表演：张辉、李芳；演出：津市市

(9)对鼓《男人和女人》
创作：沈佰军、陈克华；表演：沈佰军、陈克华；演出：津市市

(10)孝鼓《边三梭卖器官》
创作：晏友淼；表演：田金华、陈元华；演出：石门县

(11)说鼓《打狗风波》
创作：张成辉；表演：张成辉；演出：桃源县

(12)孝鼓《查家底》
创作：王芳；表演：刘静、王松；演出：澧县

(13)薅草锣鼓《郎是包谷梗》
导演：申文喜；表演：覃朝达、覃远明、刘楚红、胡建国；演出：石门县

[附录三] 常德"鼓书"进京学术观摩展演 节目曲本

(孝鼓)

## 整酒也烦恼

创作：卞德模　肖守国
表演：吴清华　熊波涛

乙：（唱）
　　满山村里满山坡，
　　户连户来窝连窝。
　　家家有事不同日，
　　整酒的一个接一个。
　　我满大珍和陈大本，
　　夫妻本来蛮和睦。
　　四年前，为了吃酒闹风波，
　　两口子险些散了伙。
　　这几年整酒更加搞得恶，
　　吃酒吃得我煞怒火。
　　（白）今天我吃了两头酒都回来哒，砍脑壳的陈大本哪么还没回来的。
甲：（白）大珍！
乙：（白）回来哒，看你个背时相，你吃酒打牌输哒啵。
甲：（白）我没打牌，打复席去哒。
乙：（白）你会好死，去一百元钱还打复席。
甲：（白）讲的吵，你的老表林小月，铺底好舍得，一桌成本只怕要三四百，我吃得不好意思，只好又加了二百。

乙：（白）背时的，你加人情也不跟我商量一下，明天还有两头酒拿么得吃去的，真的糟人。

甲：（白）哎，大珍，老是这么吃酒，票子外流也不是个停，俺也整他一次酒回收一下。

乙：（白）莫说我不想。

（唱）打屁都要有个本，
　　　没得理由哪么整。

甲：（白）就整摸脑壳酒吵。

乙：（白）哪么叫摸脑壳酒？

甲：（唱）脑壳一摸，巧立名目，
　　　比如对门的六吧哥。
　　　儿子读书脑壳木，
　　　高考不中把榜落。
　　　人家整酒他羡慕，
　　　他脑壳一摸立名目。
　　　整哒一个安慰酒，
　　　照样摆了几十桌。

甲：（白）是的。

（唱）俺娘屋里有个鲁大河，
　　　年纪已有八十多。
　　　打牌两天没下桌，
　　　人老手气又不妥。
　　　听牌少，放和多，
　　　最后一盘搞自摸。
　　　摸了一个歀二坨，
　　　兴奋过度拐大作。
　　　结果送到医院里，
　　　搞了两天才救活。
　　　儿媳一见暗里乐，

　　　　　　正愁整酒没由头。
　　　　　　老爷子起死回了生，
　　　　　　成了整酒好题目。
　　　　　　赶紧接客搞庆贺，
　　　　　　也在家里摆了几十桌。
　　（白）哎，大本，那俺整么得酒呢？整安慰酒，儿子还读小学；整回生酒，老倌子壮得像骆驼。你的脑壳还蛮灵活，也想个题目。

甲：（白）题目现成的吵，家里新修的厕所不是差不多哒。

乙：（白）那都整得酒的，不怕人家笑话。

甲：（唱）而今整酒虽然多，
　　　　　好多都是巧立名目。
　　　　　大哥不会讲二哥，
　　　　　螺蛳哪么笑蚌壳。

乙：（白）那拱门哪么写？

甲：（白）而今上面不是提倡农村改水、改厨、改厕啵，拱门这么写："热烈祝贺陈大本、满大珍'三改'重点工程落成。"到时候我们请村主任致辞，请妇女主任首先如厕冲喜。

乙：（白）要得！那日子就定到后天好啵。

甲：（白）后天是初十，意思就是初步试一下，效益一好，接着就改厨，争取今年整两个酒，赚点钱哒过个热闹年。

　　（唱）到了初十这一天，
　　　　　拱门立起月亮湾。
　　　　　气球冲起半云天，
　　　　　整酒场面好壮观。

乙：（唱）到了晚上客一散，
　　　　　两口子赶紧把门关。
　　　　　坐到屋里数人情钱，
　　（白）大本，
　　（唱）今朝人情有几万？

甲：（白）还几万呢，一万三。

乙：（白）么哒，一万三？

甲：（白）不只一万三呢，有一山。

乙：（唱）这几年出去好几万，
　　　　哪么只收一万三？
　　　　把人情本本给我看，
　　　　你肯定想赚私房钱。

甲：（白）你看吵！
　　（唱）不看还没所以然，
　　　　一看心里实在烦。
　　　　您满家亲戚好厚的脸，
　　　　差我的人情不来还。
　　　　你远房堂兄满齐贤，
　　　　去年三十六岁满，
　　　　我人情上的是三百元。
　　　　今天整酒我请客，
　　　　没看见他的人冒面。

乙：（白）哎，你痞俺娘屋里的门子是啵？
　　（唱）砍脑壳的你仔细看，
　　　　你叔辈姑爷江正散。
　　　　这几年整酒整八遍，
　　　　我每次人情三百元。
　　　　总共去了二三千，
　　　　这次就来三百元，
　　　　一个零头都没还完。
　　　　去是人情来是账，
　　　　哪么不给我一齐还，
　　　　我恨不想问得他眼睛翻。

甲：（白）你满家不是一样的？
　　（唱）你的老表李大协，
　　　　正月间整酒我去二百。

今天两口子带个伢，

人情他只上一百。

三个人抬起打复席，

真的呕死一摊血。

个个像他来吃酒，

我陈大本要卖堂客。

（白）我讲的，下回遇到他整酒，老子硬要吃他半个月。

乙：（白）你们陈家也好不到哪里去！

（唱）你的堂哥陈大转，

还我三百没有加一点。

一家老少五口人，

足足实实吃两天。

残菜装走一脸盆，

还端走我一个大汤碗。

（白）这就是你出的馊主意，说要整么得摸脑壳酒，这下好哇——

（唱）人情只收一万三，

铺底就用八九千。

还有酒烟不上算，

顶多搞个原脱原，

还忙得人都瘦一圈。

甲：（白）怪我是啵，要不是你天天讲吃酒硬会吃死人，我哪么得动这些歪脑筋。

乙：（白）我晓得人家还人情只看最后一个本本，前头的都作废哒的。

甲：（白）你不晓得我就晓得？算哒，08年俺两个为吃酒闹风波，丑都出到长沙去哒，莫这次为整酒还要把丑出到北京来啊！

乙：（唱）没整酒时想整酒，

整酒都是有所图。

甲：（唱）富贵人家想整酒，

显耀财大和气粗。

乙：（唱）有权人家想整酒，

借题开条发财路。

甲:（唱）平民人家想整酒，
　　　　送出的票子要回收。
乙:（唱）结果蜻蜓吃尾巴，
　　　　挖的自己身上肉。
　　　　乡里肥商店，
　　　　城里富酒楼。
　　　　伤的亲人和朋友，
　　　　坏了乡风和民俗。
　　（白）酒啊酒，你硬把人心都扭曲！
合:（唱）发财不能靠整酒，
　　　　致富需要去奋斗。
　　　　勤俭节约是美德，
　　　　幸福生活乐千秋。

（渔鼓）

## 武松大闹观音堂

改编：刘昌会
表演：刘昌会

（诵）惩恶扬善行正义，
　　　除暴安良保太平。
　　　该出手时就出手，
　　　英雄千古留美名。

（唱）怀抱渔鼓走上场，
　　　开言就把小书唱。
　　　话说武松拜师访友回家乡，
　　　看望哥哥武大郎。
　　　进门就把哥哥喊：哥哥，哥哥！
　　　却只见哥哥满脸泪水满身伤，昏昏沉沉睡在床。
（白）哥哥，为何这般模样？莫不是我没有在家中有谁欺负于你？
（白）二弟呀！
（唱）你外出几年不回乡，
　　　哥哥还是干的老本行，

　　　　　天天卖我的烧饼和麻糖,

　　　　　昨天到观音堂去赶场,

　　　　　被一伙赌徒吃得精打光。

(白)我找他们要钱,你猜他们怎么讲?"哼,老子们下馆子吃大鱼大肉都

　　　从来不给钱,何况吃你这点烧饼和麻糖。"说罢拳脚相加。

(唱)又是棍来又是棒,

　　　把我打得一身青红紫发,尽是伤。

(白)哥哥,哪里来的恶贼,吃了熊心豹子胆,敢伤我的哥哥?

(唱)二弟呀,说起如今的观音堂,

　　　新来了十个弟兄称霸王。

　　　大哥名叫坐山虎,

　　　二哥又叫舍命王,

　　　三哥名叫擎天柱,

　　　四哥名叫铁金刚,

　　　五哥名叫铜罗汉,

　　　六哥叫做打不死,

　　　七哥打死了又还得阳,

　　　八哥名叫穿山甲,

　　　九哥名叫九头鸟,

　　　十哥喊他驾海梁,

　　　他们在观音堂开的大赌场。

　　　本地方的我不讲,

　　　就是外地来的过往客商,

　　　被他们软硬兼施拖上场,

　　　身上的银两不输光你就莫想走出观音堂。

(白)大哥,这帮恶贼这等可恶,我今天要为民除害,为我的哥哥报仇。

(唱)我要去会会这帮狗豺狼。

（白）二弟，去不得。

（唱）他们人多势力旺，

　　　听到讲的个个本领都高强。

　　　虽然你的武艺好，

　　　你孤身一人，

　　　今朝恐怕会泼汤。

（白）大哥，莫说几个小小毛贼，

（唱）就是龙潭虎穴也要闯。

　　　武松怒火高万丈，

　　　大步流星直奔观音堂。

　　　观音堂前打一看，

　　　今天热闹不寻常。

　　　观音堂前一个大禾场，

　　　三个班子搭起对台把戏唱，

　　　看戏的人也多，

　　　做生意的人又广，

　　　不管三七二十一，

　　　武松分开众人往前闯。

（白）一路走一路观望，只见那上面台上唱的《甘露寺》刘备东吴招亲。只听那乔阁老唱道：

（唱）"刘备本是靖王后，汉帝玄孙一脉流。"

（白）左边台上唱的湖南花鼓戏《刘海砍樵》。

（唱）小刘海，在茅棚，别了娘亲。

（白）右边台上唱的京剧唱脸谱，

（唱）"蓝脸的窦尔敦盗御马，

　　　红脸的关公战长沙，

　　　黄脸的姜维，

　　　　　白脸的曹操,

　　　　　黑脸的张飞叫喳喳。"

　　　　　你看这热闹的好景象武松无心来观赏,

　　　　　挤到观音堂门口打一望,

　　　　　果真开的大赌场,

　　　　　银子堆起像山岗,

　　　　　金子都用箩筐装,

　　　　　十个赌徒在上面指手画脚好张狂。

(白)武松心中一想,他们开的赌场,我身上没有银两,今天就是报仇,也要与狼共舞,参与其中,才能找出他们的真凭实据。

(唱)有了道理在手上,

　　　　闯出祸来也无妨。

　　　　武松走到屋角上,

　　　　捡了一包岩头瓦渣,

　　　　磨得溜溜光。

　　　　上好的皮子买几张,

　　　　把它包得紧梆梆,

　　　　上写纹银三百两,

　　　　然后才走进观音堂。

　　　　舍命王,眼睛亮,

　　　　看到了就打坐山虎一棒,

　　　　"大哥,那里又来了一只好肥羊。"

　　　　坐山虎,听到讲,

　　　　一个箭步飙下场,

　　　　两手搭在武松的肩膀上。

(白)伙计,来了就要一耍。哎,咿,要是今天手气好,赢得几把,何之得有。

(唱)推的推,朗的朗,把武松推到赌桌旁。

(白)伙计,下注。那武松言道,我一年四季输了几多的钱,从来没有坐个庄,今天就要过把瘾,就是输哒都想得。众赌徒说:你要坐庄就归你坐庄。坐山虎言道:"我押银子三百两。"舍命王讲的"我就赌到这半箩筐。"这些赌徒佬看到武松一坐庄,

(唱)他个是个押的押,挪的挪,
　　　多押一点点,多押一点点,
　　　俺今朝赢打一砣,他要赔两砣。
　　　您不押的都是些蠢家伙。

(白)武松知道他们有名堂,出鬼就出在骰子上。骰子里灌得有水银。武松听到他们押的"大",他就抓起骰子的两点用力一蹾,那水银沉底,甩出去的果然是两点。

(唱)这一把,武松赢了千多两,
　　　一起装在箩筐里,
　　　用力甩到肩膀上,
　　　背起就要走出观音堂。

(白)哪里走?你看到几个赢了钱走出去的?老子今天硬要走,你便怎样?老子们要才你的丁。您要打呀,那就好,老子喜欢的就是打,爱的就是打,要打就打。武松一个大鹏展翅。

(唱)接连就是几波掌,
　　　板壁打掉好几椆,
　　　中柱是他踢得离了埫。
　　　接着一个鸳鸯连环腿,
　　　把坐山虎踢出好几丈。
　　　踢断一条腿,
　　　睡在地上哭爹又喊娘。
　　　舍命王看到大哥受了伤,
　　　急忙向前来帮忙,

就是一黑狗窜裆。
谁知武松有提防,
顺势把他的脖子夹得紧梆梆,
朝他脸上就是一巴掌。
"哎哟!"舍命王喊的
"这就拐打停,这就拐打停。
我这鼻子早先还一点塌,
而今是他打得一展平。"
那铁金刚看到舍命王被夹到的,
麻起胆子上前把他拉,
被武松顺手一拳打到他的碴嘴巴。
铁金刚喊的"干得差干得差,
我这嘴巴原先不过一点碴,
而今是他打成一朵北瓜花。"
打啊,打他一个蛟龙来摆尾,
打他一个猛虎下山岗。
坐山虎打成了瘸脚虎,
舍命王打成了塌鼻梁,
铁金刚打得血直洒,
铜罗汉打成了一坨软泥巴。

(白)众赌徒看到武松武艺高强,本事了得,个个喊"英雄饶命"。武松言道:"你们平时欺压良民,无恶不作,念你们家中也有妻儿老小,放你们一条生路,今后要是还在这里,

(唱)作威作福逞凶狂,
还在这里开赌场,
老子见一个打一个,
见两个打一双。

今天留你一条命，

下回被我碰到了，

老子就一起送您见阎王。

众赌徒个个心发慌，

一溜烟跑得精打光。

（白）武松看到观音堂还有这么多的黄金和银两，喊了几个精明的地方老丈，说道："今天见财的有份，把外面唱戏的、赶场的、叫花的、讨米的、穷的、苦的，所有的人排起队到这里来领银两。"

（唱）老百姓个个喜洋洋，

敲锣打鼓放炮仗，

人人竖起大拇指，

称赞英雄武二郎。

这就是：武松大闹观音堂，

还未上梁山就威名扬。

（对鼓）

## 东施效颦

创作：郭方忠
表演：刘　静　郭方忠

甲：台下是朋友，

乙：台上是对手，

合：龙争虎斗唱对鼓。

甲：说起唱对鼓，

　　我就是好手，

　　我要逼得你难开口。

乙：刚刚一开头，

　　你就在吹牛，

　　想要胜我你丑不丑？

甲：不能光赛口，

　　各自显身手，

　　我要你吃不了兜着走。

乙：神气还是有，

　　纯粹二百五，

　　跟我学徒弟我都嫌丑。

甲：我拜你的门，
　　真的气死人，
　　你六个徒弟五个不行。
乙：若你拜我的门，
　　不光只不行，
　　你东施效颦丢尽人。
甲：咂，你说东施效颦，
　　我就请教您，
　　寓言故事你知不知情？
乙：说起东施效颦，
　　是春秋一段情，
　　东施乃是越国人，
　　她与西施是近邻，
　　二人同样是女性，
　　一个丑来一个俊。
　　说起西施，
　　四大美女历史早闻名。
　　容貌倾国又倾城，
　　美中不足有疾病，
　　经常病发心口疼。
　　眉头紧锁手捧心，
　　原本绝色美佳人，
　　更添娇态两三分，
　　引得路人赞连声，
　　东施她也在人群，
　　暗自羡慕在内心，
　　她仿效西施的神情，

也手捧心，紧锁颦，

此情此景人人看到都恶心，

这就是故事说一段，

戏说东施来效颦。

甲：典故记得明，

寓意你不知情，

你怎样评价东施这个人？

乙：寓意相当深，

世人需反省，

盲目仿效不可取，

客观条件重十分，

我对东施有批评，

自我了解不够深，

生来丑陋差"姿"本，

怎能盲目学别人？

所以讲，

画虎不成反类犬，

邯郸学步丑出尽，

难怪她，

千古遗笑到如今。

甲：果然水平深，

寓意说得清，

我认为，

东施效颦她也有爱美心，

也不能完全来否定。

乙：道理也合情，

结合现实论古今，

相互学习求上进。
合：从来对鼓启人心，
　　俺是班门弄斧没唱尽。
　　列位高把贵手抬，
　　互相学习来取经。

（孝鼓）

# 西瓜的秘密

创作：金行文　肖守国
表演：占　洋　谭惠芳

乙：读书难，找工作难，
　　确实难于上青天。
　　望子成龙父母愿，
　　哪个不望子孙贤。
　　儿子大学毕了业，
　　正在报考公务员。
　　考了九十九，
　　就差面试这一关。
　　为给儿子找个铁饭碗，
　　东借西挪十万元，
　　上上下下去打点。
　　（白）结果处处都碰壁，你看心里烦不烦。
甲：（白）表妹，你在这里一个人叽叽咕咕些么得？
　　（白）表哥，你不晓得，
乙：为了儿子找工作，

现在送礼好为难。

送给区长他不接，

送给局长又转弯。

当官的不收我的钱，

儿子工作肯定有点玄。

人家的子乙就当官，

哎，俺家祖坟哪么就硬不冒青烟。

甲：表姐，你头发长见识短，

而今不比前几年。

中央正在反腐败，

谁都没有这个胆。

想要送礼当公务员，

脑壳里要多转几个弯。

乙：送礼还转么得弯，

听你跟我传经验。

甲：你看就在前几年，

建筑公司的钱满贯。

为把一条县道建，

找公路局长去打点。

乙：（白）他哪么搞的？

甲：他给局长送上一条烟，

就顺利攻下了这一关。

乙：（白）啊，一条烟就解决哒，这也太便宜哒吧。

甲：你简直是个脑膜炎，

一条烟又值几个钱？

他只借了烟的包装盒，

盒里装的是金钱。

乙：当官的家里的烟酒堆成山，

　　喝不完就卖到经销店。

　　（白）局长若是不知情，把烟卖哒怎么办？

甲：疏通关系有经验，

　　递烟递出神秘感。

　　说话要用双关语，

　　局长就懂这板眼。

乙：老表我真的没想到，

　　你眼光开阔见世面。

　　还有哪些好经验，

　　介绍给我拿主见。

甲：我讲个故事给你听，

　　俺隔壁有个陈腊英。

　　为了副科能转正，

　　挖空心思动脑筋。

　　她不找领导找夫人，

　　送上一包卫生巾。

　　送去不到半个月，

　　她如愿以偿得提升。

乙：（白）不可能吧？卫生巾又值几个钱？哪么把领导撂得翻？

甲：卫生巾里面藏机关，

　　里面包的都是钱。

　　送礼看似很困难，

　　要开动脑筋把包装换。

乙：谢谢老表一席言，

　　触动灵感那根弦。

　　（白）老表，我有办法哒。

甲：（白）么得办法？

乙：咱家里几亩西瓜田，

西瓜长得大又圆。

如今正是大热天，

摘个西瓜送到区长家里面。

先把西瓜开个眼，

里面瓜瓤都挖完，

钱就放在瓜里面。

甲：这个点子还新鲜，

又不显水不露山。

再把瓜眼贴标签，

上面写上话一段。

乙：（白）哪么写？

甲："西瓜是俺自家产，

送给区长尝尝鲜。

区长必须亲口吃，

体现亲民心一片。"

下面还要落好款，

报考公务员的谭方元。

乙：（白）要得，就这么办。

合：西瓜送给刘区长，

区长大人笑满面。

千谢万谢俺两老表，

临走时还留俺吃中饭。

乙：有钱能使鬼推磨，

实际结果好灵验。

西瓜送去没几天，

儿子来了录取通知单。

甲：乡邻个个都祝贺，

三亲六档乐颠颠。

忽听一声喇叭喊，

一辆小车停门前。

车内走出刘区长，

手抱西瓜笑满面。

乙：（白）哎，老表，区长手里抱那个瓜就像前几天送去的瓜。

甲：（白）是的，他哪么又抱过来哒？

乙：区长握着咱的手，

语重心长跟俺谈。

甲：我们招收公务员，

公平公开不隐瞒。

你儿子笔试面试都过关，

量才录用理当然。

你绞尽脑汁送西瓜，

把秘密藏在瓜里面。

这种做法不应该，

害了自己又害官。

我回家之后才发现，

今天特地来归还。

做官要先学做人，

怎能随便乱收钱。

乙：纠纪正风不空喊，

守法当好领头雁。

哪些地方有缺点，

欢迎给我提意见。

乡亲父老们,

我会当好人民服务员。

甲:(白)好官,好官。

这就是百姓需要的官,

心底无私天地宽

合:反腐倡廉人为先,

共产党员是模范。

沅澧大地清风劲,

一派正气在人间。

（三棒鼓）

# 刘海砍樵新唱

编词：罗先明　高绍红
表演：罗先明　肖国芳

男：锣鼓咚咚敲，
女：阵阵涌心潮。
男：唱个《刘海砍樵》新书段，
齐：恩爱传佳谣。

男：常德武陵镇，
女：有个白鹤村。
男：丝瓜井旁刘家门，
齐：住着刘海砍樵人。

男：刘海家道贫，
女：无钱读书文。
男：父亡母亲眼失明，
齐：悲苦度光阴。

男：他天天在山林，
女：砍樵养娘亲。
男：感化狐仙胡秀英，
齐：惜恋动真情。

男：狐仙山中来，
女：拦住小刘海。
男：媚语娇羞表情爱，
齐：句句暖心怀。

男：刘海忙开言：
"大姐莫笑俺。
我是砍樵苦儿男，
怎能将你来高攀？
家有白发娘，
双目不见光。
病魔缠身难下床，
长年守在茅草房。"
"大姐美如仙，
我本是穷汉。
砍樵要换吃和穿，
快快请你让一边！"

女：刘海话没完，
狐仙开了言：
"海哥孝心感动天，

妹心早被你感染。
海哥你且听：
我叫胡秀英，
家住后山五里坪。
与你三生有约定。
婚后你砍樵，
我把家务操。
伺候娘亲尽孝道，
生活定会更美好。"

男：望着娇美人，
刘海生疑问。
眼前美女虽娇媚，
头脑只怕有些笨。
不去攀高官，
不把富豪亲；
不向俺家要彩礼，
不问学历和出身。
不贪级别和金钱，
不开名车炫身份；
不以青春作抵押，
不拿情爱当商品。
此事只应天上有，
人间如今哪得闻？
真是做梦娶媳妇，
打死我也不相信。

女：秀英偷偷乐，
　　你才太傻笨！
　　有眼不识我狐仙，
　　迷失在凡尘。
　　"人间虽悲苦，
　　真情胜仙境；
　　哥哥孝心尤可敬，
　　感动天地神。
　　"哥虽身贫贱，
　　心善惹人疼。
　　荣华富贵过眼云，
　　真情赛黄金。
　　"怜你劳作苦，
　　疼你无人亲，
　　敬重你是大丈夫，
　　爱你有孝心！"

男：刘海我开怀笑，
女：秀英我最重情。
男：心中激情已燃烧，
齐：忙把贤妻／夫君叫。

男：刘海走了桃花运，
女：妻子名叫胡秀英。
男：此事很快网上传，

女：引来围观亿万人。

男：有道是　无权无钱有品有德　就有运，

女：做好人　上山砍柴安心孝老　也有成。

齐：这就是《刘海砍樵》新唱段，

　　三棒鼓　声声警醒　世俗人。

（孝鼓）

## 传承

作词：邵　丹
表演：邵　丹

（合）今天进京把台上，
　　　专家学者聚一堂。
　　　听说航吧名头响，
　　　不知为何还不上场。

（唱）我刚刚来到街口上，
　　　遇到几个同学把路挡。
　　　开的小车烟直扬，
　　　下来一统帐，
　　　搞得油毛水光，
　　　像些嫖堂客的像。
　　　推的推，搡的搡，
　　　指尖点到我的鼻子尖上。
　　　把我的小名直叫嚷，
　　　一点点儿都没修养。

（白）"舫吧"！我的小名叫"舫吧"。

　　　"你狗日的舫吧"！

（唱）望着他们无限的风光，

　　　我的脑海里在努力地回想。

（白）噢！我认到哒，

　　　你是烂眼眶，

　　　你是撒尿宝，

　　　你是咬卵犟。

（唱）我急忙走上前跟他们装烟，

　　　我说我没钱。

（唱）我长期喝的是君健，

　　　哪知道我装烟他们望都不望。

　　　特别是那个咬卵犟，

　　　我装烟他还调相。

　　　转过身跟我装根芙蓉王，

　　　我混得没有他们强。

　　　缩脚缩手站在一旁，

　　　撒尿宝旁边开话腔：

　　　"舫吧！当初读书在学堂，

　　　你的成绩也蛮强。

　　　你的人长得也还亮爽，

　　　高中毕业回家乡。

　　　分道扬镳外面闯，

　　　你看老子们混得当当响。

　　　我在当局长，

　　　他在当处长，

　　　他最不妥，

　　　都搞了个巴耳副乡长。

你就哪里这么窝囊,
搞个么哒打鼓匠!"
老子们连想都不敢想,
我说我喜欢打鼓匠。
三百六十行,
行行都有状元郎。
"哎呀!一个么哒郎不郎,
你跟叫花子是同行。
有红白喜事你就到堂,
打三棒鼓打乒乓,
站在人家门口一个背时相。"
几个同学不停地讲,
搞人身攻击又恶语中伤,
劝我不搞打鼓匠。
面对着他们的古道热肠,
我付出最大的忍让。
我说:"兄弟们,
我热爱打鼓匠。
您热爱当官,
各有各的价值观。"
"舫吧!你像脑膜炎,
打鼓匠个个都没钱。"
"撒尿宝你讲话不着边,
自古隔行如隔山。
我打鼓,你当官,
你太平洋警察管的宽。"
我被几个同学快气癫,
双拳紧捏在出汗。

　　　　手上有半包烟，
　　　　被我捏稀烂。
　　　　我有个怪习惯，
　　　　一激动就想喝烟。①
　　　　摊开巴掌看，
　　　　尽几根断烟。
　　　　去你娘，甩一边，
　　　　对着他们喊。
（白）撒尿宝！跟我装烟喝。
（唱）局长装烟，
　　　　处长点火，
　　　　乡长拉着我不放。
　　　　"航吧！
　　　　我们今日痞你的门子太没修养。
　　　　不过好歹同学一场，
　　　　仗得住我们才这么讲。
　　　　来来来！你就对我们好些讲，
　　　　你哪么要搞个打鼓匠。
　　　　我说我搞打鼓匠，
　　　　是小孩没得娘，说来话就长。
　　　　六月冻死老绵羊，
　　　　我迫不得已才搞这一行。
　　　　因为我爸爸是个鼓匠，
　　　　爸爸死的时候，
　　　　一没跟我交存款，二没交楼房，
　　　　就交两根打鼓棒。

---

① 常德方言称抽烟为"喝烟"

我心里血胀，
熬住硬不接他的棒。
爸爸他拉住我不放，
儿呀！你哪么也瞧不起打鼓匠？
爸爸这一辈子都在搞演唱，
吃了多少苦，
受了多少伤，
看了多少世态炎凉，
但是我从没有改过行。
人民的政府，人民的党，
也很重视打鼓匠。
中国曲艺家协会，
爸爸的名字也在场。
省曲协，市记者，
常把您爸爸来采访。
爸爸到外面去演唱，
老百姓也都捧我的场。
雨露滋润禾苗才壮，
大树离不开土壤。
老百姓喜欢的打鼓匠，
他就是优秀的打鼓匠。
儿啊！人一辈子在世上，
不能有太多的奢望。
一句老话经常讲，
是个么哒鱼就剁么哒浪。
你天生就是个打鼓的料档，
来来来，你接过爸爸的棒。
走乡村，到茶堂，

一不彩脸，二不化妆。
凭着你的嘴一张，
唱得笑声在回荡。
把欢乐送在别人的心上，
就等于你的生命在放光芒。
即使你遇着了挫折与忧伤，
你也不能迷失方向。
你背时的时候要坚强，
千万不能失去希望。
擦干你的泪水，
挺直你不屈的脊梁。
勇敢地面对，
继续去唱。
临死前的爸爸，
泪眼中充满无限的希望。
我总不能让爸爸，
带着遗憾去见阎王。
再也忍不住热泪盈眶，
扑通一声跪在地上，
接过了爸爸的打鼓棒。"
我几个同学听我讲，
也想重新认识打鼓匠。
跟着我来到了演出现场，
看到鼓书艺术在弘扬，
代代相传永留芳。

（渔鼓）

## 娘教女

编词：卞德模　颜昌春
表演：颜昌春

民间曲艺多悠久，
华夏儿女数风流。
渔鼓节目唱一段
《娘教女》故事传千秋。

唱的是，河南省的洛阳地，
离城五里王家溪。
王康财主有名气，
自与梦氏两婚配，
夫妻恩爱有情义，
膝下所生三个女。
大女二女已嫁出去，
这天九月二十七。
王家准备嫁幺妹，
做娘的又心疼来又着急。

眼看太阳已落西，
解下围裙拍掉灰。
来到女儿绣楼里，
娘母二人坐一起。
妈妈流出伤心泪，
今日你还是娘家女，
明日就成婆家媳。
两个姐姐嫁出去，
都是嫁的有钱的。
幺妹嫁到穷人家，
鱼不跳来浪不起。
大姐嫁到陈家去，
打的八箱和八柜。
弹的鸭绒新棉絮，
靴子有寸把高的底。
二姐嫁到马家去，
嫁妆打得还多些。
陪嫁秧田棉花地，
杉木柜子装糯米，
压断几根箩筐系。
幺妹嫁到穷人家，
娘对女儿对不起。
做妈妈的没权利，
纵然疼只在心里。
几句好话交代你，
夫妻团结要和气。
自古和气生财喜，

团结才有战斗力。
纵然两人争几句,
夫妻何必分高低。
不赌隔夜哑巴气,
婆婆面前孝敬些。
我儿要懂周公礼,
说话三思要注意。
有句古话说彻底,
女儿不栽爹田地。
好女不穿嫁时衣,
夫妻发奋立志气。
穷一点点没问题,
两人都放勤快些。
迟些睡,早些起,
多开荒来多种地。
耕种都要勤盘算,
茄子豆角多栽些。
吃不完的好卖去,
解决油盐小问题。
平处就做棉花地,
纺纱织布来缝衣。
付出勤劳的汗水,
日子也会甜蜜蜜。

另外交代话一段,
为娘我把爸爸瞒。
箱子柜子到处翻,
找出几本古文卷。

交给你的男子汉，
努力学习把书念。
待到开科求状元，
求得一职与半官。
夫妻双双把家转，
发奋做给父亲看，
拨开乌云见晴天。

这就是：
娘教女儿歌一段，
渔鼓说唱您跟前。

（孝鼓）

## 姜女情

作词：万家煌
表演：张　辉　李　芳

甲（唱）鼓儿咚咚响入云，
乙（唱）欢迎在座众嘉宾。
甲（唱）民间曲艺要弘扬，
合（唱）唱一段嘉山传说姜女情。
　　　　姜女情！

甲（唱）只说那津市新洲孟家庄，
　　　　孟员外中年得女叫孟姜。
　　　　模样俊俏赛天仙，
　　　　自幼儿习针线来学文章。
乙（唱）六月荷花满池香，
　　　　主仆二人白日洗澡下池塘。
　　　　赤身美女娇羞样，
　　　　真比那出水芙蓉还漂亮！
甲（唱）扒开荷叶照脸庞，

水中现出男儿郎。

乙（白）不好了，有人偷窥！

甲（唱）姜女吓得心发慌，

荷叶遮羞急忙上岸穿衣裳。

乙（唱）孟员外闻声赶来问端详，

（白）呔！何方歹徒！

（唱）为何在我花园藏？

甲（白）老人家——

（唱）俺乃澧州范喜良，

为躲抓丁四处藏。

不知小姐来洗澡我多多冲撞，

还望您高抬贵手把我放。

甲（唱）孟员外一听暗思忖，

这娃娃知书达理有理性。

如此相遇也算缘分，

干脆让他们来完婚。

合（唱）老人说合一言定，

洞房花烛成了亲。

甲（唱）谁知三天都不到，

官府捉走范郎筑长城。

乙（唱）从此后孟姜女每日登上嘉山顶，

望穿秋水盼夫君。

甲（唱）眼见得大雁南飞霜露冷，

乙（唱）孟姜女赶织寒衣决心去把夫君寻。

合（唱）一路上风餐露宿千般苦，

多少次双脚磨破血淋淋！

甲（唱）那天来到冀州虎牢关，

　　　　守关的军爷恶狠狠——

　（白）站住！交钱过关！

乙（白）军爷，民妇孟姜女身无分文。

甲（白）么哒！没钱？嘿，老爷雁过都要拔毛，你不交钱岂能过关？

乙（白）军爷呀——

　（唱）我的夫新婚被抓修长城，

　　　　小女子千难万险把夫寻。

　　　　望老爷放我出关去，

　　　　大恩大德永记心！

甲（白）哟！这小女子挺会说话啊？那好，你给本老爷唱首小曲，解解闷，就放你过关。

乙（白）军爷，我……（摇头）

甲（白）怎么？不想唱？那你就是不想过关啰？

乙（白）好，军爷我唱。我唱——

　（唱）正月里来是新春，

　　　　家家户户喜盈盈。

　　　　人家夫妻团团圆，

　　　　孟姜女的夫君在修长城……

甲（白）哎呀别唱了别唱了，把老爷我的眼泪都唱出来了。好，好，你过关去吧。

乙（白）谢老爷！

甲（白）回来！这点钱你拿去做个盘缠。要知道，平时只有别人给老爷我送钱，给别人送钱，可是头一回哦。唉，无情反被多情伤啊！

乙（唱）孟姜女，到长城，

　　　　见人上前就打听。

　（白）这位大哥，向您打听一人。

甲（白）打听何人？

乙（白）澧州来的范喜良，你可认识？

甲（白）啊？你问他啊？他身染重病，早就死了。

乙（白）啊？你在怎讲？

甲（白）早就死了！

乙（唱）晴空霹雳轰头顶、轰头顶！

霎时间魂飞魄散天地昏！

夫君啊，忘不了荷塘邂逅定终身，

忘不了夫妻恩爱枕边情。

实指望夫妻能够重相会，

又谁知，闻噩耗，夫君你、你不

堪苦役成孤魂。

夫啊！你一缕孤魂在何处？

为妻我定要接你返回故里

伴亲人！

甲（唱）哭声震撼城墙崩，

一片痴情鬼神惊！

千古绝唱姜女情，

谱写人间烈女贞。

合（唱）滚滚长江东逝水，

大浪淘沙留真金！

甲（唱）姜女庙世世代代香火盛，

乙（唱）人们把忠贞爱情奉为神。

合（唱）把忠贞爱情奉为神！

（对鼓）

# 男人和女人

创作：无名氏
表演：沈佰军  陈克华

甲：走上大舞台，
　　唢呐吹起来，
　　我们的对鼓唱开怀。
乙：对鼓来比赛，
　　赛的是口才，
　　靠的是脑筋反应快。
甲：你我把战场摆。
　　对答要精彩，
　　要唱出心中的思想与感慨。
乙：我到北京来，
　　心情好爽快，
　　唱一段对鼓表心怀。
甲：先生有水平，
　　我来把你问，
　　现在社会上，

到底是男人厉害还是女人能？

乙：先生这样问，

　　必定奥妙深。

　　男人是人，女人也是人。

　　男女之别有分寸，

　　在场都是这两种人。

　　你说你有种，他说他也行，

　　要依我来说，还是女人行。

甲：你说女人行，

　　我说男人能。

　　那一天，我在超市门口站，

　　看见夫妻人两员。

　　夫在后，妻在前，

　　妻子手拿购货篮。

　　东一挑，西一选，

　　化妆品买了一满篮，

　　专为自己去打扮。

　　走到收银台一站，

　　手一摆："老公来埋单。"

　　就朝这件小事看，

　　女人还没掌实权，

　　还不是男人当老板。

乙：先生你没看穿，

　　说得好简单。

　　要说逛商店，

　　我也有新发现。

　　那一天，看见男女结伴走，

女人搭着男人的肩。
男人买了一包烟,
"老婆,老婆来埋单。"
女人丧起一张脸,
揪耳朵就像扭电扇,
"你怎么这样不节俭,
抽烟你又当不了饭,
花费好多冤枉钱,
走,回去!"
依着这件小事看,
还是女人把男人管。
我朝这种现象看,
现在还是妻管严。

甲:先生你好讨嫌,
　　转弯抹角,把矛盾指向俺,
　　我说男人就是天。

乙:(白)我说女人是地,
　　　　天是地托起的!

甲:男人是山,高高在上往下看。

乙:女人是水,水把山来围一圈。

甲:男人是高压电。

乙:女人是闸头,往下一搬,就要你停电!

甲:男人是电视机,
　　想看我就看。

乙:女人是遥控器,
　　要关我就关。

甲:男人是小轿车,

　　　　跑得屁股冒白烟。
乙：女人是方向盘，
　　　要你转弯就转弯。
甲：男人是老大。
乙：老大也是女人生。
甲：（白）好好好，停停停！
　　　　　你我都别争。
　　　　　人人都是父母生，
　　　　　父母的恩德一般大，
　　　　　男女何必要分清？！
乙：父母一般大，
　　　男女都平等。
　　　为人不要忘根本。
　　　要报父母养育恩。
甲：对鼓好比一台"戏"，
　　　往来问答有规律，
　　　我们来到北京城，
　　　登台来献艺，
　　　对观众和专家表心意。
合：鼓调唱南北，
　　　良书颂英杰，
　　　地方曲艺放光芒。
　　　红花永不谢！

(孝鼓)

# 边三梭卖器官

创作：晏友淼
表演：田金华　陈元华

甲：(白)人背时来鬼推磨,黄鼠狼子蹲鸡窝。昨日拆屋卖的檩子和椽角,今日又输得不剩半个,刚好一个自摸边三梭——

乙：(白)三梭！

甲：(白)你看那个逗把的村长又来喊我！搞么哒？

乙：(白)三梭,你的堂客喝哒药,你还有心在赌博！

甲：(白)鬼讲！

乙：(白)你看呢！

甲：(白)啊……

　　(唱)一见妻子床上卧,
　　　　嘴巴还在流白沫。
　　　　我的心中如刀割,
　　　　月娥啊,
　　　　你哪么要狠心喝农药？
　　　　家破人亡剩下我,
　　　　村长,

　　　　　我也不想在世上活。

乙：（白）你也想死？慢着，先跟你堂客搞钱买棺木！

甲：（白）村长呀，

　　（唱）家财都是我赌完，

　　　　　还欠赌债十几万，

　　　　　若葬妻子买棺木，

　　　　　我到哪里去搞钱？

　　（白）"哎，村长，卖器官，听说人的器官蛮值钱，前不久我准备卖哒还赌债的。"

乙：（白）你想卖器官？怎么会卖得的？

甲：（白）村长呀，

　　（唱）我曾听到人家说，

　　　　　肾脏可以卖一个，

　　　　　肝脏可以卖一坨，

　　　　　卖哒同样可以活。

　　　　　只是眼睛就不同，

　　　　　死后才能卖角膜。

　　　　　村长呀，

　　　　　我已是孤寡人一个，

　　　　　活在世上受折磨。

　　　　　活着不如死快乐，

　　　　　干脆一死卖角膜，

　　　　　卖的现钱你掌握。

　　　　　夫妻后事你操作。

乙：（白）你想卖眼角膜？

甲：（白）嗯。

乙：（唱）你日日夜夜都赌博，

经常看的是梭万坨。
过度疲劳已麻木，
模糊昏花不灵活，
眼睛成个直家伙，
安哒你的眼角膜，
哪个安哒害哪个。

甲：（白）那我就卖个肾。
乙：（唱）赌博佬的肾也不妥。
内头堵的毒太多，
又要吃，又要喝，
有了尿哒也不屙。
日夜打牌不下桌，
把个尿脬会胀破。
尿中有毒不能排，
肾脏超载受了害，
不是发炎就肾衰，
十个肾有九个坏，
人家买的是原生态，
你的送把人家都不爱。

甲：（唱）三梭我一听好无奈，
望着妻子哭哀哀，
悔当初我赌博把家败，
无钱给你买棺材。
只恨我这个丈夫已经彻底坏，
身上的器官都无人买。
月娥啊，月娥……
这些年你过得好辛苦，

跟着我没享到半天福,
人家妻子住高楼,
你却住的是破屋,
人家餐餐吃鱼肉,
你吃的盐菜和萝卜。
人家的妻子常旅游,
你只能痴呆呆站在大门口,
为了劝我再不赌,
你不知挨我多少狠拳头,
你恨我去天天赌,
今日走上不归路。
若世上卖有后悔药,
我今朝吃得一背篓。

（白）村长,我好悔呀!

乙:（白）三梭啊,人体器官只能无偿捐献,不能随便卖的。只要你真心悔过,我可让你夫妻团圆。

甲:（白）啊,人死能复生?

乙:（白）能复生。月娥,我们莫演戏哒,你起来吧!

甲:（唱）一声月娥喊出口,
她真的慢慢抬起头。
我又惊又喜又是羞,
双眼流泪难开口。
月娥啊……

乙:（唱）冤家呀,
你日日夜夜迷上赌,
好歹不听我劝阻。
绝望之时要服毒,

　　　　搭帮村长把我救，
　　　　设下此计假装死，
　　　　以死劝你来戒赌。
　　　　现在你似有悔悟，
　　　　从此金盆要洗手。
甲：(唱)月娥请你相信我，
　　　　从今以后我改过。
　　　　咬破中指写血书，
　　　　留下血字十四个：
　　　　"在生决心戒赌博，
　　　　死后无偿捐角膜"。
　　　　村长，
　　　　你也要随时监督我。
乙：(白)好啊！
合：(白)这正是：
　　(唱)世间人人恨赌博，
　　　　洁身自好靠自觉，
　　　　孝鼓一段意义大，
　　　　请君听后细思索。

（说鼓）

# 打狗风波

创作：张成辉
表演：张成辉

（引白）遇事宽让便是贤，
　　　　大度和善怨气散。
　　　　一曲乡邻和谐歌，
　　　　七旬老母奏主弦。
（唱）有一位发财老板刘明权，
　　　他存款超过了八百万。
　　　这天他开着宝马赶回家，
　　　只见他那只心爱的藏獒犬，
　　　不知何故死在铁门边。
　　　刘明权满腹怒火胸中燃，
　　　气冲冲便把他妈妈喊。
（白）"妈，妈呢！"
　　　"做么的？"
　　　"俺的狗是哪个打死的？"
　　　"喔，这么火冲冲赶起回来，就是问的这个事啊？

是这样的,今朝也只怪这贼狗它自寻死路,它拉脱链齿跑起出去,把隔壁三佬的鸡咬死哒一皮条,人家不小心把它打死了。"

　　　"啊,还是这穷鬼老表刘明山他干的好事哇,

　　　刘明山啊刘明山,你我从此势不两立!"

(唱)骂声龟儿你不长眼,

　　　做事怎不对人看?

　　　打狗如打主,

　　　你犹如在我身上抽钢鞭!

(白)列位:他妈妈听罢这番话

　　　急忙上前把儿劝。

(唱)"明权呀,今天你一定要冷静点,

　　　万万不可仇报冤,

　　　冤家宜解不宜结,

　　　忍气饶人祸自散。

　　　儿啊,自古量小非君子,

　　　火气太大易伤肝,

　　　邻里要以和为贵,

　　　朝不碰面晚看见,

　　　同湾共住几十年,

　　　两家的祖人同血缘。

　　　不看僧面看佛面,

　　　俺要对他的爹娘看。"

(白)"妈,您只怕越老越糊涂哒哟?今朝尽帮倒忙,口口声声要对他爹娘看,老子看他爹娘哪一门?"

　　　"伢儿,你今朝讲这个话就不该,他的父母,你的三伯伯两老,当初对俺有天高地厚之恩,若是不信,你就给我仔细地听着。"

(唱)记得那年你两岁还未满,

你的爹爹就身犯癌症赴黄泉。
从此后娘好比苦海行船断了桅杆,
随风漂荡难靠岸。
第二年的正月间,
你生了一场恶病好危险,
两天两夜都没睁眼,
为娘的硬是会急癫。
屋里没得一分分钱,
抱起你我的眼雨都哭干。
是你三伯妈得了信,
她想尽办法周济俺。
还记得她卖了一篮大鸡蛋,
另外还拿出现钱一百元。
还在俺队里跑上又跑下,
为俺挨家挨户去求援,
乡亲们个个都捐款,
刚好筹齐两百元,
俺姊妹抱起你就开跑,
送进县城里的中医院。
通过医生细检查,
儿啊,你是得的脑膜炎。
倘若还迟去的那么半天,
你的生命就有危险。
三伯妈把你从阎王手里抢回转,
救命之恩你要铭记在心间。

(白)"好好,你讲的这些我心里有数哒。妈!您身体不多好,你好生休息,我出去有点事去哒。"

"你又要到哪里去?"

"你不管呢,我就回来的呢。"

(唱)刘老板说罢就往外去,

只听到"嘀嘀"车子发动一溜烟。

丢下他外出暂不讲,

回头再讲他的邻居刘明山。

听说刘明权回哒家,

他两口子如今硬会吓破胆,

他心想隔壁的刘明权,

一定是出去把人搬,

他的交往广、脚路宽,

好朋友铁哥们有若干,

似这般肯定有场大皮绊。

他二人正愁得团团转,

屋漏偏遭夜雨连。

昨天儿子又遇车祸住医院,

今天三次催药钱,

一家人忧得四门无路干瞪眼。

三天结下俩苦瓜,

那个味道连黄连。

哪知就在这时间,

忽听到"嘀嘀"一辆小车停在他门边。

从车上下来了刘明权,

只见他笑嘻嘻地把夫妻二人喊。

(白)"明山兄弟,你两夫妻在屋里忙些么得?"

"是、是、是权哥过来哒哟?我、我、我今朝硬是对您不住呀。兄弟呀!"

(唱)这些年你的家景有困难,

我这做兄长的也很少打照看。
听说我那侄儿他学开车，
昨日出了事故把腿摔断。
来！我这里暂且拿一万，
要是钱少还不够，
往后我还可以再支援。
刘明山接起这笔款，
心中的感受有万千，
不知要说什么才好，
愧疚满面泪花闪。
同志们：那位德高望重的老妈妈，
可算是一名"金牌"调解员
她化干戈为玉帛
乡邻和谐谱新篇。

（孝鼓）

## 查家底

创作：王　芳
表演：刘　静　王　松

甲：奶奶，奶奶，我回来了！
乙：哎……冬冬，今日放学早啊？
甲：奶奶，我……我要换手机！
乙：手机买哒才几个月，又换新的，烂哒？
甲：不是的，款式淘汰哒！
乙：款式淘汰有么得关系，好用就行。
甲：奶奶，同学们都用的高档手机，我一个人用的这款，好没面子。
乙：冬冬，爸妈打工不在家，
　　现主（本来）屋里条件差，
　　节约犹如针挑土，
　　奢侈好比浪打沙，
　　人情苛费缴用大，
　　伢儿，你要体谅爸爸和妈妈。
甲：奶奶，你当初说的么得话，
　　冬冬只要你刻苦搞学习，

　　　　要么得东西满足你，

　　　　奶奶我还供得起。

　　　　如今我要换手机，

　　　　又说条件不允许，

　　　　一是风来两是雨，

　　　　叫我哪么相信你。

乙：冬冬，我……唉……

甲：奶奶，你吞吞吐吐有么得话你就讲吵。

乙：冬冬，不讲屋里没多的钱，就是有钱也要节约。

甲：奶奶，俺屋里到底存了好多钱？

乙：冬冬，你爸妈都是打工的，哪里有么得钱！

甲：爸妈出去三四年，一年就算二万也有八万。

乙：没得！有钱还要你节约！

甲：你拿存折给我看！

乙：冬冬，你只安心把书读好，这存折还轮不到你查管！

甲：我硬要查！

　　　　你口口声声讲节约，

　　　　自己天天都赌博，

　　　　哪天不打到十点多，

　　　　我憋到如今没发火，

　　　　之所以我要把家底摸，

　　　　就是查你输好多，

　　　　爸妈回来查账目，

　　　　我还跟斗你背黑锅。

乙：好啊……冬冬，奶奶处处疼着你，护着你，如今长大哒，翅膀硬哒，

　　　　还查起奶奶的账来哒！

甲：身正不怕影子歪，

打牌怄气是活该。

乙：好，冬冬，你等斗，你等斗，我跟你拿存折量家底，拿去！

甲：奶奶，这哪里是么得存折，分明是一张诊断书和化验单，你么得意思？

乙：你你你，你这个不知世事的小冤家啊！

就是这张化验单，

我一直没对你说穿，

四年前你爸下岗得乙肝，

治病到处借不到钱，

才带起你妈到东莞，

谁知打工都有门槛，

进厂必须搞体检。

你爸出去三四年，

其实他在捡破烂，

下雨天就蹲医院，

捡废纸，发传单，

糊张嘴巴都为难。

你娘在服装厂上班，

每天加班十多点，

舍不得吃，舍不得穿，

再穷没让你为难。

奶奶我在猪鬃厂上临时班，

下班回来比较晚，

你问我，我说进牌馆，

之所以，我要把你瞒，

就是怕给你心里添负担，

今天你要换手机，查存款，

我无奈才拿出诊断书和化验单。

甲：奶奶……
　　听完奶奶话一番，
　　如梦方醒心头酸，
　　怪不得这几年过年，
　　爸妈总说车票难。
　　去年我要求爸妈寄张照片，
　　爸爸一张蜡黄脸，
　　妈妈也瘦哒一大圈。
　　看照片，爸爸一件藕色衫，
　　四五年哒都还在穿，
　　妈妈的打扮更戳眼，
　　照相都穿的爸爸的夹克衫。
　　爸妈过得如此苦，
　　我却在家乱花钱。
　　人家的奶奶欢度晚年，
　　跳街舞、逛公园，
　　我六十几的奶奶还在加夜班。
　　面临着家庭里的困难，
　　我内心充满不安和茫然，
　　奶奶，冬冬我到底该怎么办？
乙：好孩子，有孝心，
　　面对困难要坚韧，
　　刻苦学习要勤奋，
　　争取考出个大学生。
甲：爸！妈！
　　浪子回头金不换，
　　攀比之错再不犯。

我要邀同学们的伴,
　　不比吃,不比穿,
　　要比成绩谁拔尖。
　　爸!好好养病心放宽,
　　妈!再莫拼命加夜班,
　　保重身体最关键,
　　冬冬不再乱花钱。
　　现在发狠还不晚,
　　儿子光说还不算,
　　到期末我要用最优异的成绩,
　　给爸妈交一份最满意的答卷!
乙:说得好,好!
甲:春风吹开心灵窗,
乙:留守儿童当自强,
甲:今天苦点算什么,
齐:明天的生活更阳光!
　　明天的生活更阳光!

（薅草锣鼓）

# 郎是包谷梗

表演：覃远明　刘楚红　覃业能　陈冬初

（白）今朝薅草的好多人，伙计，俺打盘薅草鼓，凑他一槌锣。
（唱）锣鼓一排开，
　　　四人走上台，
　　　打盘薅草鼓，
　　　大家唱起来；
　　　东方出太阳，
　　　薅草上山岗，
　　　阳雀高声叫，
　　　催俺出工忙；
　　　日头正当顶，
　　　薅草要加油，
　　　薅完不等日落土；
　　　两边不提角，
　　　当中不发窝，
　　　大家齐心攒劲撮。

（号）郎是包谷梗，
　　姐是饭豆藤，
　　缠上又缠下，
　　缠掉郎的魂。
　　金打的戒箍儿银丝缠，
　　郎是包谷梗。
　　口问哥哥，
　　姐是饭豆藤。
　　缠几年，
　　缠掉郎的魂。
　　葛藤上树缠到老，
　　郎是包谷梗。
　　情姐、情郎，
　　姐是饭豆藤。
　　永相连，
　　缠掉郎的魂。
　　日头落了土，
　　太阳过了河，
　　薅草把工收，
　　情姐等到我。

## [附录四] 常德"鼓书"进京学术观摩展演及研讨活动宣传报道 索引

| 序号 | 媒体 | 时间 | 标题 | 报道者 |
|---|---|---|---|---|
| 1 | 《光明日报》 | 2013年10月19日 | 常德"鼓书":历史传统与现实激扬 | 吴文科 |
| 2 | 《常德晚报》 | 2013年10月23日 | 常德"鼓书"名角将进京献艺 | 刘凌、袁学明 |
| 3 | 《常德日报》 | 2013年10月23日 | 大鼓声声响神州 | 谭彬、周高 |
| 4 | 中国曲艺网 | 2013年10月28日 | 常德"鼓书"进京学术观摩展演及常德"鼓书"传承发展学术研讨会在京举行 | 湖南省曲协 |
| 5 | 《常德日报》 | 2013年10月29日 | 常德鼓书"鼓动"京城 | 钟勇 |
| 6 | 《湖南日报》 | 2013年10月29日 | 常德鼓书"敲"进京城 | 周勇军、刘也 |
| 7 | 《中国文化报》 | 2013年10月30日 | 常德鼓书走进北京高校 | 王学思 |
| 8 | 《中国艺术报》 | 2013年10月30日 | 专家研讨常德鼓书传承与发展 | 董大汗 |
| 9 | 湖南新闻网 | 2013年10月31日 | 湖南常德26名"鼓书"名角进京献艺 | 徐虹雨 |
| 10 | 中国曲艺网 | 2013年10月31日 | 中国艺术研究院曲艺研究所牵头主办常德"鼓书"进京学术观摩展演及传承发展学术研讨会等系列活动 | 中国艺术研究院曲艺研究所 |
| 11 | 中国日报网 | 2013年11月1日 | 常德"鼓书"进京学术观摩展演引起轰动 | 周勇军、刘也 |
| 12 | 中国艺术研究院网 | 2013年11月1日 | 我院曲艺研究所牵头主办常德"鼓书"进京学术观摩展演及传承发展学术研讨会等系列活动 | 曲艺研究所 |
| 13 | 《中国艺术报》 | 2013年11月6日 | 宣示"鼓书"价值 传扬常德经验 | (专版) |
| 14 | 《光明日报》 | 2013年11月9日 | 常德鼓书进京 研讨传承发展 | 王军 |
| 15 | 《湖南日报》 | 2013年11月19日 | 常德鼓书何以登上大雅之堂 | 李寒露、周勇军 |
| 16 | 《中国文化报》 | 2013年11月25日 | 昔日"打鼓匠"今日成了"大明星"——记湖南常德"鼓书"的振兴之路 | 王学思 |
| 17 | 《中国艺术报》 | 2013年11月29日 | 打工四年后还是要做"打鼓匠"——记常德鼓书艺人肖伍 | 董大汗 |
| 18 | 《曲艺》 | 2013年12月 | 常德鼓书进京展演 | 晓喻 |
| 19 | 《人民日报》 | 2013年12月10日 | "说书人"不会消失(延伸) | 田连元 |
| 20 | 《人民日报》 | 2013年12月13日 | 保护曲种,还要保护习俗(延伸) | 倪钟之 |
| 21 | 《中国艺术报》 | 2013年12月23日 | 中国鼓书文化的"桃花源"——常德鼓书的精彩及其启示 | 毕兹(向云驹) |

| 序号 | 媒体 | 时间 | 标题 | 报道者 |
|---|---|---|---|---|
| 20 | 《人民日报》 | 2013年12月13日 | 保护曲种，还要保护习俗（延伸） | 倪钟之 |
| 21 | 《中国艺术报》 | 2013年12月23日 | 中国鼓书文化的"桃花源"<br>——常德鼓书的精彩及其启示 | 毕兹（向云驹） |

[附录五] 常德"鼓书"进京学术观摩展演及研讨活动 深度报道选录

# 大鼓声声响神州

*《常德日报》记者 谭 彬*
*通讯员 周 高*

## 民间艺术开奇葩

"民间曲艺最悠久，华夏儿女数风流，渔鼓节目唱一段，'娘教女'故事传千秋"……10月22日，颜昌春一早起来便开始抓紧排练渔鼓《娘教女》。得知自己有机会参加10月26日至28日在北京举行的常德"鼓书"学术观摩展演及研讨活动后，这位62岁的非物质文化遗产九澧渔鼓传承人兴奋得不得了，每天都铆足了劲儿排节目。

谈起九澧渔鼓、说鼓、对鼓、孝鼓、三棒鼓、地花鼓、薅草鼓等各种曲艺的发展历史，颜昌春侃侃而来。"鼓书"说唱的原生态表演形式，源于被流放此地40载至离世的楚大夫宋玉"伐竹击打而歌"演变而成。千百年来，勤劳智慧的临澧先民在长期的生产生活实践中，逐渐演变成孝鼓、渔鼓、说鼓、对鼓等一系列"鼓书"形式。"鼓书"文化是千百年楚俗巫风的遗存，是民族民间文化世代相传、底蕴丰厚的非物质文化遗产。

据资料记载：上世纪80年代，常德与福建莆田、四川自贡并称"全国三大戏窝子"。近些年，常德丝弦、常德汉剧高腔、常德花鼓戏、澧州荆河戏、澧水船工号子、孟姜女传说6个项目，先后被列为国家级非物质文化遗产名录。在灿若群星的曲艺形式中，常德"鼓书"是一朵奇葩。常德"鼓书"形式繁多，尤以"九澧渔鼓"、"澧州大鼓"、"湘北大鼓"、说鼓等"击鼓说书"的"鼓书"形式最为著名，深受群众喜爱。

## 艺术大赛推创新

为鼓书艺人提供展示才艺的平台，让鼓书艺术"接地气"、"放光芒"，近几年来，市委、市政府与市文化部门通过连续举办8届"常德鼓王擂台赛"及2届"常德市群众文艺演出百团大赛"，使传统的鼓书艺术呈现出薪火相传、欣欣向荣的局面。

回忆起举办首届澧水流域"鼓王擂台赛"的场景，市文化馆馆长袁学明至今记忆犹新。2006年9月28日，大赛在临澧县博物馆前坪广场拉开序幕。来自临澧、澧县、安乡、石门、津市5个区县（市）的23支参赛队伍同台竞技，进行了为期3天的激烈角逐。最终产生了5名"鼓王"，分别是：临澧鼓王邵丹、谢昆，澧县鼓王洪学文，石门鼓王吴君与安乡鼓王褚洪建。

"比赛当天来看演出的观众达到了几万人，我带评委进场时都没路可走了！看来，老百姓对鼓书这种植根于民众的文化，及其喜闻乐见的形式是非常欢迎的。"袁馆长笑着说。正因为有了首届"鼓王擂台赛"的成功举办，市委、市政府决定将"鼓王擂台赛"分别按流经常德的澧水和沅水流域分界举办，每两年举办一次，从2006年起已分别连续举办8届。

如果说，是"鼓王擂台赛"让鼓书艺人们变得星光熠熠。那么，自2012年起，连续2届的"百团大赛"则让这些草根明星们真正走上了亮彩纷呈的"星光大道"。

"参加鼓书大赛成为'鼓王'后，我又有幸参加了'百团大赛'，通过这个平台让更多观众认识了我。知名度增加了，收入自然更加可观了。以前红白喜事唱一场只有几百元钱，现在至少两三千元一场！"谈到"百团大赛"带给自己的益处，澧县"鼓王"刘静喜笑颜开。"通过比赛有了知名度后，每次县里或市里有大型比赛，县文化馆都派我们参加。比赛前把我们请为'座上宾'开会交流，还请专业老师为我们辅导技艺，比赛的全部费用也由文化馆负责。打鼓匠已从过去形同卖艺的'叫花子'职业摇身变成了'草根明星'！"临澧"鼓王"吴清华如是感慨。

"鼓王擂台赛"中涌现出的生动剧本，经过专家的重新策划与编排后再次搬上"百团大赛"，节目内容有了较大改善，真正做到了寓教于乐，引领世风。比如，去年"百团大赛"上，由临澧曲艺团带来的湘北大鼓《传承》，诠释了一个底层民间艺人面对坎坷命运，仍然坚持保护和传承民间艺术的执着精神。该剧本在大赛崭露头角后，还代表我市参赛，荣获"三湘群星奖"戏剧曲艺类金奖。今年，《传承》还挺进了第十届中国艺术节曲艺门类复赛；去年"百团大赛"颁奖晚会上的湘北大鼓《整酒也烦恼》，通过一对农村夫妇赴宴喝酒和自己整酒收礼的经历，有力地鞭挞了当前盛行的"红色请柬到处飞"的请酒风，潜移默化中起到了引领社会风尚和民间习俗的作用。今年，该节目也被邀请参加第十届中国艺术节曲艺门类复赛；另外，湘北大鼓《特别情缘》获中南五省曲艺类比赛金奖，湘北大鼓《查家底》获全国第九届艺术节"群星奖"……众多荣誉背后，是"百团大赛"让"鼓书"艺术发扬光大，名震四海！

## 传承保护促发展

"常德'鼓书'作为第一批省级非物质文化遗产项目，目前正在申报国家非物质文化遗产。常德'鼓书'作为民间艺术的瑰宝，传承与保护不能丢。"袁学明掷地有声地谈到自己对"鼓书"传承工作的看法。

近年来，我市率先在全省地州市中实施"文化强市"战略，把"非遗"保护作为建设文化强市的重要内容，相继出台了《关于进一步繁荣和发展文化事业的意见》、《关于建设文化名城的若干意见》及《常德文化强市战略实施纲要

（2010—2015）》《中共常德市委关于加快建设文化强市的意见》等一系列文件，将"非遗"保护工作纳入国民经济和社会发展规划以及城乡建设规划。将"非遗"保护的普查经费、科研经费等基本支出列入了财政预算。

我市先后举办"鼓书"说唱培训班12次，培训900多人次。目前，全市"鼓书"艺人从过去的200人发展到1000多人，自发组成的演唱队伍从过去的40多支发展到100多支，从艺年龄甚至出现了"90后"。他们不仅精练演技，潜修艺德，而且每遇有市级以上重大活动，市文化馆组织对参赛艺人和参赛作品进行认真辅导，帮助其从创作、表演、唱腔等方面打磨创新，提高思想性、艺术性、观赏性。

2012年7月26日至28日，由中国艺术研究院曲艺研究所、湖南省文化厅、中共常德市委、市政府联合主办的"湖南非物质文化遗产曲艺类项目传承班"在我市隆重举行。活动宗旨为"以传承为核心开展保护，以学术为前导引领传承"。由中国艺术研究院曲艺研究所所长、中国曲艺家协会副主席吴文科和山西省非物质文化遗产保护中心主任、山西大学客座教授赵中悦分别作了题为《关于曲艺：概念·特征·种类·价值》、《曲艺保护的基本理念与方式方法》和《曲艺项目的保护实践与管理思考——以山西为例》的学术讲座，让100多名来自我省及我市负责"非遗"保护工作的分管领导，及湖南省国家级、省级"非遗"曲艺保护项目的代表性传承人受益匪浅。与会者还分"曲艺传承的实践与问题"和"曲艺保护的管理与服务"两个专题进行互动交流和讨论。同时，活动还对今年常德"鼓书"进京学术观摩展演及研讨活动进行了初步确定。

10月26日至28日，常德"鼓书"艺人将在首都北京闪亮登场，常德"鼓书"将擂响神州大地！

本次活动由中国艺术研究院曲艺研究所、湖南省文化厅、中共湖南省常德市委和湖南省常德市人民政府联合主办。活动共由四个单元组成：10月26日10：00—12：00在中国艺术研究院面向学术界和曲艺界专家学者等进行"跨入学术殿堂·常德'鼓书'进京学术观摩展演"，13：30—17：30在中国艺术研究院举行"常德'鼓书'传承发展学术研讨会"；27日19：00—21：00在北京大学举行

"走进北京大学·常德'鼓书'学术观摩展演";28日16:00—18:00在中国音乐学院举行"登上大学讲堂·常德'鼓书'讲座示范展演"。

届时,渔鼓《武松大闹观音堂》、《娘教女》,说鼓《打狗风波》,对鼓《东施效颦》、《男人和女人》,孝鼓《整酒也烦恼》、《西瓜的秘密》、《传承》、《姜女情》,三棒鼓《刘海砍樵新唱》,薅草鼓《郎是包谷梗》等6个曲种的13个传统及新编节目都将参加展演。近40位专家学者将就"鼓书"的传承与保护等工作即席发言。"此次活动将让常德'鼓书'传承发展的有益经验嘉惠学苑艺林,使常德'鼓书'创作表演的良好发展势头更加健康强劲。"采访结束,袁学明的这番话让记者对常德"鼓书"进京展演的成功举办充满信心与期待,更对常德"鼓书"艺术的繁荣发展拍手称好!

(原载《常德日报》2013年10月25日第3版)

# 常德鼓书　"鼓动"京城

本报讯（记者钟勇）"咚咚……咚咚咚……"渔鼓沉郁曲折，说鼓风趣幽默，对鼓往来智慧，三棒鼓惊险刺激，薅草鼓率真热烈，孝鼓悲壮凄切。台上激情飞扬，台下掌声雷动。10月26日至28日，常德"鼓书"进京学术观摩展演及常德"鼓书"传承发展学术研讨会在北京隆重举行。常德鼓书艺人们站在中国艺术研究院、北京大学、中国音乐学院的舞台上，竞相展现常德民间曲艺的独特魅力。

本次活动由中国艺术研究院曲艺研究所、湖南省文化厅、常德市委和常德市人民政府联合主办，中国艺术研究院研究生院、中国说唱文艺学会、中国俗文学学会、北京大学中文系、中国音乐学院音乐学系及图书馆协办，湖南省群众艺术馆、常德市委宣传部、常德市文广新局承办。

中国艺术研究院院长、中国非物质文化遗产保护中心主任王文章给展演和研讨活动发来了贺信；中国文联荣誉委员、中国曲艺家协会名誉主席罗扬，中国文联副主席、中国曲艺家协会名誉主席刘兰芳；文化部非物质文化遗产司副司长马盛德，中国艺术研究院副院长兼研究生院院长吕品田，中国艺术研究院曲艺研究所所长、中国曲艺家协会副主席吴文科，北京大学秘书长杨开忠，湖南省文化厅副厅长孟庆善，常德市人民政府副市长陈华；以及来自北京、天津、湖南、福建、山东等地的学术界和曲艺界专家、学者、艺术家与观摩代表共100余人出席了展演及研讨活动。

王文章在贺信中指出："曲艺是十分重要的艺术文化形式，'鼓书'更是其中历史悠久和传统深厚的有机组成部分。'击鼓说书'的'鼓书'形式，在常德的流布更是非常广泛而且影响深远。通过深切关注和深入研讨此类曲艺形式，展示和传扬其独特的艺术风采，总结和探讨其有益的传承经验，不仅是嘉惠学苑艺林的好事，也是推动其在当下科学传承与健康发展的善事，值得赞赏和肯定！"

吴文科赞叹："情随声动，理随意兴，乡土气息浓郁，地方特色鲜明。常德地区的'鼓书'形式，成为说书类曲艺的宝贵遗存，对于丰富当地百姓的精神文化生活，滋育当地人们的思想心灵，有着十分重要的作用。"

整个展演及研讨活动共由4个单元组成：10月26日在中国艺术研究院进行的"跨入学术殿堂·常德'鼓书'进京学术观摩展演"和"常德'鼓书'传承发展学术研讨会"；27日在北京大学举行的"走进北京大学·常德'鼓书'学术观摩展演"；28日在中国音乐学院举行的"登上大学讲堂·常德'鼓书'讲座示范展演"。孝鼓《整酒也烦恼》、《西瓜的秘密》等，渔鼓《武松大闹观音堂》、《娘教女》，说鼓《打狗风波》，对鼓《东施效颦》、《男人和女人》，三棒鼓《刘海砍樵新唱》，薅草鼓《郎是包谷梗》等6个曲种的13个传统及新编节目参加了展演，40多位专家学者和艺术家与会宣读各自论文或作即席发言。

常德是湖南著名的曲艺之乡，除了拥有已被国务院第一批公布为国家级非物质文化遗产的常德丝弦，孝鼓、渔鼓、对鼓、说鼓、三棒鼓、地花鼓、薅草鼓、番邦鼓、跳三鼓、围鼓等"击鼓说书"的"鼓书"形式，更是流布广泛，影响深远，为广大民众所喜闻乐见。常德鼓书表演形式简约，以击鼓为板，敲边为眼，多为七字韵白说唱，常见一人打唱，后逐渐发展到两人或多人表演，语言风趣生动，板眼丝丝入扣，高潮处神采飞扬，痛切处悲腔催泪，调侃间幽默滑稽。近10年来，常德市持续举办的"常德市'鼓书'大王擂台赛"，将各种"鼓书"创演不断推向活跃和繁荣，不仅大大提高了民间"鼓书"艺人的社会地位，调动了他们在丰富群众文化生活中的积极性；而且找到了传承发展曲艺类非物质文化遗产的一种有效形式；同时实现了群众文化活动公益性和市场性的有机结合。

（原载《常德日报》2013年10月29日头版）

# 常德鼓书何以登上大雅之堂

《湖南日报》记者 李寒露 周勇军

10月26日至28日，常德26名"草根'鼓书'艺人"登上了中国艺术研究院、北京大学和中国音乐学院的艺术殿堂，他们把最具地方特色的渔鼓、孝鼓、对鼓、说鼓、三棒鼓、薅草锣鼓6大类鼓书演绎得淋漓尽致，一时引起轰动。尤其是在京举行的常德"鼓书"传承发展学术研讨会上，常德"鼓书"以其独特的艺术魅力折服了罗扬、刘兰芳、姜昆等大腕名家。

"情随声动，理随意兴，乡土气息浓郁，地方特色鲜明。"这是中国艺术研究院曲艺研究所所长、中国曲艺家协会副主席吴文科对常德"鼓书"的评价。中国文联副主席、著名评书表演艺术家、国家一级演员刘兰芳看了学术观摩展演后，说："近年来，随着大众性多元文化发展的强烈冲击，黄河两岸和北方地区的'鼓书'生存遇到了困难，举步维艰。没想到在湖南常德，传统'鼓书'还得到良好传承，蓬勃发展，实在让人欣慰。"

以"击鼓说书"为表演特征的常德"鼓书"，作为流传于山野乡间的草根艺术，何以能走进大学校园、登上学术殿堂，受到专家学者好评？

## 说身边人，讲身边事

"常德是我国鼓书文化版图中一个标志性的文化地理，也是中国'鼓书'和中国曲艺一处神奇的'世外桃源'。"中国艺术报社社长向云驹认为，常德"鼓书"在当今时代的时空里，还共存着既古老又晚起的各种"鼓书"形式，立体、活态、生动地保存着"鼓书"发展的活史。

但不论是形式还是内容，常德"鼓书"都有极强的可塑性。常德"鼓书"和很多过于呆板的曲艺形式相比，它更依赖于艺人的个人加工和临场发挥，其创作表演紧跟时代，深深扎根人民，从而赢得观众，拥有了自己生存发展的土壤和空间。

这主要表现在三个方面。一是及时编创现实题材作品，说身边人、讲身边事，议民风民俗，讽不良现象。孝鼓《整酒也烦恼》介入生活，把人人都烦、人人都摆不脱的人情怪圈和生活陋俗讽刺得淋漓尽致，说出了人们想说又不能说的心里话，起到了介入、干预、引导生活的作用。这必然让这个作品拥有热心的观众。此次进京表演的鼓书节目《边三梭卖器官》、《查家底》、《西瓜的秘密》、《打狗风波》等，都是反映现实的佳作，涉及生活的方方面面。

此外，常德"鼓书"艺人对人们耳熟能详的传统书目、传统题材进行与时俱进的新编新创，使老作品焕发出新生机，增添了时代气息和现实趣味。如汉寿县选送的三棒鼓《刘海砍樵新唱》，就把一个家喻户晓的老题材翻出了新意，融会了现代爱情观、现代语言、新鲜事物、时髦风尚，让观众开怀大笑。

同时，对传统书目，艺人们精益求精，让表演更出彩、更精致、更有魅力。对传统的继承，除了不断翻新，更重视不断精致化、精彩化。《东施效颦》、《武松大闹观音堂》、《姜女情》等作品，都显示了常德当代"鼓书"的艺术努力与追求。民间艺人们的精湛表演使传统书目重放光彩，观众听了感到亲切，获得温馨的审美愉悦。

## 薪火相传，新人辈出

常德"鼓书"作为一门地方性曲艺，在一些传统艺术门类逐渐被边缘化的大环境下，不但没有衰败，反而萌发出新的生命力，各类演出活动如火如荼，拥有稳定的观众群，市场持续扩大，并登上了北京的艺术殿堂。这一"反常"现象，除了表演形式和内容的创新，还得益于其艺术队伍的薪火相传、新人辈出。

曲艺类项目传承的最大制约是人才凋零，青黄不接。但在这方面，常德"鼓书"确实令人振奋，新老艺人同台献艺，切磋技艺，新人新作不断涌现，让人眼前一亮。尤其是近年来，还涌现出了一批"90后"艺人，使从事这一艺术的队伍不断年轻化，呈现蓬勃活力。

常德"鼓书"艺术最初流行于沅、澧两岸，形式单一，内容单薄，从业人员社会地位低下，处在生活最底层，为谋求生活常常遭受白眼。而近些年来，常德市连年组织举办"'鼓书'大王擂台赛"等，既丰富了群众文化生活，也让当地许多"鼓书"艺人变成了"明星"。从去年起，常德还连续举办两届"百团大赛"，让这些"草根明星"真正走上了"星光大道"。

今年42岁的肖伍是临澧县民间鼓书艺人。19岁开始从艺的他，曾经常骑着自行车，背着生活用品和书籍，在澧水流域一带和湖北公安等地茶馆寻找演出机会，却没有得到市场认可，生活捉襟见肘。但他没有忘记学习，先后把《说唐》《说岳》《杨家将》等长篇历史小说看了多遍，不断拜师求教，得到了邵丹、谢昆等当地名艺人的悉心指点。从2006年起，常德市举办沅水、澧水流域"鼓王擂台赛"，肖伍抓住机会多次参赛，凭借优美腔板风格，终获"鼓王"称号。

民间艺人刘静也是一位通过"鼓王擂台赛"和"百团大赛"走出来的"明星"。"参加'鼓王擂台赛'成为'鼓王'后，我又有幸参加了'百团大赛'，让更多观众认识了我。知名度高了，收入自然更多了。以前红白喜事打一场鼓只有几百元钱，现在有两三千元。"这次，刘静获得机会，与邵丹、吴清华等20多位"鼓王"，带着《查家底》《刘海砍樵新唱》《姜女情》等节目，进京参加学术观摩展演，以真挚动情的表演、自由灵动的台风，把常德"鼓书"充满浓郁生活气息的艺术真实、丰满血肉的艺术形象、爱憎分明的艺术评判和诙谐风趣的艺术语言，演绎得熠熠生辉。

赛事使得常德"鼓书"的艺术水准大幅提高，并直接带动了艺人社会地位的提升，艺人们甩掉了文化自卑，广大群众也不再用等而下之的眼光来看待他们。

艺人们用自己的劳动和创造，在社会上占有了一席之地。这些变化，也让常德"鼓书"这门曲艺，逐步进入发展激活期，"下里巴人"融入"阳春白雪"，艺术境界得到质的提升。

## 展现魅力，开拓市场

近些年来，在文化生活领域，人们也追求"原生态"。常德"鼓书"中的薅草锣鼓，被誉为"鼓书曲艺的早期形态和原始雏形"；三棒鼓则加入了杂技杂耍元素，向云驹认为其有汉代"百戏"的影子，是鼓书发展的另类走向；渔鼓、说鼓自立门户，为说书兴起奠定了形式基础；在对鼓表演中，也发现了相声的前史以及戏曲小戏的萌芽。这些"原生态"集群现象，体现了常德"鼓书"的独特魅力。

常德市文化馆馆长袁学明介绍，从2006年起，常德连续举办了8届"鼓王擂台赛"，按流经常德的澧水、沅水流域，交错举办澧水鼓王赛、沅水鼓王赛，参赛艺人达380多人次，产生了39位"鼓王"，而观众累计达30万人次。全市鼓书艺人从过去200余人发展到1000多人，自发组成的演唱队伍从过去40多支发展到100多支。在澧县、临澧等地的一些街道社区和集镇村庄，"鼓书"茶馆如雨后春笋般涌现。

随着"鼓王"的名气越来越大，其演出范围也从县内不断扩展到周边地区。有的艺人还应在外老乡邀请，远赴北京、上海、广州、深圳等地举办个人专场演出，人均年出场超过300场次。他们的演出既丰富了群众文化生活，也开拓了本土曲艺的演出市场。

这次常德"鼓书"进京展演及开展研讨活动，使得这种山野乡间的"草根艺术"登上了大雅之堂，既彰显了常德"鼓书"遗存的文化自豪，又坚定了其发展的艺术自信，更激发了其繁荣的行业自强。

（原载《湖南日报》2013年11月19日第7版·"特别关注"）

# 昔日"打鼓匠" 今日成了"大明星"

## ——记湖南常德"鼓书"的振兴之路

《中国文化报》记者 王学思

在前不久举行的第十届中国艺术节群星奖决赛中,湖南常德的收获不小,选送的两个孝鼓节目《传承》、《整酒也烦恼》表现不俗,双双获得曲艺类群星奖,"鼓王擂台赛"活动获得项目类群星奖,常德市群众艺术馆馆长袁学明也被命名为"群文之星"。这些成绩的取得,与常德市委市政府对文化建设的高度重视以及近年来对"鼓书"艺术传承发展的持续投入和积极推动分不开。如今,在常德,旧时的"打鼓匠"成为备受人们追捧的"大明星";流传了百年的"鼓书"艺术,说唱越来越美,鼓声越来越响。

## 发展并非一帆风顺

"鼓书"是一种以击鼓说书为特征的曲艺表演形式。在湘西北武陵山深处的沅江和澧水流域,这种"鼓书"艺术依然有着十分丰厚的遗存。孝鼓、渔鼓、三棒鼓、地花鼓、薅草鼓等多种"鼓书"形式在当地不仅有着极为深厚的群众基础,而且大多数的"鼓书"类型还入选了湖南省非物质文化遗产名录。

"当地的人们不仅将这些'鼓书'形式作为他们娱乐生活的依托和思想心灵的慰藉;而且在婚丧嫁娶的红白喜事期间,仍然作为欢庆祝贺的手段、祭祀神灵的仪轨、表达情感的工具和悼念亡灵的凭借。"中国艺术研究院曲艺研究所所长、中国曲艺家协会副主席吴文科认为，这一"鼓书"艺术的传承使曲艺艺术的娱乐、教化、认识以及民俗、禳谢、礼仪等多重审美价值与实用功能都得以承传和延展。

然而，在全球化时代和现代化背景下，常德鼓书的发展并非一帆风顺。"常德'鼓书'艺术在传承上没有出现青黄不接的紧张局面，老、中、青结构还算稳定，但是相比当年功底深厚的老艺人，新一代的年轻艺人还很难撑起这项事业。"孝鼓市级代表性传承人周召学表示，"总的说来，目前常德'鼓书'艺术的传承者数量不少，但传承质量存在下降的趋势。"

与此同时，鼓书艺术发展的大环境也不容乐观。"相比较为繁盛的苏州弹词和山东苏北等地的各种琴书，'鼓书'在现代社会的生存与发展，曾经一度普遍式微。即便是曾经广泛流传在华北城乡的山东大鼓和西河大鼓等形式典范的'鼓书'形式，也由于种种原因，在近一个世纪以来的发展流变中，艺术的性状与功能已逐渐背弃了说唱相间表演的传统样式，转向了只唱短段的唱曲表演。"吴文科说。

## 探索破解之法

如何培育优秀的"鼓书"艺人，营造对艺术精益求精的传承氛围，为其开辟一处促进各门类发展的"世外桃源"？常德在不断摸索，而近年来"常德'鼓书'大王擂台赛"的连续举办，正在发挥着四两拨千斤的作用。

据袁学明介绍，从2006年起，常德连续举办了8届鼓书大王擂台赛。截至目前，参赛艺人达380多人次，产生了"鼓书大王"39位，观众累计达30万人次。全市"鼓书"艺人不仅从过去的200余人发展到1000多人，而且自发组成的演唱队伍也从过去的40多支发展到100多支。在澧县、临澧县等地的一些社区和村庄，鼓书茶馆如雨后春笋般涌现。

《整酒也烦恼》的表演者吴清华连续参加过4届擂台赛，并连获2届"鼓书大王"称号。成为"鼓书大王"后，她最直观的感受首先是收入提高了，从原来演出一场几百元涨至两三千元。另外，省、市、县大型演出活动的邀请也多了。当谈到夺得群星奖时，吴清华说："能获得这么高级别的奖项是我万万没有想到的，这个作品就是从鼓书大赛走出来的，大赛对作品创作的要求很高，极大地激发了'鼓书'艺人们的创作热情。"

随着"鼓书"艺人社会地位的逐渐提高，越来越多的年轻人加入到鼓书艺术的传承行列。"90后"男孩占洋学习孝鼓已有8个年头了，是一名后起之秀，曾夺得"鼓书大王"称号。"大赛将各个地方优秀的'鼓书'艺人聚集到一起，促进了艺人们的交流切磋，对于年轻艺人来说是极好的学习机会。赛后的研讨会上，专家们对各个节目的点评、指导，也让我受益良多。"

## 还有更多期待

在开启对某类"非遗"项目的保护工作时，应该找到窍门、用好巧劲，但要使保护工作落到实处，还应制定更为完善的保护措施。

记者在采访中了解到，艺人们对于擂台赛的不断完善以及他们在获取政府支持方面还有着更多的期待。比如，他们建议大赛应引入观众评审机制，使其更加符合观众口味。正如《传承》中唱的那样："老百姓喜爱的打鼓匠，他才是优秀的打鼓匠。"另外，他们还希望有与省外"鼓书"艺人交流的机会，开阔视野。对于作品创作，他们希望能够长期得到更具专业水平的指导。

对此，袁学明表示，今年6月，中国艺术研究院曲艺研究所及中国说唱文艺学会在常德市文化馆联合设立了"常德曲艺创研教学基地"。这一基地的成立将为常德本土曲艺的创作表演、学术研究和人才培养，提供较为科学有力的培植平台。

此外，今年10月，中国艺术研究院曲艺研究所、湖南省文化厅等单位还联合主办了常德"鼓书"进京学术观摩展演及研讨活动，30余名常德"鼓书"艺人不仅登上了北京大学和中国音乐学院的舞台一展风采，同时40余名专家学者还相聚在一起，为常德"鼓书"的发展出谋划策。

吴文科表示："这种类型的展演及研讨活动，使得流布于山野乡间的草根传统纳入学术视野、跨入学术殿堂，专家学者在肯定和传扬其成绩的同时也提出相应的警醒，鼓励他们有效地创演经营实践，坚定了他们正确的传承发展道路。"

（原载《中国文化报》2013年11月25日第8版·"非遗"）

图书在版编目（CIP）数据

常德"鼓书"的历史传统与现实激扬 / 吴文科主编．
—北京：文化艺术出版社，2014.10
ISBN 978-7-5039-5884-7

Ⅰ．①常… Ⅱ．①吴… Ⅲ．①说唱—艺术—研究
—常德市 Ⅳ．①J826

中国版本图书馆 CIP 数据核字（2014）第 237120 号

## 常德"鼓书"的历史传统与现实激扬

| | |
|---|---|
| 主　　编 | 吴文科 |
| 副 主 编 | 袁学明 |
| 责任编辑 | 蔡宛若 |
| 装帧设计 | 王玲玲 |
| 出版发行 | 文化藝術出版社 |
| 地　　址 | 北京市东城区东四八条 52 号　100700 |
| 网　　址 | www.whyscbs.com |
| 电子邮箱 | whysbooks@263.net |
| 电　　话 | （010）84057666（总编室）84057667（办公室） |
| | （010）84057691—84057699（发行部） |
| 传　　真 | （010）84057660（总编室）84057670（办公室） |
| | （010）84057690（发行部） |
| 经　　销 | 新华书店 |
| 印　　刷 | 国英印务有限公司 |
| 版　　次 | 2014 年 10 月第 1 版 |
| | 2014 年 10 月第 1 次印刷 |
| 开　　本 | 710 毫米×1000 毫米　1/16 |
| 印　　张 | 17.5 |
| 字　　数 | 160 千字 |
| 书　　号 | ISBN 978-7-5039-5884-7 |
| 定　　价 | 36.00 元 |

版权所有，侵权必究。印装错误，随时调换。